TEOLOGIA e COMUNICAÇÃO

COLEÇÃO TEOLOGIA NA UNIVERSIDADE
- *Teologia e arte* – Ceci Baptista Mariani e Maria Angela Vilhena
- *Teologia e ciências naturais* – Eduardo R. da Cruz
- *Teologia e comunicação* – Vera Ivanise Bombonatto e Fernando Altemeyer Junior
- *Teologia e cultura* – Matthias Grenzer e Pedro Iwashita
- *Teologia e direito* – Afonso M. L. Soares e João Décio Passos
- *Teologia e educação* – Eulálio Figueira e Sérgio Junqueira
- *Teologia e outros saberes* – João Décio Passos
- *Teologia e saúde* – Alexandre A. Martins e Antonio Martini
- *Teologia e sociedade* – Paulo Agostinho Nogueira Baptista e Wagner Lopes Sanchez

Fernando Altemeyer Junior   Vera Ivanise Bombonatto

TEOLOGIA e COMUNICAÇÃO

Corpo, palavra e interfaces cibernéticas

Dados Internacionais de Catalogação na Publicação (CIP)
(Câmara Brasileira do Livro, SP, Brasil)

Teologia e comunicação : corpo, palavra e interfaces cibernéticas / Fernando Altemeyer Junior, Vera Ivanise Bombonatto [orgs.]. – São Paulo : Paulinas, 2011. – (Coleção teologia na universidade)

Vários autores.
Bibliografia.
ISBN 978-85-356-2814-2

1. Comunicação - Aspectos morais e éticos   2. Comunicação - Aspectos religiosos - Igreja Católica   3. Comunicação de massa - Aspectos sociais   4. Comunicação mundial   5. Sociedade da informação   6. Teoria da informação   I. Altemeyer Junior, Fernando. II. Bombonatto, Vera Ivanise.   III. Série.

11-04481   CDD-261.52

Índices para catálogo sistemático:
1. Informação e meios de comunicação : Teologia social : Cristianismo   261.52
2. Teologia da comunicação : Teologia social : Cristianismo   261.52

1ª edição – 2011
1ª reimpressão – 2018

Direção-geral: Bernadete Boff

Conselho editorial: Dr. Afonso M. L. Soares
Dr. Antonio Francisco Lelo
Ms. Luzia M. de Oliveira Sena
Dra. Maria Alexandre de Oliveira
Dr. Matthias Grenzer
Dra. Vera Ivanise Bombonatto

Editores responsáveis: Vera Ivanise Bombonatto e
Afonso M. L. Soares
Copidesque: Anoar Jarbas Provenzi
Coordenação de revisão: Marina Mendonça
Revisão: Ruth Mitzuie Kluska
Assistente de arte: Sandra Braga
Gerente de produção: Felício Calegaro Neto
Projeto gráfico: Manuel Rebelato Miramontes

Nenhuma parte desta obra poderá ser reproduzida ou transmitida por qualquer forma e/ou quaisquer meios (eletrônico ou mecânico, incluindo fotocópia e gravação) ou arquivada em qualquer sistema ou banco de dados sem permissão escrita da Editora. Direitos reservados.

Paulinas
Rua Dona Inácia Uchoa, 62
04110-020 – São Paulo – SP (Brasil)
Tel.: (11) 2125-3500
http://www.paulinas.com.br – editora@paulinas.com.br
Telemarketing e SAC: 0800-7010081
© Pia Sociedade Filhas de São Paulo – São Paulo, 2011

Apresentação da coleção

A nova coleção *Teologia na Universidade* foi concebida para atender um público muito particular: jovens universitários que estão tendo, muito provavelmente, seu primeiro contato com uma área de conhecimento que talvez nem soubessem da existência: a área de estudos teológicos. Além dos cursos regulares de teologia e de iniciativas mais pastorais assumidas em várias Igrejas ou comunidades religiosas, muitas universidades comunitárias oferecem a todos os seus estudantes uma ou mais disciplinas de caráter ético-teológico, entendendo com isso oferecer ao futuro profissional uma formação integral, adequada ao que se espera de todo cidadão: competência técnica, princípios éticos e uma saudável espiritualidade, independentemente de seu credo religioso.

Pensando especialmente nesse público universitário, Paulinas Editora convidou um grupo de docentes com experiência no ensino introdutório de teologia — em sua maioria, oriundos do Departamento de Teologia e Ciências da Religião da Pontifícia Universidade Católica de São Paulo (PUC-SP), recentemente assumido pela nova Faculdade de Teologia dessa Universidade — e conceberam juntos a presente coleção.

A proposta que agora vem a público visa produzir estudos que explicitem as relações entre a teologia e as áreas de conhecimento que agregam os cursos de graduação das universidades, a serem realizados pelos docentes das disciplinas teológicas — às vezes chamadas de *Introdução ao Pensamento Teológico* —, contando com a parceria de pesquisadores das áreas em questão (direito, saúde, ciências sociais, comunicação, artes etc.).

Diferencial importante dos livros desta coleção é seu caráter interdisciplinar. Entendemos ser indispensável que o diálogo entre a teologia e outras ciências em torno de grandes áreas de conhecimento seja um exercício teológico que vá da *teologia e...* até a *teologia do...* Em outros termos, pretendemos ir do diálogo entre as epistemes à construção de parâmetros epistemológicos de teologias específicas.

Por isso, foram escolhidos como objetivos da coleção os seguintes:

a) Sistematizar conhecimentos acumulados na prática docente de teologia.

b) Produzir subsídios para a docência inculturada nas diversas áreas.

c) Promover o intercâmbio entre profissionais de diversas universidades e das diversas unidades dessas.

d) Aprofundar os estudos teológicos dentro das universidades, afirmando e publicizando suas especificidades com o público universitário.

e) Divulgar as competências teológicas específicas no diálogo interdisciplinar na universidade.

f) Promover intercâmbios entre as várias universidades confessionais, comunitárias e congêneres.

Para que tal fosse factível, pensamos em organizar a coleção de forma a possibilitar que cada volume fosse elaborado por um grupo de pesquisadores, a partir de temáticas delimitadas em função das áreas de conhecimento, contando com coordenadores e com escritores do âmbito. Essas temáticas podem ser multiplicadas no decorrer do tempo a fim de contemplar esferas específicas de conhecimento.

O intuito de estabelecer o diálogo entre a *teologia e outros saberes* exige uma estruturação que contemple os critérios da organicidade, da coerência e da clareza para cada tema produzido. Nesse sentido, decidimos seguir, na medida do possível, a seguinte estruturação para cada volume da coleção (com exceção do volume inaugural, de introdução geral ao pensamento teológico):

- *Aspecto histórico e epistemológico*, que responde pelas distinções e pelo diálogo entre as áreas.

- *Aspecto teológico*, que busca expor os fundamentos teológicos do tema, relacionando *teologia e...* e ensaiando uma *teologia da...*

- *Aspecto ético*, que visa expor as implicações práticas da teologia em termos de aplicação dos conhecimentos na vida social, pessoal e profissional do estudante.

Esperamos, portanto, cobrir uma área de publicações nem sempre suficientemente subsidiada com estudos que coadunem a informação precisa com a acessibilidade didática. É claro que nenhum texto dispensará o trabalho criativo e instigador do docente em sala de aula, mas será, com certeza, um seguro apoio para o sucesso dessa tarefa.

Enfim, queremos dedicar este trabalho a todos aqueles docentes que empenharam e aos que seguem empenhando sua vida na difícil arte do ensino teológico para o público mais amplo da academia e das instituições de ensino superior, para além dos muros da confessionalidade. De modo muito especial, temos aqui presentes alguns dos docentes do extinto Departamento de Teologia e Ciências da Religião da PUC-SP, onde essa coleção começou sua gestação.

Afonso Maria Ligorio Soares
Livre-docente em Teologia pela PUC-SP

INTRODUÇÃO

Palavras geradoras de sentido

Assumimos a feliz tarefa de articular o diálogo da teologia com a comunicação. Este livro nasce de múltiplas experiências e diálogos fecundos com muitos profissionais da comunicação. Alunos e corpo docente nas universidades confessionais são os interlocutores primários deste livro, ao mesmo tempo didático, simples e rigoroso cientificamente. Buscamos também um público mais amplo: os profissionais das diversas áreas da comunicação social, jornalistas, publicitários, equipes de comunicação, agências de notícias, assessorias de mídia e web, além da área das relações públicas.

A estrutura da obra segue a concepção de comunicação construída na PUC-SP: comunicação primária (corpo), secundária (mídia escrita) e terciária (eletrônica), ao que acrescentamos o debate sobre os aspectos éticos da comunicação.

Na parte I estuda-se o corpo como lugar de transcendência e imanência. Um corpo que fala. O capítulo I é da Profa. Dra. Helena Tania Katz, onde se assume uma questão fundante: do que fala o corpo hoje? O capítulo II trata do corpo que reza, e é escrito a quatro mãos pelo Prof. Dr. Antônio Sagrado Bogaz e Prof. Dr. João Henrique Hansen, que apresentam as imagens sagradas do corpo e os rituais nas religiões. O capítulo III é escrito pelo rabino Dr. Alexandre Leone, que apresenta o corpo que se revela, em uma leitura teológica do corpo como lugar de revelação de Deus na teologia judaica.

Na parte II, analisa-se a palavra dita e escrita. São convidados a escrever quatro autores. O capítulo IV trata da fenomenologia da palavra: os processos de comunicação, a antropologia da linguagem e suas funções, pelo Dr. Tarcisio Justino Loro. O capítulo V tem como tema: a palavra sagrada nas religiões, e é do Prof. Dr. Faustino Teixeira. O capítulo VI foi elaborado pelo biblista frei Carlos Mesters e tem como título "Palavra de Deus: mistério e silêncio". O capítulo VII é escrito pela Dra. Vera Ivanise Bombonatto e Dr. Fernando Altemeyer Junior, e tem por título "Trindade, ministério de comunhão e comunicação".

Na parte III vislumbra-se a comunicação virtual e eletrônica. O capítulo VIII é da Dra. Lucia Santaella e versa sobre a comunicação a distância no mundo globalizado: mudanças paradigmáticas. O capítulo IX refere-se à comunicação virtual: ciberespaço, interculturalidade e telerreligiões, da Dra. Joana Puntel. O capítulo X pensa "O Cristianismo entre o próximo e o distante no processo comunicativo", escrito pelo Dr. Mario de França Miranda.

A parte IV trata dos aspectos éticos e dos desafios práticos da comunicação. O capítulo XI é sobre a verdade e as versões, do Dr. Luiz Carlos Susin. O capítulo XII trata da comunicação e compromisso social e foi escrito pelo frade dominicano Dr. Carlos Josaphat. Um breve posfácio conclui a obra, repropondo questões, assumindo novas palavras em vista de fecundar ainda mais o agir comunicacional.

Apresentamos dois anexos como material de apoio didático-pedagógico: uma seleção de 150 títulos da literatura mundial, de intelectuais de renome das áreas da Teologia, da Filosofia e das Ciências da Comunicação, disponíveis em qualquer boa biblioteca universitária, e uma lista de 225 filmes também disponíveis em videotecas universitárias ou nas locadoras de vídeos.

O uso deste material e os debates suscitados em sala de aula, pela leitura dos capítulos do livro conectados com estes textos clássicos e/ou a projeção dos vídeos, certamente propiciarão a descoberta de mapas conceituais que abrem novos horizontes semânticos aos alunos e profissionais e, sobretudo, o aguçar do gosto em provar da fonte que une ciência e sabedoria.

Os textos percorrem importantes teóricos e profetas da comunicação e da cultura tais como: Romeu Dale, Tullo Goffi, Tomás de Aquino, Santo Agostinho de Hipona, Umberto Eco, Jair Ferreira dos Santos, Sigmund Freud, Pierre Lévy, Renato Ortiz, Martin Barbero, N. Garcia Canclini, Manuel Castells, Marshall McLuhan, Carlo Maria Martini, John Thompson, Muniz Sodré, André Lemos, Massimo di Felice, Michael Amaladoss, Jacques Dupuis, Claude Geffré, Michel Foucault, Gilles Lipovetsky, Maurice Merleau-Ponty, Walter Benjamin, Jean Starobinski, Edgar Morin, Charles Sanders Peirce, Emmanuel

Levinas, Abraham Joshua Heschel, Nial Gillman, Jaci Maraschin, Simone Weil e Jürgen Habermas.

O objetivo explícito do livro é discutir a partir de múltiplos olhares a questão da teologia e da comunicação. Quer tocar com suavidade o mistério das palavras e do sentido do viver. Quer contribuir para que se eduque um sujeito autônomo que pense e aja transformando o mundo e cultivando valores fundamentais de humanidade e transcendência, sem os quais ficamos diminuídos nos sonhos e nas potencialidades. Um sujeito que diga palavras vivas e substanciosas e não palavrório torpe, insolente, blasfemo e, sobretudo, maldito, porque oco e estéril. A teologia aqui desenvolvida quer sustentar valores essenciais à vida humana. Uma teologia encarnada nas palavras, nos poemas e na mídia que contribua na busca do significado profundo do ser humano na história, sem impor sua visão de fé, mas propondo uma interpretação que ofereça elementos na composição de uma visão holística do profissional da comunicação. Uma palavra que se faz carne que revela e esconde segredos e mistérios da Palavra. Uma palavra que saiba discernir o momento certo para estar calado e a hora urgente de falar, pois na vida há tempo para tudo. Especialmente, tempo de sussurrar palavras geradoras de sentido.

Fernando Altemeyer Junior e
Vera Ivanise Bombonatto

PARTE I

Corpo: transcendência e imanência

CAPÍTULO I

Do que fala o corpo hoje?

Helena Tania Katz

> Tudo está relacionado ao corpo, como se ele tivesse sido redescoberto depois de ter sido esquecido por muito tempo; linguagem do corpo, consciência do corpo, liberação do corpo são senhas.[1]

Quando se fala sobre o corpo, é preciso ter clareza de que corpo se fala, pois, embora a palavra seja a mesma – corpo –, ela pode ser empregada em sentidos muito distintos. Quem se interessa pelo assunto compreende ser indispensável situar o corpo em relação ao(s) ambiente(s) nos quais vive para poder investigá-lo com pertinência. Em tempos de agora, pautados pela hipertrofia midiática do assunto corpo, vale começar pelo livro escrito por Gilles Lipovetsky e Jean Serroy, *A cultura-mundo; resposta a uma sociedade desorientada* (2008, traduzido para o português em 2010) para compreender qual o ambiente do corpo hoje. Nele, os autores propõem que a cultura transformou-se em mundo, e lançam o conceito de cultura-mundo, explicando que se refere à "cultura-mundo do tecnocapitalismo planetário, das indústrias culturais, do consumismo total, dos *media* e das redes digitais".[2] Como se trata do mundo que produzimos e habitamos, não podemos construir um discurso sobre o corpo sem levá-lo em consideração.

---

1   STAROBINSKI, The natural and literary history of bodily sensation, p. 353.
2   LIPOVETSKY; SEROY, *A cultura-mundo*, p. 11.

Não devemos esquecer que a cultura agora não mais se separa do mercado, porque se transformou em economia política da cultura, imersa nas marcas internacionais, na superabundância de informações, imagens e divertimentos midiáticos.

Seria simples descrever a situação em que nos encontramos como sendo a da vitória do hiperconsumo, da vida pautada pelo dinheiro, pela busca do sucesso, e gerida pelo individualismo. A realidade é mais complexa do que a denúncia impotente e alarmista destes traços que, de fato, hoje vigoram na sociedade, mas que não apagam outros igualmente importantes. Lembremo-nos, por exemplo, de que é justamente nesse contexto que a espiritualidade vem se expandindo. Nas duas últimas décadas, consolidaram-se movimentos religiosos muito populares (evangélicos, carismáticos, cientologia etc.), que hoje mobilizam muitos milhões de pessoas, espalhadas pelo mundo inteiro.

As diferentes configurações da espiritualidade implementadas por essas religiões fortalecem-se através da prática de uma forte midiatização comercial. Vendem livros-passaportes-para-a-salvação de todos os males, e oportunidades de conquistar o bem-estar (especialmente nessa vida e não no além) em vivências com os gurus-intermediários nessa transação (em spas e workshops, cursos e palestras). As religiosidades construídas por essas novas religiões têm mais a ver com os valores do mundo do consumo (vencer aqui e agora) do que com os divulgados pelas religiões primeiras.

A existência de religiosidades distintas produzindo éticas diversas também diz respeito aos tempos tecnomercantis em que vivemos. Vale notar, nessa mesma direção, a substituição das lutas políticas que transformam o mundo pelas atividades de proteção à vida humana. O que mobiliza a todos hoje é o exercício da caridade urgente e imediata que as imagens que vemos na tevê de desastres ecológicos ou de abusos de direitos humanos nos despertam. Nossa solidariedade é profundamente tocada pelo sofrimento do outro. Contudo, trata-se de um tipo de solidariedade que nasce do individualismo que nos caracteriza e, com ela, passamos a fazer parte de uma empatia global contemporânea.

Não nos importamos com o fato de os nossos comportamentos solidários e nosso altruísmo universal não diminuírem a violência, a injustiça ou a fome. A transformação desse quadro só ocorre quando as causas que o produzem são modificadas, o que implica militância política. Mas, como se sabe, lutas políticas dessa ordem acontecem no longo prazo, têm efeitos menos espetaculares, e não mais seduzem. Tal observação nada tem a ver com relativismo ou niilismo. Ao contrário. Aqui se identifica estar em curso outro entendimento de luta política. O cidadão da internet que pratica ativismo digital se sente intervindo e fazendo parte de um tipo de vigilância que a sociedade civil empreende agora, sem ser conduzida exclusivamente pelas mídias ou pelas palavras de ordem dos partidos políticos:

> O indivíduo hipermoderno não se contenta com prazeres consumistas: procura também ser agente interventor, expressar-se, dar a sua opinião e participar na vida pública, mesmo que seja de forma diferente do militante político à antiga, que exigia o sacrifício da vida privada e da liberdade de opinião individual.[3]

Esse sujeito não confia nas grandes instituições nem em seus dirigentes e vem testando outra maneira de participação na sociedade, na qual o campo de ação dos poderes públicos tradicionais (estado, religião, educação etc.) vem se transformando. Nesse assunto, não se pode ignorar o papel central que Foucault teve na transformação do corpo em um tema obrigatório. Ao desvendar a similaridade estrutural de instituições como a prisão, a escola, o hospital e a fábrica, demonstrando as relações perversas entre poder e conhecimento que as sustentam, fez soar a sirene de alarme quando tornou clara a possibilidade de identificar a produção de *corpos dóceis*[4] em várias instâncias sociais, especialmente nas que se dedicam a produzir imagens do corpo.

Montado esse quadro, a pergunta que cabe é: que sujeito é esse? Do que o seu corpo fala?

1. O sujeito do mundo do consumo

Evidentemente, esse sujeito nasceu bem antes. Estima-se que a Terra tenha cerca de 4,6 bilhões de anos e a vida exista nela há "somente" 3,5 bilhões de anos, entendendo-se vida como qualquer sistema químico capaz de se multiplicar. Plantas multicelulares e animais apareceram muito depois, há "apenas" 750 milhões de anos. Vertebrados têm 450 milhões de anos. Dinossauros, 200

---

3   Ibid., p. 180.
4   FOUCAULT, *Vigiar e punir*.

milhões, e estão extintos há 65 milhões de anos. Primatas, a ordem biológica à qual nós, humanos, pertencemos, só surgiram há 60 milhões de anos. Ou seja, em termos evolutivos, mamíferos, primatas e humanos são recentes. Humanos pertencem à espécie *Homo sapiens*, que pertence ao grupo Hominoidea ou Hominídeo. Somos primatas africanos com parentesco próximo com os chimpanzés, de quem nos separamos por um pequeno número de genes e muitas diferenças morfológicas.[5]

Os paleontólogos que estudaram os 52 pedaços do fóssil descoberto em 1974 nas tórridas encostas de Hadar, na Etiópia, que recebeu o nome científico de AL 288-1, e o apelido de "Lucy", atestaram que ele tem três milhões de anos e representa uma peça fundamental na cadeia da nossa evolução biológica (os cientistas ouviam "Lucy in the Sky with Diamonds", dos Beatles, quando comemoraram o achado). Totalmente símio no crânio e inteiramente humano no resto do corpo, esse fóssil de hominídeo comprova, por exemplo, que a hominização começou com a posição vertical.

Segundo Christine Berge, do Laboratório de Anatomia Comparada do Museu de História Natural da França, "Lucy" tinha parturição tão delicada quanto a nossa, em posição oblíqua e dupla rotação. "Lucy" não dava à luz como os símios. O seu joelho, todavia, se aproxima do deles. Com o menisco sobre a tíbia, acompanhando a disposição simples dos chimpanzés (em nós, ela é dupla), possui um joelho mais móvel que o nosso, mas com orientação de movimentos menos precisa. Sua bipedia, portanto, ainda era ocasional.

A descoberta de "Lucy" mostrou que nós, humanos, não surgimos numa linha evolutiva crescente, e sim através de uma sucessão de rupturas parciais: primeiro a bacia (eixo da seleção), depois o braço, as pernas (eixos de relação), os pés e, então, a cabeça. É bastante curioso que o corpo que temos hoje tenha começado a chegar à sua forma atual por uma mudança na bacia.

Três milhões de anos e várias experiências biomecânicas nos separam de "Lucy" e do seu "filho", um crânio encontrado na África (Csillag, 1994), que complementa informações sobre os *Australopithecus Afarensis*, nossos ancestrais mais distantes. Este crânio de hominídeo confirma que a "família de Lucy" tinha mandíbula grande e cérebro pequeno, e representou o ponto de partida de linhagem do homem.

---

5   FOLEY, *Os humanos antes da humanidade*.

A bipedia, que alarga o tórax, também desloca o omoplata para trás. É vantajosa para a mão, mas não para as espáduas. Para ficar de pé, o homem precisou desenvolver uma bacia grande o suficiente para prender os músculos das nádegas. O fêmur precisou assumir uma posição oblíqua e alongar o seu "pescoço", numa geometria antimecânica que predispõe para joelhos tortos e pernas arqueadas.

O corpo do tipo atual começou a surgir há quase 500 mil anos. Nos últimos 200 mil, nada de essencial se modificou no seu esqueleto, e com esse esqueleto o corpo foi se transformando em um locutor cada vez mais complexo. Antigamente, o corpo era entendido como um catálogo de órgãos definidos por funções individuais. Em 1655, Belon mostrou a homologia geométrica entre as partes do esqueleto de um pássaro e um homem ao estendê-los na mesma posição. Tyson, em 1699, descobriu a aproximação entre chimpanzé e homem ao dissecá-los.

A obrigatoriedade de relacionar órgão a função foi encerrada pelo debate entre Cuvier e Saint-Hilaire. Para Cuvier, a unidade do organismo se realiza por correlações tão precisas que nenhuma modificação pode inviabilizá-la. Para Saint-Hilaire, continuador de Lamarck, a unidade resulta das transformações que o meio exterior produz.

O evolucionismo acabou confirmando as teses de Saint-Hilaire. Mais que isso. Demonstrou que, a cada geração, o programa genético reproduz uma espécie de duplo eixo: o organismo entendido como uma sequência de estruturas encaixadas pela origem material ou pela associação a um momento evolutivo. Ou seja, já está aí a hipótese de que sempre existiu um trânsito entre o biológico e o social. E essa é a razão pela qual precisamos conhecer como o nosso corpo se formou para poder ler o corpo de hoje:

> o olho não pode ver-se
> a si mesmo
> o leão de ouro não é o ouro
> do leão de ouro
> o ouro leonado não deixa de ser ouro
> aurificar-se é o ser do leão não leão
> o olho vê-se
> no avesso do olho
> silêncio: olho do furacão
> (De um Leão Zen).[6]

---

6 CAMPOS, *A educação dos cinco sentidos*, p. 26.

Lembrar que natureza e cultura estão juntas na nossa história evolutiva desde sempre é indispensável para estudar o corpo. Por uma questão de recorte, vamos falar dessa relação aqui apenas a partir do final do século 19, com a abertura de laboratórios experimentais (o de Wilhelm Wundt, em Leipzig, em 1879, aparece como o primeiro deles), pois ela serve para ilustrar as relações entre cultura e pensamento que começavam a se estabelecer. Diferenciando-se dos antropólogos, os psicólogos dedicavam-se a decifrar o que acontece a um indivíduo quando ele está pensando. Uma vez que tais processos não se mostravam observáveis, razão pela qual recebiam a denominação de "psicológicos", foi necessário esperar pelo domínio da eletricidade para que se construíssem máquinas apropriadas para investigá-los. A proliferação das práticas laboratoriais que havia marcado a separação entre antropólogos e psicólogos, também havia trazido o homem para uma situação de eventos controlados.

A ideia de um corpo controlado e/ou construído tem em Foucault uma referência forte, no século XX, porque ele descreve o corpo como um ponto nodal das relações produtivas de poder. Em vários textos, Foucault duvidou da existência material e separada de um corpo fora de sua existência social e vai estudar constelações diferentes de poder (hospital, regimes políticos, escolas, prisões etc.) como nexos fundamentais ao entendimento das configurações do corpo. Sua concepção de corpo enraíza-se em Nietzsche mas, via Merleau-Ponty, chega à proposta do corpo como carne. Para ele, carne significa uma interligação de estruturas e forças que interagem sem dominância entre elas e sem existência de um centro controlador.

Na história da filosofia, o entendimento da nossa existência como "encarnada" passou por uma longa trajetória. Em 1913, Husserl desenvolve a noção de *Leib* (corpo vivo) em oposição a *Körper*, que seria a descrição física do corpo (publicada em 1912, Ideias II), iniciando a fenomenologia. Em 1928, Heidegger desenvolve tal fenomenologia em uma espécie de ontologia, substituindo a noção de subjetividade e de mundo por *Dasein* ou existência humana. É ele quem desloca a questão do corpo para a da incorporação. "Não temos um corpo, mas somos incorporados".

Quem fará uma síntese entre estes dois pensamentos será o próprio Merleau-Ponty, nos seus escritos de 1945, 1962 e 1964. O conceito de corpo (*Leib*) de Husserl, iluminado por Heidegger (especialmente a noção de ser-no-mundo), vai clarear a conexão entre corpo, ações e percepção já estudada anteriormente por Descartes. É assim que, em vez do conceito de "ser" de Heidegger, Ponty introduz a sua noção de "carne".

Se a perversão do dualismo cartesiano que propunha a separação entre corpo e mente já havia sido exercitada por Hegel, Marx, Kierkegaard e Nietzsche, com a fenomenologia do século XX conquista novos modos de descrição, nos quais pelo menos um aspecto permanecia sem uma explicação satisfatória: como se dava o trânsito entre as informações do mundo e as informações residentes no corpo? Alguns semioticistas da cultura (Ivanov, Lotman, Pjatigorskij, Toporov e Uspenskij) já haviam apontado o mecanismo da cultura como um sistema capaz de transformar a esfera externa em interna, a entropia em informação, e assim por diante. A cultura não seria uma oposição entre o externo e o interno, mas uma possibilidade de passagem de um âmbito a outro.

Edmund Husserl (1989) propunha a existência do corpo vivo (*Leib*) e do corpo estritamente físico (*Körper*), mas não explicava o relacionamento entre eles. Assim, a fenomenologia seguiu sem dar atenção à neurofisiologia e ao inconsciente. Somente um bom tempo depois, quando William James propôs uma psicologia baseada na experiência, a concepção de que os processos de conhecimento se dão a partir de interações entre corpo e ambiente ganhou visibilidade.

Mas como pensar em corpo sem ambiente se ambos são desenvolvidos em codependência? A própria palavra "ambiente" resulta de uma montagem entre *amphi* (que significa "em torno de", e que passou para o latim significando "ambos"), com os sufixo *ente*, que vem do *ant* indo-europeu, língua pré-histórica há muito desaparecida (nela, queria dizer "sopro"). Ambiente, então, significa tudo o que compõe uma coisa, inclusive o sopro em torno. Curiosamente, cultura possui um sentido etimológico semelhante ao de ambiente, pois cultura vem do indo-europeu *kwol*, que significava uma ideia de quem anda em torno de alguma coisa, como o sentido do grego *amphi*.

A nossa própria história evolutiva já exibe esse tipo de vínculo, uma vez que se processa por um sem-número de adaptações, isto é, de negociações entre corpos e ambientes. Se o sopro em torno também compõe a coisa, a cultura (entendida como o em torno) "carnifica-se" no corpo. O que está fora adentra, e as noções de dentro e fora deixam de designar espaços não conexos para identificar situações correlatas. As informações do meio se instalam no corpo; o corpo, alterado por elas, continua a se relacionar com o meio, mas agora de outra maneira, pois está transformado. Assim transformado, continua suas trocas, que agora passam a ser outras.

O meio vai sendo modificado e o corpo também, em processos coevolutivos permanentes e inestancáveis e as noções de dentro e fora ficam desestabilizadas. Talvez a célula seja um bom exemplo para pensar esse tipo de relação:

> Muitas moléculas entram e saem da célula, em contrapartida, outras não podem fazê-lo. Mas a célula não é um recipiente contenedor. Ao contrário, ao entrar uma molécula dentro dela, passa a fazer parte da organização celular. As moléculas não recebem vida porque a vida não é uma propriedade das moléculas em si. A vida se relaciona com a organização, com a rede de relações e as propriedades emergentes da interação. No entanto, atravessar uma membrana implica uma transformação da rede de relações e gera uma transformação da identidade (que já não pode ser pensada em si e por si mesma, mas em um emaranhado relacional coevolutivo).[7]

2. A relação corpo-ambiente e o *embodiment*

Se o corpo pode ser tomado como um índice das mudanças em curso na sociedade, torna-se necessário compreender como se dá esse processo de indiciamento. Por que o corpo pode ser lido como um indiciador do seu entorno? De que modo o entorno se torna corpo?

Um corpo nunca existe em si mesmo, nem quando está nu. Corpo é sempre um estado provisório da coleção de informações que o constitui como corpo. Esse estado vincula-se aos acordos que vão sendo estabelecidos com os ambientes onde vive. Quando se pensa o corpo a partir dessa proposta de codependência com o ambiente, pode-se entender melhor o alcance do que Walter Benjamin dizia quando observou que, quando o corpo muda, tudo já foi transformado:[8]

> Se é evidente que a representação do corpo levanta questões históricas, está longe do óbvio como essas questões podem ser resolvidas. Historiadores da arte não po-

---

7   NAJMANOVICH, *O sujeito encarnado*, pp. 24-25.
8   BENJAMIN, *Illuminations*.

dem simplesmente continuar a se referir às fontes históricas como "contexto" ou "background". A influência de teóricos como Hayden White, Joan Scott e Michel Foucault conduziu a uma revalorização de amplo alcance da prática da escrita sobre história, na qual distinções como a que se faz entre o sujeito de um trabalho (por exemplo, uma série de pinturas) e o seu contexto (informação sobre eventos contemporâneos, pertinentes ou sobre a vida do artista ou sobre a matéria-sujeito dos próprios trabalhos) só podem ser vistas como estratégias retóricas planejadas para garantir a continuação de certa forma de leitura.[9]

A noção de contexto também varia. Sebeok[10] define contexto como o reconhecimento que um organismo faz das condições e maneiras de usar efetivamente as mensagens. Contexto inclui, portanto, sistema cognitivo (mente), mensagens que fluem paralelamente, memória de mensagens prévias que foram processadas ou experienciadas e, sem dúvida, antecipação de futuras mensagens que ainda serão trazidas à ação, mas já existem como possibilidade. Para Sebeok, o contexto onde algo acontece nunca é passivo. O ambiente no qual toda mensagem é emitida, transmitida e interpretada nunca é estático, mas sim contexto-sensitivo. Por ser contexto-sensitivo, trabalha em correlação com o corpo no tratamento do fluxo de informações permanente que os comanda.

O que Mirzoeff imputa somente à história da arte atinge muitas outras disciplinas, sobretudo as que estudam o corpo. Propõe o imediato abandono das formas teleológicas populares na história da arte, aquelas que se organizam no estilo "O Nascimento do Modernismo" ou "O Triunfo do Oeste", em prol de uma história descentralizada, apoiada nas interconexões que dão existência aos fatos da cultura.

A teoria corpomídia[11] se inscreve nessa mesma direção e fornece argumentos para uma leitura correspondente à indicação de Edward Said, de que devemos estudar "o mapa de interações, o atual e frequentemente produtivo tráfico que ocorre no dia a dia, e mesmo minuto a minuto, entre estados, sociedades, grupos, identidades".[12] O conceito de corpomídia se organiza justamente a partir desse "tráfico minuto a minuto" que, no corpo, corresponde a

---

9   MIRZOEFF, *Bodyscape*, p. 14.
10 SEBEOK, *A sign is just a sign*.
11 KATZ; GREINER, Corpomídia: a questão epistemológica do corpo na área da comunicação social; KATZ; GREINER, Por uma teoria do corpomídia.
12 SAID, *Culture and imperialism*, p. 20.

medidas de tempo bem menores. O trânsito de trocas é tão intenso e frequente que impede o uso do verbo "ter" e pede pelo verbo "estar", pois o corpo é um estado, apenas um estado dessa coleção de informações que vai mudando:

> O que importa ressaltar é a implicação do corpo no ambiente, que cancela a possibilidade de entendimento do mundo como um objeto aguardando um observador. Capturadas pelo nosso processo perceptivo, que as reconstrói com as perdas habituais a qualquer processo de transmissão, tais informações passam a fazer parte do corpo de uma maneira bastante singular: são transformadas em corpo.[13]

Passar a fazer parte do corpo significa tornar-se corpo, o que ocorre sempre que o corpo entra em contato com a informação. Trata-se do processo de *embodiment*.[14] O trabalho pioneiro de Esther Thelen[15] sobre o desenvolvimento de crianças (1994 [2001]) já fazia do *embodiment* a sua abordagem. Thelen explicava que dizer que a cognição é *embodied* significa o mesmo que dizer que ela emerge das interações entre corpo e mundo:

> Deste ponto de vista, a cognição depende dos tipos de experiências ligados ao fato de ter-se um corpo com capacidades perceptuais e motoras que são inseparavelmente ligadas e que juntas formam a matriz com a qual memória, emoção, linguagem e todos os outros aspectos da vida estão misturados. A noção contemporânea de cognição no corpo contrasta com a posição cognitivista que vê a mente como um dispositivo que manipula símbolos e, então, se dedica às regras formais e processos pelos quais os símbolos representam o mundo com propriedade.[16]

Na introdução de seu livro mais recente, *Supersizing the mind; embodiment, action, and cognitive extension* (2008), Andy Clark[17] transcreve um diálogo entre o Prêmio Nobel de Física Richard Feynman e o historiador Charles

---

13 KATZ; GREINER, Por uma teoria do corpomídia, p. 130.
14 Para evitar que a tradução de *embodiment* possa levar ao dualismo, aqui não se usará "encarnado" ou "incorporado", preferindo-se a expressão "tornar-se corpo".
15 Esther Thelen morreu em dezembro de 2004, aos 63 anos.
16 "From this point of view, cognition depends on the kinds of experiences that come from having a body with particular perceptual and motor capacities that are inseparably linked and that together form the matrix within which memory, emotion, language, and all other aspects of life are meshed. The contemporary notion of embodied cognition stands in contrast to the prevailing cognitivist stance which sees the mind as a device to manipulate symbols and is thus concerned with the formal rules and processes by which the symbols appropriately represent the world " (THELEN, 1994 [2001], p. 4).
17 Andy Clark é professor de filosofia na School of Philosophy, Psychology and Language Sciences na Universidade de Edinburgh, na Escócia. Escreve sobre o papel cognitivo das estruturas humanas, sobre a especialização e interação dinâmica nos sistemas neurais, e a relação entre linguagem, pensamento e ação. Publicou, dentre outros, *Being There: Putting Brain, Body and World together Again* (1997) e *Natural-born Cyborgs: Minds, Technologies and the Future of Human Intelligence* (2003).

Weiner que havia sido publicado originalmente no livro de James Gleick (1993). Eles conversam sobre as notas e gráficos que Feynman havia escrito:

> — Eu realmente fiz o trabalho nesses papéis, diz Feynman.
> — Bem, Weiner disse, o trabalho foi feito pela sua cabeça, mas o registro dele ainda está aqui.
> — Não, não é um *registro*, realmente não é. É o *trabalho sendo feito* (working). Você precisa trabalhar no papel e esse é o papel, certo?[18]

Para Feynman, o papel não constituía um meio externo, o papel se integrava à sua atividade intelectual (era o *working*, o trabalho sendo feito). Andy Clark avança e propõe que o papel faz parte do pensamento que Feynman estava criando. Sugere que a ligação entre o lápis/caneta e papel faz parte da forma que o fluxo de pensamentos e ideias tomam quando se usa esse tipo de "maquinário físico". Ou seja, lápis ou caneta e papel podem fazer parte da nossa circuitação cognitiva, o que quer dizer que podem passar a ser corpo.

Se nossos corpos ganham forma pelos usos que fazemos do que encontramos no mundo e usamos, compreender o mundo em que vivemos constitui-se como um pré-requisito para estudar o corpo.

No prefácio que escreveu para Andy Clark, David Chalmers conta que seus amigos, impressionados com a mudança que o iPhone havia produzido no seu dia a dia, brincavam dizendo que ele deveria implantar o iPhone no seu cérebro. E que ele pôde perceber que o implante não precisaria ser feito, pois o iPhone já fazia parte do seu corpo e já havia transformado o seu comportamento, porque já estava *embodied*.

McLuhan já havia proposto que o mundo modifica nosso corpo ao chamar a atenção para o fato de que cada *medium* tem as suas propriedades e que são com elas que os nossos sentidos devem lidar. Se os *media* se diversificam, as demandas perceptivas se diversificam. O iPhone de David Chalmers criou um Chalmers diferente da pessoa que existia antes do seu uso.

Se vamos transformando o mundo em corpo, há que atentar para o e zelar pelo que vamos colocando no mundo, pelas atitudes que tomamos e pelas que não tomamos, uma vez que ambas marcam uma diferença nas transformações que estão sempre em curso.

---

18   GLEICK, 1993, p. 409, citado por CLARK, 2008, p. XXV.

O corpo adentrou cedo na história. Eles descobriram que estavam nus, registra o Gênesis (3,7). Vivendo no mundo tecnocapitalista e sabendo que cada tipo de aprendizado traz ao corpo uma rede particular de conexões, pode-se arriscar que o corpo, sendo ele mesmo uma espécie de mídia, "fala" com o seu *design* e com o desenho simultâneo das famílias de suas interfaces.

Caso a vida funcione, de fato, de acordo com uma estrutura como esta aqui descrita, com o passar do tempo, as trocas permanentes de informação tenderão a borrar as suas próprias delimitações, produzindo uma plasticidade de fronteiras não controlável. Assim, o fato de as fronteiras estarem muito móveis hoje, tanto na ciência quanto na arte, não passa de um traço evolutivo. A compreensão da vida como produto e produtora de uma rede inestancável de troca de informações marca uma diferença básica. Nela, a ideia do corpo como mídia ocupa posição central.

As informações que configuram o mundo do consumo nos contaminam e vão sendo por nós contaminadas. Esse é o nosso corpo hoje, um corpo que não respeita por muito tempo operações entre parênteses.

3. Referências bibliográficas

BENJAMIN, W. *Illuminations*. New York: Schoken, 1958.

CAMPOS, H. de. *A educação dos cinco sentidos*. São Paulo: Brasiliense, 1985.

CLARK, A. *Supersizing the mind; embodiment, action, and cognitive extension*. New York (USA): Oxford University Press, 2008.

FOLEY, R. *Os humanos antes da humanidade*. São Paulo: Unesp, 1998.

FOUCAULT, M. *A ordem do discurso*. São Paulo: Loyola, 2002.

_____. *Histoire de la sexualité*. Paris: Gallimard, 1976 (La volonté de savoir), 1984 (L'usage des plaisirs), 1984 (Le souci de soi).

_____. *Vigiar e punir*. Petrópolis: Vozes, 1997.

HUSSERL, E. Ideas pertaining to a pure phenomenology and to a phenomenological philosophy. Dordrecht (Netherlands): Kluwer Academic Publisher, 1989.

KATZ, H.; GREINER, C. Corpomídia: a questão epistemológica do corpo na área da comunicação social, em www.helenakatz.pro.br. 2004.

_____. Por uma teoria do corpomídia. In: GREINER, C. *O corpo*; pistas para estudos indisciplinares. São Paulo: Annablume, 2005.

LIPOVETSKY, G.; SEROY, J. *A cultura-mundo*; resposta a uma sociedade desorientada. Lisboa: Edições 70, 2010.

MERLEAU-PONTY, M. *Fenomenologia da percepção*. São Paulo: Martins Fontes, 1994.

_____. *L'oeil et l'esprit*. Paris: Gallimard, 1964.

MCLUHAN, M. *Understanding media*; the extensions of man. Massachusetts: The MIT Press, 2001.

MIRZOEFF, N. *Bodyscape*; art, modernity and the ideal figure. London: Routledge, 1995.

NAJMANOVICH, D. *O sujeito encarnado*; questões para pesquisa no/do cotidiano. Rio de Janeiro: DP&A Editora, 2001.

SAID, E. *Culture and imperialism*. New York: Alfred A. Knopf., 1993.

SEBEOK, T. A. *A sign is just a sign*. Bloomington: Indiana University Press, 1991.

STAROBINSKI, J. The natural and literary history of bodily sensation. In: FEHER, M.; NADDAFF, R.; TAZI, N. (orgs.). *Fragments of the human body, part two*. New York: Zone Books, 1989.

THELEN, E.; SMITH, L. A dynamics Systems Approach to the Development of Cognition and Action. Massachusetts: MIT Press/Bradford Books, 1994 (2001).

CAPÍTULO II

As imagens sagradas do corpo e os rituais nas religiões – o corpo reza

Antônio Sagrado Bogaz e
João Henrique Hansen

Partamos de um breve raciocínio lógico: tudo que existe foi criado por Deus. Deus é o único criador de todas as coisas. Esta é a verdade prioritária de nossa fé. Tudo que Deus criou é bom, tem sua graça (Gn 1). Deus criou o corpo. O corpo é obra de Deus; o corpo é bom. E depois o salmo de louvor continua: "Que tudo que vive e respira cante louvores ao Senhor" (Sl 150,6). Nosso espírito louva a Deus. Somos seres vivos e espirituais. Nossas mãos se elevam em preces. Nosso coração manifesta nosso amor ao Criador. Portanto, nosso corpo é manifestação da beleza divina. Tudo que tem graça e é obra de Deus, pode ser transformado em prece. Nosso corpo é lugar de louvor. Nosso corpo reza.

Este encadeamento inicial nos coloca numa trilha de reflexão, que por si mesmo se sustenta, porém precisa de argumentação. Simplesmente, porque outras lógicas, de algum modo, bem delineadas promoveram uma reflexão que nos levou a um paradoxo secular: corpo é coisa divina, mas é sua criação menos genial e, mais ainda, se encontra em permanente estado de corrupção. Diante desta proposição paradoxal, sentimos a necessidade de compreender as razões destas ideias e entender suas motivações. Pelas motivações da visão do corpo como espaço do mal e o espírito como revelação da magnitude divina, precisamos resgatar os traços divinos na obra de sua criação e compreender que não existe redenção sem o corpo e que é no corpo que Deus manifesta seus dons mais sublimes.

1. A reconstrução da dialética na natureza humana

A interação entre os vários elementos da natureza humana busca equilibrar seus dotes específicos, como integradores e não excludentes. Espíritos não rezam sozinhos. Os corpos não celebram sem alma. Unidos elevam preces. O espírito reza somente porque o corpo existe.

Se conseguirmos escapar do dualismo, compreendemos que o mundo real, denominado classicamente como "cosmo", é o acabamento de dois princípios que se completam: a matéria e a ideia. Dentro do platonismo grego, estes princípios são colocados como opostos, portanto não complementares, mas contraditórios.[1]

Nas proposições platônicas, um mediador, denominado por ele como Demiurgo, atua sobre a realidade, plasmando o caos da matéria dentro do modelo das ideias, que são eternas. O caos recebe alma, propiciando a ordem e o movimento. Esta visão que se tornou parâmetro do pensamento ocidental criou o antagonismo entre o corpo e o espírito, privilegiando o espírito e depreciando a realidade corpórea. Esta contraposição promoveu a negação do corpo como bem divino, rebaixando-o apenas como receptáculo da alma. Nesta concepção, que estava arraigada na espiritualidade cristã, o mundo está entre o ser, que é a ideia, e o não ser, que é o mundo material. Toda opinião verdadeira está entre o saber e o não saber, que é um conhecimento sensível adequado, melhor dizendo, o devir ordenado. A grande alma está no centro do universo e se reflete em formas inferiores nos seres existentes, desde os seres humanos aos seres inertes, passando por todas as espécies da criação. A visão platônica tem seu fundamento ontológico eficaz, não fosse a contraposição entre estes elementos.

A grandeza da natureza humana está na consideração da vida como um bem na sua totalidade e não no seu dualismo. De fato, o dualismo dos elementos constitutivos do mundo material pode resultar somente do ser e de sua ordem, mais ainda, do bem. A contraposição destes, que é a desordem e o mal, não pode ser algo bom. O princípio é válido, desde que superemos o dualismo e vejamos uma unidade criacional no cosmo.

---

1 PLATÃO, Col. *Os pensadores*.

Se considerarmos a ideia do ser, da verdade, da beleza e do bem como princípios divinos e percebermos que toda a criação é expressão destes dotes divinos, reconheceremos a grandeza da natureza humana e apreenderemos que o corpo é orante, pois nele se realiza a magnitude do Bem. Vale dizer, o corpo é expressão da "grande alma divina". O desdém para com o corpo, resultante da compreensão platônica de que a matéria é indeterminada, informe e passiva, nos lança no abismo de compreender que a experiência corpórea é negativa e não nos eleva, mas nos arrasta para o abismo. Esta concepção vai sendo superada pela nova concepção de corpo como extensão da grandeza de Deus, que se revela e nele se concretiza.[2]

Considera que a visão platônica pode ser negativa, se considerarmos o dualismo entre a matéria e o corpo, pois não coloca Deus como criador de todas as coisas. Se considerarmos, porém, que o corpo é uma criatura divina, no qual se realiza a grandeza das ideias oriundas da alma, torna-se manifestação da ação divina.

Notamos que a visão filosófica platônica não levou a bom termo a concepção de corpo como bem positivo, que pode ter seu respaldo na cosmovisão bíblica. Dentro desta cosmovisão, a grandeza do ser humano se efetiva pelos dons espirituais que se realizam na e pela existência corpórea. Não há felicidade senão no encontro entre o corpo e o espírito, como expressões da mesma ação criadora de Deus. Este é um fator constituinte do ser humano, como de resto, de toda a criação.

2. Unidade plena do corpo e do espírito

Tantas vezes, travou-se na caminhada da tradição cristã um embate na compreensão da unidade ou separação destes dois elementos. Na elaboração dogmática da cristologia primitiva, houve grande dificuldade em admitir a unidade pessoal de Cristo, assumido muitas vezes como dois elementos que não se separam e não se contrapõem. A desvalorização do corpo não suportava a ideia de que o Filho de Deus, plenitude da alma divina, se unificasse na matéria. Os seguidores do "eutiquismo" não podem conceber que um espírito pleno se unificasse num corpo, para eles, limitante. Voltava-se à ideia

---

2   FRANÇA, *Noções de história da filosofia*, p. 70.

platônica de que o corpo era um mal necessário, onde se enclausurava a alma humana. Mesmo que a alma humana fosse condenada à clausura, não se pode conceber que a "alma divina" se encerrasse num corpo humano. Para eles, o corpo humano é passível de pecado e como tal precisa ser controlado, dominado e confinado. A minimização do corpo garante, segundo esta concepção errônea, a elevação do espírito. Bem, o que notamos na espiritualidade cristã verdadeira é que a harmonia entre a corporeidade e o espírito torna-se lugar teológico, espaço orante.

A. J. Chupungco[3] apresenta a grande resposta de nossa espiritualidade, ou seja, a encarnação do Verbo Divino. A confirmação da verdadeira presença de Deus, em plenitude, na história humana garante a opção de Deus pela realidade concreta. O corpo não é mais perigoso e nem sepulcro da alma, mas lugar de libertação e de vida. O corpo humano é a terra fértil onde se realizam as grandezas divinas. Este autor nos mostra que a presença divina se realiza em todas as culturas e tradições étnicas. A encarnação divina transcende, por isso, os limites de uma religião, mas abre-se para todo universo, pois cada partícula do universo é criação divina e lugar da salvação. O universo é prece. Rezamos no universo e pelo universo.

Considerando, segundo nossa fé, que Deus assumiu nossa corporeidade, nos perguntamos por que tanta parcimônia em perceber que o corpo também é prece. Prece é toda louvação humana que se presta a Deus, como forma de gratidão. A alegria, o prazer e a felicidade que se realizam no corpo são versos orantes. Estes bens da natureza corpórea humana são grãos de incenso que se fazem oblação. Para além das considerações negativas referentes à corporeidade em uma dimensão da nossa espiritualidade, notamos o "uso do corpo" em todas as religiões, como forma de entrar em comunhão com sua divindade. Não se trata de incorrer ou sacralizar a depravação, dita mesmo "prostituição corpórea sagrada", mas antes de perceber os bens do corpo, como a sexualidade, a alimentação ou o prazer lúdico como momentos sacrais. A grandeza do espírito se expressa na harmonia dos bens corpóreos.

Por essa razão, defendemos que toda ação celebrativa expressa as dimensões corpóreas. A experiência religiosa presente nos ritos litúrgicos é explanação concreta da nossa corporeidade. Podemos seguir com a definição de

---

3 CHUPUNGCO, *Inculturação litúrgica*, p. 14.

J. Castellano, que afirma que "a linguagem dos símbolos está enraizada na natureza humana. De fato, nas relações mais elementares que correspondem às expressões humanas fundamentais (amor, dor, alegria etc.) o homem comunica-se com os outros por meio de sinais e símbolos. A relação de pessoa a pessoa, de espírito para espírito, passa pela corporeidade".[4]

O rito é a expressão simbólica de nossas experiências interiores e neles podemos concretizar nossos sentimentos místicos mais profundos. Através do rito se exterioriza o encontro entre o corpo e o espírito e seus sinais são manifestações corpóreas da vida interior. Por sua vez, pelos mesmos sinais ou símbolos o corpo é fecundado pela energia do universo espiritual. Sem a participação da corporeidade, não podemos rezar e nos elevar.

3. Edificação da corporeidade nos séculos

Como acenamos anteriormente, a mística cristã realiza um processo contínuo de unificação entre o corpo e o espírito. Para sua plena realização, o ser humano tem que ser assumido em sua totalidade, sem resquício de desprezo pelo corpo, como também não teria sentido a desconsideração do espírito. A relação, por vezes complementar, mas por vezes contraditória entre estes elementos do ser humano, busca incessantemente sua unitariedade. Paulo, o grande apóstolo, afirma: "O mesmo Deus da paz vos santifique em tudo; e o vosso espírito, alma e corpo sejam conservados íntegros e irrepreensíveis na vinda de nosso Senhor Jesus Cristo" (1Ts 5,23). Ele nos apresenta não uma bidimensionalidade, mas uma tridimensionalidade do corpo humano. Esta nova visão nos ajuda a romper a bipolaridade. Não, por certo, para criar uma tripolaridade, mas para perceber sua intersecção. A compreensão da existência humana plena como integração da *phisis*, da *psiché* e da "anima" nos leva a concluir que é preciso integrar estes bens criacionais para viver a plenitude existencial. A desarmonia ou o desequilíbrio destes elementos constitutivos é maléfico para o ser humano. O corpo reza e exalta seus sentimentos, que buscam a Deus. Esta é a forma simples para compreendermos as expressões clássicas de nossos pensadores cristãos, na linha tomista, por exemplo. *Phisis* é a materialidade da existência, que sente vibrações na energia *psiché* e se eleva na transcendência "*anima*". Mesmo sem contemplar os seus artigos designantes,

---

4   CASTELLANO, *Liturgia e vida espiritual*, p. 320.

por serem dons universais, estes elementos constitutivos propiciam a plenitude da corporeidade humana. Esta se realiza em todos os momentos de nossa existência, mormente na prática dos ritos religiosos.

Tomás de Aquino,[5] partindo da visão bíblica e da espiritualidade cristológica, nos orienta a aperfeiçoar e elevar a natureza humana. Isso somente é possível pela contemplação completa do corpo, pois neles se encontram e se vivificam todos os sentimentos e toda transcendência. A alma é o primeiro princípio da existência, nos diz este grande teólogo medieval. Por este princípio, sua epistemologia aponta para a alma não como único bem positivo, mas capaz de animar e dinamizar as realidades materiais. A alma, sendo imaterial, precisa do corpo para expressar e concretizar seus dons. Se, por um lado, a alma não pode subsistir historicamente sem o corpo, o corpo precisa da alma para sua vitalização.

A concepção cristã nos ensina que o corpo é um valor precioso e não a depravação da divindade, como acreditavam os maniqueus. Basta recordarmos que o maniqueísmo tem "inspiração gnóstica e procura explicar o universo por uma visão dualística radical entre o bem e o mal. O mundo estaria dividido em duas forças: o Bem, que é luz, e o Mal, que é trevas. O sentido da carne ou da matéria é regido pelo princípio do mal. Para conseguir paralisar este mal, é preciso dar maior ênfase ao mundo espiritual".[6] Não foi pequena a luta dos místicos cristãos, que engrandeciam a vida espiritual, para mostrar que é no corpo que se dá a santidade. O corpo vivificado pela vida interior é caminho de salvação. Não se separam o corpo e o espírito, mas se unificam no mesmo objetivo: a vida. A vida se concretiza pelo caminho do bem, e o bem é uma ação do espírito concretizada na materialidade da nossa existência. A "mística do corpo" é enaltecida quando, por exemplo, Irineu de Lião defende o princípio *salus carnis*. A. Orbe afirma porém que, embora a doutrina de Irineu, pela valorização da corporeidade, foi vitoriosa nas contendas dos primeiros séculos, prevaleceu e se perpetuou a doutrina de Orígenes, que defende o princípio *salus animae*. Mas foi suficiente para combater os princípios maniqueus, que defendiam que a conquista do bem se faz pelo jejum e pela negação de todas as formas de prazer. Este ascetismo rígido, tomado como caminho

---

5 *Summa Theologica*, q. XCIII, n. 93, aa. 1-9.
6 BOGAZ; HANSEN; COUTO, *Patrística*, p. 127.

de santificação e propiciatório de nossas preces, não é exclusivo e garantia de santificação. A santificação está não na abstinência mas na partilha. A prece passa pelo corpo e não se louva negando o corpo, pois o corpo é orante. O resgate permanente desta proposição nos garante uma espiritualidade sadia e verdadeira.[7]

A preocupação com a alma foi preponderante na evolução da mística cristã, por influência das escolas filosóficas ao longo dos séculos. No entanto, a inspiração cristã nunca se distanciou dos moldes bíblicos, que valorizam a pessoa humana e a tornam valiosa diante de Deus que se encarnou. Repetindo o mesmo Irineu de Lião, podemos continuar afirmando que "a glória de Deus é o ser humano vivente". Na perspectiva teológica de seus escritos, compreende-se o ser humano vivente como um ser corpóreo, que louva e, pela sua própria vida, engrandece seu Criador.

4. A concepção da corporeidade limitante

É inegável, ao longo da tradição cristã, certa preocupação com a salvação da alma. Basta fazermos memória das pregações e da linguagem de nossa catequese. Sempre houve uma grande preocupação com a salvação escatológica e nem sempre houve integração com a vida cotidiana. Nossa perspectiva ressurrecional, por exemplo, é fundamentalmente transcendente. As "missões populares", que foram um grande movimento evangelizador de nossas comunidades, priorizavam a salvação da alma. A expressão que se colava nos grandes cruzeiros era bem definida: "Salva tua alma". Salvar a alma é a meta principal de toda conversão. Esta espiritualização se descuidou das proposições mais históricas e encarnadas da mística cristã.

A visão de Igreja e a nova espiritualidade que brotou dos documentos conciliares do Vaticano II despertaram para uma vivência mais engajada da fé e da liturgia.

A própria ritualidade demonstra que nossa preocupação é a natureza humana – corpo, alma e espírito –, onde Deus é louvado em plenitude. Aprofundamos a corporeidade humana que não é uma depravação da divindade. Alguns heréticos primitivos acreditavam mesmo que Deus não poderia ter

---

7   ORBE, *I Padri nei II e III secoli*, p. 72.

criado o ser humano como obra material, pois esta ação o tornaria impuro. Assim, Deus verdadeiro serviu-se de Javé, como seu demiurgo, para a obra geradora da matéria.[8] Esta concepção é fortemente contraposta por Leão Magno. Suas palavras revelam que Deus criou admiravelmente o ser humano: "O mistério da encarnação é uma prova disso: Cristo não hesitou em compartilhar a natureza humana".[9] No entanto, o ser humano sempre teve dificuldade de assumir sua corporeidade de forma clara e sem nenhum preconceito. Isso se revelou na ética cristã, bem como nas práticas rituais, sempre muito contidas e sem expressões corpóreas. Os críticos da nossa espiritualidade cristã acusam nossa mística como dual e valorizadora mais da alma que do próprio corpo. Por essa razão, nem sempre se entendia que "o corpo reza", pois este era visto como o portal dos prazeres e, portanto, como a fonte dos pecados. Desta feita, a alma era fortalecida para controlar as expressões corpóreas e seus desejos. A obra de Umberto Eco *O nome da rosa* revela esta visão dual e a condenação dos sentidos. Tão forte que o riso é um mal condenável e é punido com a morte pelos adeptos desta concepção anticorpórea. Toda expressão corpórea é aprisionamento, e a alma deve romper estas correntes.

5. Superando a espiritualidade da flagelação

Nosso corpo é orante. Rezamos com ele, melhor, o corpo reza. Esta renovação de nossa espiritualidade nos faz pensar nas práticas sacrificiais de nossa tradição. A ideia de flagelar o corpo, como se estivéssemos punindo seus anseios e seus desejos, dificultaram a percepção do corpo como "bem divino". A ideia, em algumas escolas de espiritualidade mais espiritualistas, é de que o corpo é um mal. Pode até ser necessário, mas é um mal. Melhor seria se libertar dele e viver somente as dimensões espirituais.

Naturalmente esta invocação penitencial vem de uma provocação epicurista, que endeusa e enaltece o prazer e o hedonismo como bens em si mesmo. O prazer do corpo, como o prazer do espírito, deve ser equilibrado e dimensionado para o bem.

As técnicas de purificação do corpo visavam sempre controlar os desejos. Não se trata de controlar desejos, mas sim de reeducar os desejos gerados

---

8   IRINEU DE LIÃO, *Contra as heresias*, p. 77.
9   CHUPUNGCO, *Inculturação litúrgica*, p. 33.

na distorção da natureza e, mais ainda, de equilibrar os desejos como bens divinos implantados na natureza humana. O equilíbrio nasce da consciência e da graça que habitam em nós. Alguns instrumentos desta harmonização dos desejos foram empregados ao longo da história. Nem sempre de forma satisfatória, mas muitas vezes servindo a visões negativistas da própria natureza. Isso foi um prejuízo para nossas liturgias, para nossa moral e para nossa coerência ética.

A prática do jejum e da abstinência foi assumida como "técnicas de purificação". Além disso, a prática da flagelação era um meio para alcançar a virtude e a plenitude moral. Tratava-se de privar o corpo dos prazeres mais simples, uma vez que as exigências do corpo são caminhos perigosos para nossa santificação. Está no âmago desta ideia uma visão pecaminosa do corpo, que o percebe como "habitação do espírito mal". Uma das razões da valorização da alma e do desprezo pela corporeidade física é a dificuldade de o ser humano enfrentar a própria morte. Como o corpo humano se deteriora com o tempo e revela traços de sua temporalidade, a exaltação da alma redignifica nossa existência. Por isso, a flagelação e a minimização da corporeidade na vida cotidiana. Isso se refletiu na espiritualidade e deixou consequências na moral e na vida litúrgica da Igreja. Sendo a alma que se conecta com Deus, que garante a imortalidade pessoal, precisa ser protegida e valorizada.

Repensando estes postulados platônicos, entendemos que, na história, a alma precisa de sua corporeidade para sentir a presença de Deus. Não há alma sem corpo, sem a *phisis*.

Em algumas religiões ou experiências religiosas, a alma é a grande preocupação, nascida do medo de que o ser humano não sobreviva à própria morte. Desta concepção à hipervalorização da alma e o descuido com o corpo foi um pequeno passo. Isto gera a aceitação das misérias humanas como graça divina e acomoda os oprimidos na sua situação de dependência e miséria. Quando Jesus exalta Lázaro (Lc 16,19-31), sua preocupação é acusar o rico por sua grande opulência e egoísmo.

Propostas de mística espiritualista de algumas religiões (cristãs ou não cristãs), criticadas e rejeitadas pelo Cristianismo, perpassam a nossa história. Ao pesquisarmos os grupos espiritualistas medievais, como os valdenses, albigenses cátaros e lolardos, notamos que eram grupos que desprezam o corpo e elevavam exclusivamente o poder do espírito como dom divino.

A comunidade dos cátaros ou albigenses representa o renascimento do maniqueísmo na Europa. Ela retoma a concepção religiosa persa de um dualismo entre os espíritos do bem e do mal. O princípio do bem e o reino do espírito, enquanto o princípio do mal é identificado com tudo que é material. Por sua vez, os valdenses enalteciam a pobreza, gerando a ideia de que toda riqueza é um mal a ser condenado. Os Lolardos, inspirados por John Wyclif (1324-1384), também pregam a supremacia do espírito sobre os bens materiais, ou seja, da alma sobre o corpo. Não foi diferente com os hussitas. Todos estes movimentos criticam a opulência dos ricos e do clero, mas é inegável que se apoiam nas teses de que a matéria é o espaço do mal e do pecado.[10]

A tentativa de superar estes paradigmas é uma constante na vida da Igreja e na sua espiritualidade. Trata-se de uma tensão constante. Tomás de Aquino, na direção oposta ao platonismo, considera que a alma é inconcebível sem o corpo, pois o ser humano é inseparavelmente alma e corpo. Nem sempre nossa espiritualidade conseguiu manter esta equivalência, gerando a depreciação da corporeidade. Se não percebemos que o corpo é parte integrante da vida divina em nós, é mais difícil compreender que "o corpo reza" e que é no corpo que Deus se revela.

Nossa visão litúrgica contemporânea, sobretudo os valores incorporados pelas culturas latino-americanas, dos indígenas, dos caboclos e dos afrodescendentes, nos ajudam a resolver esta questão na prática.

Enquanto Agostinho escreveu que a "alma é uma substância especial, dotada de razão, para governar o corpo",[11] hoje se defende uma visão tricotômica do ser humano. Ele é a unidade do corpo (*soma*), da alma (*psique*) e do espírito (*pneuma*). Esta unidade indissolúvel precisa ser reconquistada. Corpo, alma e espírito revelam na sua união interior a capacidade de equilíbrio de todo ser humano. Para viver e para rezar. Como precisamos de um corpo para viver, precisamos dele para rezar e mesmo para crer.

---

10 COMBY, *Para ler a história da Igreja*, p. 102.
11 NOVAES, Nota sobre o problema da Universalidade em Agostinho, do ponto de vista da relação entre fé e razão, p. 32.

6. Corpo celebrante, corpo que reza

J. Maraschin[12] aproxima a dimensão orante da ceia de Jesus com seus discípulos aos sentidos humanos. No encontro com seus discípulos, para participar da Eucaristia, ele comunica-se através de seu corpo e seu sangue, ofertados à comunidade dos discípulos, em forma de sabor e odor, fazendo com que os elementos naturais se tornassem "elementos sagrados". O corpo participa no culto litúrgico e torna-se a sede do espírito para o encontro com o sagrado.

De fato, podemos compreender o sentido do corpo na espiritualidade cristã, pois Deus se fez "corpo", se fez carne, e habitou entre nós (cf. Jo 1,14).

Todo mistério da encarnação, desde sua origem até sua plenitude na ressurreição, revela a importância do corpo na mística cristã. Esta ação divina na direção da humanidade é uma apreciação deste valor das realidades materiais. Podemos entender melhor esta mística reconhecendo a unidade entre a corporeidade humana e sua vida espiritual.

"A encarnação cristã significa a compreensão de que só podemos ser cristãos enquanto corpos que vivem em relação primordial com os quatro elementos. A educação visível nos elementos é encarnada. E espírito é sempre corpóreo: não flutua como um fantasma, nem anda ao redor dos vivos como sugere boa parte da imaginação popular. O Espírito é o corpo. Ou, em outras palavras, é o corpo que é espiritual. Não se pode dizer que o espiritual é a ausência do corpo."[13] A educação cristã se desenvolve juntamente com o corpo. O corpo é cheio de potências e essas potências são, na linguagem religiosa, dons. Na verdade, o dom maior é o próprio corpo. E o corpo se abre para a espiritualidade por meio de diferentes formas que, segundo os místicos, começam com o amor, passam pela "noite escura da alma" e terminam com a contemplação.

Considerando o ser humano como um ser transcendental, entendemos que ele é orante. Assumindo a configuração da antropologia cristã de que o ser humano é uma unidade absoluta entre corpo, alma e espírito, todo o seu ser é orante e reza integralmente.

---

12 MARASCHIN, *A beleza da santidade*, pp. 124-125.
13 Ibid., p. 125.

7. Resgate da corporeidade nos ritos

Sabendo que o ritual é parte integrante da vida humana, não podemos desconsiderar seu valor dentro da vida espiritual das religiões e, particularmente, dentro do Cristianismo. Podemos admitir que toda prática ritual e toda mística que não assumem a integridade da pessoa humana não são plenas, mas limitantes, e precisam ser corrigidas.

Os ritos estão para o corpo e para o espírito e têm transversalidade emocional e racional. Assim, a partir das expressões das celebrações, que compõem os ritos, adentramos sua dimensão corporal. Esta realidade integra a pessoa humana como ser indivisível em sua composição fundamental: corpo, alma e espírito. Por sua vez, a pessoa se une à comunidade, compondo o corpo místico. A ritualidade, que unifica corpo e espírito, se realiza na comunidade. Sendo assim, ao mesmo tempo em que é espiritual, também é corporal. Os ritos são a expressão da corporeidade e da espiritualidade dos fiéis. Esta integração realiza o corpo místico, que celebra comunitariamente os ritos. Cada ação ritual manifesta a linguagem do espírito, que se explicita por meio da corporeidade humana. Neste movimento ritual, a pessoa humana se encontra com toda a criação. Segue-se que a espiritualidade realiza um encontro com o Criador. Muitas são as expressões do rito, todas elas concretizadas em exposições emergentes de nossa "fisicalidade" como gestos, mímicas, ceias, banhos, unções, sangue, toques e movimentos corporais. Todas estas exposições são importantes para a expressão dos sentimentos mais profundos do espírito humano. Igualmente são necessárias para exprimir nossos sentimentos de fé. A corporeidade humana é a mediação de sua linguagem, como ponte de autocomunicação com o mundo.[14] Nunca podemos negar, na espiritualidade cristã, estes elementos corporais. Eles são significativos e significantes, pois são a expressão da fé que a comunidade professa. O evento fundante do ritual cristão não é uma lenda ou uma visão desencarnada; ao contrário, é a encarnação do Filho de Deus.

Fica plenamente lógico perceber que a ritualidade cristã unifica os bens essenciais da pessoa, quer dizer a corporeidade, a racionalidade e a afetividade. Somente por estes bens, somos capazes de realizar o encontro com Deus

---

14   ALDAZÁBAL, *Gestos y símbolos*, p. 21.

e, mutuamente, o encontro com os irmãos. Se dissemos que o corpo reza, confirmamos que as atitudes e os gestos, unidos ao silêncio e à palavra, são propiciadores da eficácia da oração cristã. Somente será verdadeira a eficácia sacramental, se houver interação entre o ritual, que é corpóreo, e sua significação. De fato, à medida que houver a integração entre a comunidade e o mistério, haverá maior mediação ritual. A corporeidade nos ritos nos permite integrar em nós mesmos os dons espirituais com nossa historicidade. Mais ainda, nos compõem como comunidades para celebrarmos juntos o rito. Na comunhão dos mesmos sentimentos, na partilha da mesma experiência de fé, nossos corpos separados se integram como único corpo, um corpo místico.

Não é tão simples assim do ponto de vista acadêmico, quando precisamos de conceitos exatos e sem contradição para demonstrar esta unidade. Na prática real da ritualidade religiosa, a unidade se faz espontaneamente, desde que haja, evidentemente, equilíbrio nestes bens da pessoa humana. A "teologia do corpo" que foi uma percepção da teologia contemporânea nos ajuda a reconhecer e desenvolver a corporeidade dentro da espiritualidade. Consideramos que "há um caminho litúrgico expressivo a percorrer e a redescobrir na expressão corporal; caminho esse que é uma necessidade da própria natureza do ser humano e do humano-divino".[15] Os grandes filósofos modernos refletem que o corpo humano é o lugar das interdições históricas e, como consequência, as regras constroem um corpo com múltiplas determinações. Se o corpo é o espelho da mente, como diz Lacan, é nele que nós somos e existimos. Podemos atribuir ao corpo sentidos lógicos; portanto é possível ordenar o corpo para o bem, para o louvor e para a prece. Unem-se nele o psíquico, o sentimento e a motricidade. De fato, a "espiritualidade do corpo revela a capacidade da criatividade. O Criador se reflete em nós naquilo que mais o concretizou como tal: faz de nós companheiros de sua obra da criação".[16] O corpo é o lugar religioso da prece, da louvação. No corpo se realizam nossas rezas. Nossa criatividade se realiza no corpo, afinal criar é nutrir o corpo de vida, é fazer surgir a vida da matéria inerte. Mais ainda, é dar matéria ao espírito e espírito à matéria.

---

15   TEIXEIRA, *Comunicação na liturgia*, p. 97.
16   MARASCHIN, *A beleza da santidade*, p. 124.

Nesta impostação da relação interior do ser humano, define-se que criar é dar novas maneiras de utilização do corpo dentro do mundo, para atuar na história e integrar-se com Deus: este é o caminho da oração.

O corpo reza e no seu âmago gera a vida. No corpo se concretiza o amor de Deus. O corpo é transparência do amor, da verdade e da fé. Na ceia de Jesus, por exemplo, o corpo é paradigma de toda espiritualidade do corpo. Na ceia, encontramos a ação do olhar na intercomunicação, do odor nas espécies eucarísticas, do toque no abraço e no lava-pés, da melodia na fala, na escuta e na partilha fraterna. Na ceia, tudo é expressão corporal.[17] Bem vemos que a mais sublime das preces cristãs, que é a ceia eucarística, se projeta e se realiza em ações corpóreas, que nutrem o espírito humano e que intercomunicam com o Pai.

8. Conclusão: ação corpórea e comunitariedade

Não são espíritos que se reúnem, são pessoas, como seus corpos, suas histórias e seus sonhos concretos. Na prece, em todos os seus modelos litúrgicos ou sacramentais, irmãos e irmãs na fé congregam suas vidas, suas esperanças e suas fadigas. Suas vidas são colocadas no mesmo altar e inseridas no mesmo projeto divino.

Os fiéis formam um único corpo e se congrega como família espiritual. Suas vidas se unem e se solidarizam com os empobrecidos. A comunidade é uma "família corporal e espiritual" que deve servir os "corpos sofridos". Não é apenas uma união espiritual, uma vez que compartilhamos histórias concretas e vivemos projetos comuns diante de Deus.

Somos acolhidos como vidas que querem rezar e louvar a Deus. Integramos uma comunidade em oração e prece, em vida e amor, em amizade e fé. Muitos momentos nas celebrações, mormente a ceia eucarística, são momentos corpóreos. Nos abraços, nos falamos, nos olhamos e partilhamos da ceia do Senhor. Foi assim que nasceu, nas origens da história cristã, a partilha da vida. Muito longe de sermos apenas como espíritos que se deslocam em corpos, vivemos como corpos vivificados pelo espírito, que partilham com os irmãos a mesma história na mesma caminhada.

---

17   Ibid., p. 126.

Assim, tantos fiéis, vindo de tantas realidades, partilham o mesmo ritual e buscam a comunhão mais profunda, apesar das diferenças étnicas e culturais. A corporeidade comunitária é viva expressão das vidas pessoais que integram a comunidade. A universalidade da comunidade não elimina a particularidade de cada fiel que congrega o povo de Deus.

A corporeidade propicia a criatividade incorporando formas inovadoras de viver a fé, que se renova. Nossos corpos são miscigenados com os fatos da realidade. A renovação dos ritos e seus gestos corpóreos englobam a criatividade, trazendo enriquecimento e dinamização. São corpos verdadeiros, em unidade corporal, pois comungam os bens advindos desta real corporeidade. Revela-se a tríplice dimensão da corporeidade nos rituais de nossas rezas.

Em primeiro lugar a constituição da Igreja, que é formada de pessoas concretas, com seus históricos, suas necessidades e seus bens corporais. Em segundo lugar, a possibilidade da participação vital e ativa, pois a integridade do ser humano gera a plenitude desta participação. Finalmente, os corpos aproximam os espíritos e os espíritos em comunhão garantem a aproximação dos corpos reais.[18] Estamos diante de um encontro fenomenal da realidade, o ser humano que permite a interação comunitária com outros seres humanos.

Geramos, pela ação do corpo que reza, a verdadeira comunidade dos cristãos. Somos uma reunião de membros, como aprendemos no Concílio Vaticano II (*Sacrosanctum Concilium*, n. 6) e devemos exercer a corporeidade de nossa existência, como seres integrais e verdadeiramente constituídos de corpo, alma e espírito.

9. Referências bibliográficas

ALDAZÁBAL, J. *Gestos y símbolos*. 3. ed. Barcelona: CPL, 1992.

BOGAZ, A. S.; HANSEN, J. H.; COUTO, M. A. *Patrística*; caminhos da tradição cristã. São Paulo: Paulus, 2007.

CASTELLANO, J. *Liturgia e vida espiritual*; teologia, celebração, experiência. São Paulo: Paulinas, 2008.

CHUPUNGCO, A. J. *Inculturação litúrgica*; sacramentais, religiosidade e catequese. São Paulo: Paulinas, 2008.

---

18 MALDONADO, Religiosidad popular, p. 57.

COMBY, J. *Para ler a história da Igreja*; das origens ao século XV. São Paulo: Loyola, 2001.
FRANÇA, L. *Noções de história da filosofia*. São Paulo: Agir, 1980.
IRINEU DE LIÃO, *Contra as heresias*. São Paulo: Paulus, 1997.
MALDONADO, L. Religiosidad popular; nostalgia de lo mágico. Madrid: Ediciones Cristiandad, 1975.
MARASCHIN, J. *A beleza da santidade*; ensaios de liturgia. São Paulo: Aste, 1996.
NOVAES, M. Nota sobre o problema da Universalidade em Agostinho, do ponto de vista da relação entre fé e razão. *Cadernos História da Filosofia e Ciência*, v. 7, n. 2, Campinas: Unicamp, 1997.
ORBE, A. *I Padri nei II e III secoli*. Roma: Gregoriana, 1980.
PLATÃO. Col. *Os pensadores*. São Paulo: Abril Cultural, 1973.
TEIXEIRA, N. C. *Comunicação na liturgia*. São Paulo: Paulinas, 2003.
TOMÁS DE AQUINO. *Suma Teológica*. São Paulo: Loyola, 2001-2006.

CAPÍTULO III

Leitura teológica do corpo como lugar da revelação de Deus na teologia judaica – o corpo revela

Alexandre Leone

Uma característica marcante no pensamento teológico judaico – que já pode ser inferida no texto bíblico, que se aprofundou na literatura rabínica e que continua nas correntes modernas do judaísmo – é a existência de diversas vozes e pontos de vista que em virtude do processo histórico da formação dessa tradição foram canonizados conjuntamente. Desse modo, lado a lado convivem vozes e opiniões contrárias que geraram ao longo dos séculos não uma teologia judaica que possa ser sistematizada, mas um debate muitas vezes transgeracional entre pontos de vista e visões religiosos. Seria melhor dizer que a tradição judaica constituiu-se numa dialética teológica cuja expressão máxima é o próprio Talmude, a obra coletiva que relata os debates ocorridos entre os primeiros rabinos no final da antiguidade.

É assim, pois, que a pergunta muitas vezes precisa dirigida às diversas tradições religiosas "o que esta ou aquela religião pensa desse ou daquele assunto?" não pode ser respondida de modo claro e distinto no caso da tradição judaica, sob pena de falsear e reduzir a uma unidade simplória os debates que ocorreram e ocorrem no cerne mesmo desta tradição. Melhor seria perguntar "qual o debate judaico sobre certo tema?" Este modo de perguntar já pressupõe que há um debate com diversidade de pontos de vista. A dialética teológica judaica se delineia por aqueles temas que estão em debate e as opiniões extremas que se contrapuseram na academia rabínica, algumas ficando irresolutas, outras, raras, encontrando um consenso.

Qual o debate judaico sobre o corpo? Que opiniões se destacaram e quais consensos foram atingidos? Perguntemos à fonte.

1. A bênção pelo corpo

> Aquele que entra (no banheiro) deve dizer (aos anjos que o acompanham): "Sejam honrados, ó dignos e santos que ministram o Altíssimo, honrem ao Deus de Israel e esperem por mim até eu entrar e fazer minhas necessidades, e retornar a vocês". Abaye disse: Uma pessoa não deve falar assim, porque eles podem deixá-la e ir embora. O que ela deve dizer é: "Guardem-me, guardem-me, preservem-me, preservem-me, ajudem-me, ajudem-me, apoiem-me, apoiem-me até eu ter entrado e saído, pois este é modo de ser dos seres humanos". Quando ele sai, ele diz: "Bendito seja Aquele que formou o ser humano com sabedoria e nele criou muitos orifícios e cavidades. Revelado e sabido é perante Teu glorioso trono que, se um deles for (indevidamente) aberto ou um deles (indevidamente) fechado, seria impossível para um ser humano continuar vivo diante de Ti". Como esta bênção é concluída? Rab disse: "(Bendito sejas Tu) Aquele que cura os doentes". Samuel disse: Abba (Rab com esta bênção) tornou o mundo inteiro em inválido! Não, o que ele deve dizer é: "Que saras toda a carne". Rav Shesheth disse: "Que fazes maravilhas". R. Papa disse: "Portanto, digamos ambas, 'Aquele que sara toda a carne e fazes maravilhas'" (Talmude Babilônico – Tratado de Berakhot 60b).

A passagem do Talmude apresentada aqui é um trecho do Tratado de Berakhot. Esse tratado, cujo nome em português é traduzido como "bênçãos", é quase inteiramente dedicado às discussões dos sábios de Israel sobre a liturgia, as recitações e as orações judaicas. Sua primeira parte é dedicada à recitação do "Shemá Israel", uma espécie de profissão de fé judaica no monoteísmo, que o judeu deve recitar duas vezes por dia. A segunda parte do tratado é dedicada à Amida – nome que significa em hebraico literalmente "a oração que é recitada de pé" –, a principal oração judaica, recitada três vezes por dia, e a parte central da liturgia da sinagoga. A terceira parte do tratado é dedicada às bênçãos e louvores que os judeus devem recitar nas mais diversas situações da vida – antes e depois das refeições, antes de experimentarem prazeres dos sentidos, ao verem o mar, uma montanha muito alta, o arco-íris, ao escutarem o som do trovão, ao passarem por um lugar onde ocorreu um milagre, ao receberem uma boa notícia, ao receberem uma má notícia e assim por diante. A discussão talmúdica em si é sobre a conduta apropriada e o cumprimento dos mandamentos; nesse sentido essa literatura é chamada de *halakhá*, o modo de caminhar, de proceder. No entanto, é claro, como no exemplo de nossa passagem, que essa discussão é permeada por aquilo que Max Kadushim denominou de teologia orgânica. Os primeiros rabinos, até o século X, não se preocuparam em redigir tratados de teologia sistemática. Seus debates entre escolas e múltiplas opiniões não permitiram isso, assim a teologia orgânica seria talvez mais bem descrita como uma dialética teológica que se expressa como *agadá*, isto é, narrativa. É nas entrelinhas dos seus debates que suas visões de mundo, suas narrativas sapiencial-teológicas vão se deixando captar.

Em nosso texto são citados vários sábios que viveram entre os séculos III e IV. Sua redação final é mais tardia, possivelmente do século VI. Esse é o mesmo período em que no mundo cristão foi redigida a Patrística. Nele lemos uma discussão que nas entrelinhas nos permite vislumbrar a abordagem judaica sobre o corpo e corporeidade. Essa passagem é muito importante porque, de passagem talmúdica, ela tornou-se parte da liturgia diária recitada pelos judeus praticantes por gerações. Como em toda discussão talmúdica, é necessário prestar atenção para o que é debatido, o que está em disputa, e também para aquilo que é afirmado sem disputa. Na primeira parte da passagem, Abaye discute com uma opinião anônima sobre como a pessoa deve se dirigir aos anjos que a acompanham, seus anjos da guarda, para que lhe esperem na porta enquanto ela vai fazer suas necessidades. Até os anjos devem ter certo pudor em resguardar a dignidade daqueles a quem eles guardam. Não está em discussão, porém, qual bênção uma pessoa deve dizer ao sair do banheiro. A bênção expressa o louvor e gratidão a Deus pelo funcionamento do corpo saudável, corpo este formado de orifícios e cavidades. Rashi, o grande comentarista medieval do Talmude, afirma que nessas funções mais simples e básicas do corpo está a chave de sua saúde e vitalidade, e isso é parte da graça que Deus distribui no mundo todo.

Em discussão está também o final da bênção. Após um breve debate, Rav Papa propõe uma solução de conciliação: deve-se louvar a Deus por "sarar toda carne e fazer maravilhas". Uma série de comentários medievais conhecidos como Tossafot afirmam que a maravilha se refere ao milagre do espírito na carne, da vida no corpo, pois, segundo o comentário várias vezes repetido na literatura rabínica, se um balão tiver apenas um pequeno furo, ele murchará, mas o corpo tem muitos orifícios e mesmo assim o espírito não sai dele.

A palavra "carne", em hebraico *bassar*, é aqui parte de uma expressão muito comum na literatura rabínica desse período: *bassar vadam* – "carne e sangue". Essa expressão significa mais do que apenas uma alusão ao corpo; ela se refere ao corpo vivo. A unidade corpo e alma é encarada como uma maravilha, um milagre natural experimentado pelos seres biologicamente vivos O corpo é assim considerado como sendo a encarnação da alma. A corporeidade é claramente vista de uma forma positiva, muito diferente da noção do corpo como prisão da alma do presente neoplatonismo do final da Antiguidade e que foi retomada na Idade Média. Em vez de prisão, o corpo é entendido como veículo da ação no mundo, e assim uma dádiva de Deus pela qual Ele deve ser louvado.

Na Idade Média, a bênção descrita em nossa passagem talmúdica já era tida como parte da liturgia diária de todas as manhãs. Ela é mencionada como parte integrante da liturgia matinal no código conhecido como Arbá Turim, composto na Península Ibérica entre os séculos XIII e XIV por Jacob ben Asher, e que se tornou a fonte e o modelo para o grande código da lei judaica conhecido como o Shulkhan Arukh composto no século XVI por Yosef Caro. Hoje em dia a bênção que passou a ser conhecida com "Asher Yatzá" – "Aquele que Formou" – consta em todos os *sidurim* – livros de rezas judaicas tradicionais – e é a segunda bênção que menciona o nome de Deus, o Tetragrama, recitada no início de todas as manhãs logo em seguida da bênção sobre o lavar das mãos. Evelyn Garfinkel, em seu belo comentário sobre a liturgia judaica *Service of the heart; a guide to de Jewish Prayer Book* (1958/1989), concorda que para a mente ocidental Asher Yatzá é uma das mais estranhas e surpreendentes orações do Sidur. Garfinkel acrescenta que essa bênção é verdadeiramente um exemplo de como a maioria das vozes na tradição tendeu ao longo das gerações a considerar como estranha ao judaísmo a noção de uma dicotomia e uma dualidade radical entre o corpo e a alma; em vez disso os sábios preferiam em geral entender a mensagem da Torá, o sentido do texto bíblico, como sendo a da pessoa como uma unidade simples, pura e integral entre espírito e corpo. A pessoa viva, entidade espiritual e física ao mesmo tempo, é chamada no texto bíblico de *nefesh*, palavra cuja tradução livre poderia ser "aquela que respira (portanto dotada de corpo) e está animada (portanto, dotada de alma) e assim está viva". Vemos, assim, que, de acordo com a tradição rabínica, o corpo, sobretudo o corpo vivo e saudável na plenitude de suas funções é uma maravilha pela qual Deus deve ser louvado. Todas as manhãs é dedicada uma bênção, um louvor a Deus, pelo corpo que é tão puro quanto a alma. Na ordem da liturgia diária somente depois dessa bênção é feita a bênção seguinte pela alma.

O corpo é assim lembrado antes que a alma. Não há aqui, no entanto, uma indicação de primazia do corpo sobre a alma. Como o contrário do tipo da visão neoplatônica que se tornou mais difundida no Ocidente, aqui o sentido teológico profundo é de que o corpo e a materialidade por consequência não estão apartados de Deus, mas como criação contínua podem ser o veículo da manifestação divina, a Sua Presença no mundo, a Shekhiná. No aspecto da criação contínua, as correntes místicas do judaísmo tenderam a encarar o corpo não apenas do ponto de vista da ideia da imanência Divina neste mundo conforme a formula "Deus no céu e na terra", no espírito e na matéria, mas também do ponto de vista da interpenetração de ambos os mundos espiritual e físico como aspectos importantes da imanência. Isso levou a literatura mística na transição do período talmúdico para o medieval (séculos VII-IX) a produzir um gênero de livros cujo tema era o Shiur Komá, a descrição das medidas do "corpo de Deus", ideia que levou já no medievo à noção existente no Zohar, de Adam Kadmon, o macro cosmo Divino. O corpo humano é negado e ao mesmo tempo afirmado, pois, se a materialidade deve ser superada na Kabala tardia, ela afirma também que o primeiro mandamento, portanto o mais fundamental, é a procriação; o ato sexual é assim concebido como imitação no mundo da criação divina; mesmo em seu aspecto de prazer, ele é encarado como parte do aspecto divino presente no ser humano.

Por outro lado, a tendência teológica das correntes ligadas ao racionalismo rabínico tende a rejeitar e a diminuir de modo enfático toda noção de imanência Divina. Em vez da imanência, o racionalismo rabínico tendeu a reafirmar a radical transcendência de Deus em relação ao mundo. Como nas palavras de Levinas, Deus é concebido como transcendente até a ausência. Essa ausência é o que deixa lugar para que o mundo (*olam*) e a natureza (*teva*) tenham uma grande autonomia seguindo os caminhos de sua lógica própria. Sob esse ponto de vista, todo o antropomorfismo, mesmo o simbólico, é rejeitado como um desvio que leva à idolatria, pois deturpa o entendimento de que Deus não é físico. Maimônides, o grande representante medieval do racionalismo rabínico, coloca como princípio básico a afirmação de que Deus não é corpo, e assim critica e desconfia da literatura do Shiur Komá e considera a Kabalá, que elabora a ideia de Adam Kadmon como mera superstição. Para essa visão, o ser humano só pode alcançar a Deus por correlação com Suas qualidades éticas. Busca construir seu discurso sobre o corpo como "corpo ético" através da performance e da guarda dos mandamentos. O corpo é então concebido como veículo para o cumprimento dos mandamentos da Torá.

2. Imagem divina e o corpo

A narrativa bíblica da criação contida no Gênesis lança luz sobre outros aspectos dos discursos teológicos judaicos sobre o corpo. Nos primeiros capítulos do Gênesis coexistem duas definições paralelas e até certo ponto contraditórias do ser humano. O *adam*, palavra hebraica que antes de ser um nome próprio é o termo genérico para ser humano, é chamado de imagem divina e de pó da terra. Adão é assim não apenas um indivíduo e um personagem, com nome próprio na narrativa, mas ao mesmo tempo todos os seres humanos. A noção de que o ser humano é feito do pó da terra (*afar min há-adamá*) é o que lhe confere seu nome *adam*, que poderia daí ser traduzida por "terráqueo", não apenas o ser de terra, mas também o ser da terra. O pó da terra é sua substância e também sua ligação com o mundo físico. Sua ligação com a materialidade se dá na narrativa que o conecta ao pó da terra. Há também uma conexão com a animalidade, pois ele, assim como os animais, é também *bassar va-dam*, "carne e sangue". O pó da terra é também desde o início um sinal de sua mortalidade, já anunciada mesmo na condição paradisíaca. Vários comentadores judeus através dos tempos prestaram atenção a esse detalhe. No decorrer da narrativa, Deus lhe dirá: "Tu és pó e ao pó voltarás, teu corpo é um agregado que ao final voltará à sua condição original de volta à terra". No funeral judaico, há um momento quando os presentes são convidados a honrar o falecido jogando pás de terra sobre seu corpo; ao fazê-lo cada um que joga as pás de terra repete três vezes a frase *ki min afar lakakh vê-el afar tashuv* ("do pó viestes e ao pó voltarás"). A condição de ser corporal terráqueo vindo do pó e tornado carne e sangue é naturalmente uma condição mortal. O que significa que há um limite no horizonte da existência do *adam* neste mundo.

A outra definição de ser humano que aparece na narrativa do Gênesis conecta o ser humano com Deus, pois este é chamado de *tzelem elohim* ("imagem divina"). O ser humano é criado segundo a imagem – *tzelem* – e a semelhança – *demut* – de Deus. A palavra *tzelem* significa algo como uma silhueta que tem os contornos daquele que é representado, daí o sentido de imagem, como num ícone. Ao referir-se ao ser humano como imagem de Deus, o texto bíblico parece apontar para algo em comum entre este e Aquele. Mas o que seria este algo em comum entre o humano e o Divino? O próprio texto bíblico não faz nenhuma questão de esclarecer. Provavelmente nessas primeiras narrativas do Gênesis, onde a linguagem mítica ainda não está totalmente superada, o ser humano compartilhe com o divino a forma, ou melhor, a silhueta, não a substância. Isso não estaria muito longe de noções egípcias antigas que se referem à forma, ou *ká*, do corpo como sendo um elo entre o espiritual e o corpo e que para os egípcios antigos deveria ser preservado através da preservação do corpo. Mas os antigos israelitas não se preocupavam em preservar o corpo morto depois de seu falecimento. Temos aqui outra tensão existente no texto bíblico: descrições antropomórficas de Deus lado a lado com afirmações de que Deus não se parece com nada existente no mundo, como, por exemplo, na interdição de representá-Lo nos Dez Mandamentos.

A tradição judaica posterior tendeu a afastar-se da linguagem antropomórfica, e assim a expressão "imagem de Deus" passou a ser vista como problemática e foi interpretada de vários modos por diversos comentadores medievais e modernos. As diversas interpretações sempre buscaram ligar a noção de imagem divina a algo espiritual e sutil, a uma qualidade ou elemento espiritual existente no ser humano. Mesmo no período helenístico Fílon de Alexandria descreve a imagem divina como sendo algo do Homem Celestial que é o modelo; em um esquema platônico, o modelo espiritual do ser humano terreno.[1] Nas narrativas do período talmúdico, entre os séculos I e VII, as diversas coleções da Agadá, que representam tendências opostas das diversas correntes rabínicas daquele período, são encontradas interpretações da noção de imagem divina que ao contrário de distingui-la do corpo parecem relacioná-la a este. Como na passagem a seguir:

> O homem bom cuida bem de si mesmo, mas o cruel prejudica o seu corpo (Pr 11,17). Isso pode ser inferido por aquilo que Hilel, o velho, disse uma vez: Certa vez após concluir a sessão de estudos com seus discípulos, Hilel começou a

---

[1] URBACH, *The sages*, p. 229.

andar entre eles. Seus discípulos lhe perguntaram: Mestre aonde vais? Ele lhes respondeu: Vou cumprir um preceito. Mas que preceito? Ele lhes respondeu: Vou banhar-me na casa de banhos. Mas é esse um preceito? Sim, certamente, as estátuas dos reis que são colocadas nos teatros e nos circos precisam ser lavadas e escovadas por uma pessoa especialmente apontada para essa tarefa, que recebe um sustento pelo seu trabalho. Mais ainda, ele é considerado como alguém que tem uma tarefa muito honrosa. Com muito mais razão devo eu lavar-me e escovar-me, eu que foi criado segundo a imagem de Deus. Eu, sobre quem está escrito: Segundo a imagem de Deus foi feito o Homem (Gn 9,6) (Levítico Rabá 34,3).

Urbach, em seu comentário dessa passagem do Midrash, nota que para Hilel, que viveu no primeiro século da Era Comum, a expressão "imagem de Deus" refere-se ao ser humano como um todo. Desse modo, segundo esta opinião contida na literatura dos primeiros rabinos, o corpo humano é parte daquilo que é entendido com imagem divina.[2] Sendo considerado como parte integrante da imagem divina, a voz que se expressa nessa passagem entende que os cuidados para com o corpo são um modo de honrar seu criador. O pano de fundo histórico da narrativa é o período helenístico. Assim, os cuidados com o corpo são comparados aos cuidados para com as estátuas de reis e deuses que eram colocadas nos lugares públicos. Cuidar de si é aqui uma resposta à idolatria. Nesta passagem também é possível notar uma visão positiva com relação ao corpo. Todo o ar da passagem é bem-humorado, num tom típico das narrativas em que Hilel, o velho, é retratado. Este sábio que viveu no início do primeiro século é sempre lembrado pelo seu bom humor. Esse bom humor reforça aqui a posição bonachona de uma teologia que vê o corpo como algo que por ser também relacionado com o Criador deve ser cuidado com maior razão do que algo inanimado. Existem várias outras passagens que expressam esta visão no Talmud e nas diversas coleções de Midrash desse período. No entanto, como já foi explicado acima, o possível corolário antropomórfico foi considerado problemático pelos racionalistas medievais.

Na Idade Média, Maimônides (1138-1204) combateu de modo veemente no Guia dos Perplexos a ideia de que a expressão "imagem divina" pudesse ter relação com alguma noção de silhueta divina, pois isso poderia levar a pessoa comum à crença de que Deus tenha um corpo. Segundo a posição aristotélica defendida por Maimônides, Deus, o motor imóvel, está fora do espaço e do

---

[2] Ibid., p. 227.

tempo e não pode ser definido por esses conceitos. Para Maimônides, a linguagem bíblica e da tradição rabínica quando usa termos antropomórficos, que sempre são problemáticos, faz isso como recurso à metáfora e ao homônimo. Assim, a expressão imagem divina refere-se à capacidade mental do ser humano, no que ele assemelha-se a Deus, e não ao contorno do corpo. Isso não significa que Maimônides tivesse uma visão e um conceito depreciativo do corpo humano, mas sim que para ele a possibilidade de contemplar intelectualmente Deus é algo que só pode ser realizado para além da materialidade, pois Deus concebido segundo a tendência teológica do racionalismo rabínico é radicalmente transcendente em relação ao mundo físico.

No campo oposto a Maimônides e ao racionalismo rabínico, os místicos medievais também tiveram a tendência de sofisticar mais a linguagem e os conceitos bíblicos e talmúdicos e a buscar desconfiar da materialidade. No novo misticismo, que a partir do século XIII começou a ser chamado de Kabalá, a experiência do encontro com Deus deveria dar-se para além do corpo. Através de exercícios, o místico deveria conseguir superar a consciência do mundo tornando este transparente à presença da divindade, que abarca toda a existência. Deste modo, o místico buscava transcender o mundo da *gashmiut* ("corporiedade") de forma tal a habitar na *ruhaniut* ("a pura consciência espiritual"). O que torna possível ao místico desassociar-se da consciência física é que para ele o mundo é essencialmente um véu tecido por Deus. Através da oração meditativa, o devoto poderia atingir o estado de *devekut* ("adesão") no qual ele deveria transcender a "pseudoconsciência" de sua própria existência e atingir a união com Deus pensada como experiência extrafísica. O corpo, segundo essa visão, tornava-se um empecilho para o encontro com Deus. Ainda que não aderindo radicalmente às práticas ascéticas, o misticismo judaico medieval, influenciado pelo neoplatonismo, viveu um período de certa depreciação do corpo e da promoção de práticas como jejuns e outras abstinências. Mas mesmo a Kabalá nunca chegou à negação total da corporeidade em virtude da noção de que o corpo seria o veículo da *mitzvá* ("mandamento").

No século XX, o filósofo e teólogo Abraham Joshua Heschel (1906-1972), cujo pensamento é originado entre o encontro do misticismo tardio que veio a ser conhecido como hassidismo e o pensamento ocidental, vai reintroduzir a noção de que a imagem divina está associada à corporeidade como uma alusão à pessoa integral. Segundo Heschel, "a imagem não está no homem, a imagem é o homem".³ Se o corpo é a substância material da qual é feito o ser humano, a imagem divina se dá em atos, isto é, através da ação humanizadora, que revela a imagem divina em cada um. Mesmo sendo fruto da ação e de um sentido outorgado pela consciência do sujeito, a ação humanizadora implica ver a imagem divina como sendo cada pessoa em sua totalidade viva, corpo e espírito. Não se trata, portanto, do que há de melhor no homem, tal como alguma qualidade ou valor considerado como mais importante. Não é nada, ressalta Heschel, que possa ser avaliado sem que esteja em ato. Deus não se manifesta nas coisas, antes nos eventos. É no ato e não nas coisas que o Sagrado se manifesta. "Deves ser santos como YHWH teu Deus é santo (Lv 19,2). A santidade, um atributo essencial de Deus, pode tornar-se a qualidade do homem. O humano pode torna-se sagrado".⁴ Ser a imagem divina significa que, inerente à sua condição, há uma "dignidade básica" no homem, que o torna capaz de alcançar a humanização. Nessa dignidade já está presente o sagrado inerente ao humano.

Ser imagem implica ser um símbolo. Heschel faz uma sutil diferença entre o símbolo real e o símbolo convencional. O símbolo real é algo que representa um outro ausente. Mas para isso ele deve partilhar algo de sua realidade. O símbolo convencional representa apenas por uma analogia ou convenção, mas não partilha de sua realidade. O exemplo que Heschel usa para demonstrar um símbolo convencional é o de uma bandeira. Para ele, o ser humano é um símbolo real. De acordo com a tradição judaica, o homem não deve criar símbolos para representar o Divino. Heschel acrescenta que o apelo profético é para que o ser humano se torne ele mesmo um símbolo, uma imagem divina viva. "É necessário ser um símbolo, não ter um símbolo."⁵ O caminho a *mitzvá*⁶ como ato sagrado, a ação humanizadora. O ser humano participa com seu corpo na ação de tornar-se neste mundo um símbolo de Deus. Segundo Heschel, a afirmação mais importante das Escrituras é encontrada nos versículos do primeiro capítulo do Gênesis, que descrevem o ser humano como sendo

---

3   The concept of man in Jewish thought, em HESCHEL, *To grow in wisdom*, p. 116.
4   Ibid., p. 118.
5   The concept of man in Jewish thought, em HESCHEL, *To grow in wisdom*, p. 116.
6   A palavra *mitzvá* vem da raiz hebraica formada palas letras *tzadik* e *vav* e poderia ser traduzida literalmente como "mandamento", ou seja, um ato comandado. A tradição judaica considera que existem 613 mandamentos ordenados aos judeus, dos quais 7 são também ordenados a todos os homens pelo fato de que o homem é considerado como tendo sido criado à Imagem Divina.

formado segundo a imagem de Deus. Ou seja, a vida humana possui um valor infinito. Essa imagem é entendida por Heschel num sentido existencial e não ontológico. O homem realiza seu potencial de ser a imagem divina através de suas ações, tornando-se o veículo de manifestação da vontade divina, através da prática dos mandamentos, das *mitzvót*, ações divinamente comandadas na Torá, que segundo a interpretação judaica têm como objetivo santificar o homem, isto é, atualizar nele esta imagem. Isaías Horowitz, um cabalista europeu do século XVII,[7] afirmava que através das *mitzvót* o ser humano torna-se uma "carruagem" para a ação divina neste mundo. Essa noção mística do ser humano como carruagem, veículo da ação divina, tem uma grande influência no pensamento de Heschel. Segundo ele, é precisamente na possibilidade de o ser humano tornar-se o veículo da vontade divina que está a chance de superação da atual condição histórica. Heschel comenta: "Nenhum ato particular, mas todos os atos, a vida em si mesma, pode ser instituída como um elo entre o homem e Deus [...]. Aquilo que o homem faz em seu canto escuro é relevante para o Criador [...]; assim como a racionalidade dos eventos naturais é assumida pela ciência, a divindade dos atos humanos é assumida pela profecia". A noção de imagem divina implica essa interpretação que o corpo como parte da pessoa integral não é apenas matéria que ocupa lugar no espaço, mas também um conjunto de movimentos, uma trajetória que existe no tempo da vida de cada um. O tempo da vida pode ser o evento da realização da imagem divina do ser humano.

Há, segundo Heschel, uma vontade divina humanizadora e transcendente, que, quando posta em prática pelo ser humano, torna manifesta através dele a imagem divina. No livro *Deus em busca do homem*,[8] de 1955, Heschel define o homem como sendo uma necessidade de Deus. Essa noção deriva da mística judaica. Afirma que Deus necessita do homem para que, através dele, possa realizar na história humana o *tikun*, isto é, o concerto redentor, pelo qual o *Homo sapiens*, por meio de seus próprios atos e méritos, pode vir a se humanizar. Pensada desse modo, a humanização, sendo uma tarefa do próprio homem, é também um ato sagrado. É desse modo que Heschel

---

7   KASIMOW, *Divine-human encounter*, pp. 99-100.
8   HESCHEL, *God in search of man*.

interpreta o versículo bíblico que declara: "Sede santos, como vosso Deus é santo" (Lv 19,2). O homem torna-se, desse modo, sócio e parceiro de Deus, em sua autocriação.

3. O mandamento e o corpo

A experiência religiosa judaica é vivenciada através do cumprimento e da guarda dos mandamentos da Torá. É através do mandamento, em hebraico chamado de *mitzvá*, que o judeu religioso trilha os caminhos que o levam até Deus. Sem a observância dos mandamentos, a experiência religiosa judaica é como um programa que não foi baixado no computador, não foi feito o *download*. A santificação da matéria pelo espírito não se realiza e permanece em um plano teórico. O cumprimento da *mitzvá* se dá por meio de uma ação que é feita ou da qual a pessoa se refreia de fazer. A *mitzvá* é realizada com o corpo e através do corpo.

A fé interior, ainda que muito importante, não é em si mesma *mitzvá*, apesar de ser anterior a ela. Heschel busca resolver esse conflito ao convidar o homem moderno a superar a racionalização dando um "salto de ação" (*leap of action*). Em inglês, existe a expressão *leap of faith*, que poderia ser traduzida com "dar um salto de fé", isto é, acreditar e então agir. Heschel inverte "poeticamente" essa expressão, dando a ela um sentido de agir para desse modo crer. Ou seja, pela ação chega-se à devoção. O teólogo cristão John Merkle faz uma interpretação da teologia profunda que há em Heschel, pelo viés existencialista das atitudes, experiências e vivências religiosas, que são os antecedentes da fé. Negando que Heschel esteja sugerindo a ação vazia, despida de integridade, Merkle comenta que o "salto de ação" só convoca aqueles que já querem de antemão encontrar a integridade, a fé e o caminho da humanização. "Heschel clama por um salto de ação, entendendo que apenas aqueles que suspeitam que a ação possa ter algum valor, ou que buscam a fé através da ação irão dar o salto da ação." Ou seja, segundo Merkle, Heschel não clama por uma ação sem espírito. Alguma espécie de fingimento que fizesse o homem fantasiar que ele é a imagem divina, como em um rito puramente estético. Heschel "está se dirigindo àqueles que anseiam por fé, para que façam atos de fé, de modo a dar à fé a possibilidade de florescer". O homem por inteiro é envolvido pela experiência dos atos sagrados. A *mitzvá* torna-se, então, um meio de ir além de si. Esta ação é humanizadora à diferença do trabalho alienado ou do consumo vazio, porque exige a presença integral da pessoa como corpo e espírito.

Essa relação do mandamento com o corpo é vivenciada em vários níveis e aspectos no corpo e através dele. Desse modo, o corpo vai sendo construído como corpo santo de uma santidade que é, sobretudo, ética. Através do corpo, pois, muitos mandamentos voltam-se para o próprio corpo e o transformam, como no caso da circuncisão dos homens, que, ao transformar o corpo, é, principalmente na circuncisão dos recém-nascidos, um ato pelo qual a comunidade refaz geração após geração sua aliança com Deus. Individualmente, a circuncisão é interpretada por muitos comentaristas tradicionais como um modo pelo qual a pessoa participa na tarefa de se auto-humanizar. Deus não fez o mundo completo para que os seres humanos por seu esforço o completassem. Maimônides vê na circuncisão, uma vez que ela é feita no pênis, um ato cujo sentido é lembrar e promover que o homem seja senhor de suas paixões. Que o sexo, com seus prazeres e responsabilidades, seja um veículo de humanização e não de escravidão da pessoa. Esse exemplo mostra como a *mitzvá* constitui o corpo enquanto corpo ético.

Outras *mitzvót*, como a proibição de tatuar-se ou raspar a barba, vão desenhando e moldando o corpo. Ainda em um nível mais profundo, as *mitzvót* que giram em torno da dieta, sobre que animais e produtos de origem animal podem ou não ser ingeridos, terminam também por terem um efeito na construção do corpo. Em pesquisas recentes, os paleontólogos têm conseguido obter muitas informações sobre o modo de vida dos hominídeos extintos, como os Neandertais. Observando os elementos depositados em seus ossos, conseguem descobrir qual sua dieta e inferir, assim, parte de seu modo de vida. Assim, é interessante notar como práticas culturais e religiosas, por influírem no modo de vida, podem ter um efeito observável na construção do corpo. Aqui a antropologia encontra-se com a teologia.

Como veículo da *mitzvá*, o corpo participa de outro modo. Há, segundo a tradição judaica, dois tipos de mandamentos nesse sentido. Aqueles que são conhecidos como *mitzvót bein adam Lamakon* ("mandamentos que regulam a relação entre o homem e Deus"), que são basicamente os mandamentos rituais. Neles o corpo participa como um dançarino que usa seu corpo como instrumento de sua arte. O mandamento relaciona-se com o corpo nesse caso também através da disciplina, como no caso da prática da oração diária, lembrando que a oração judaica precisa ser pronunciada usando a boca e em muitas técnicas de oração usam-se movimentos, pois segundo a tradição a pessoa deve orar com todo o seu corpo, não apenas com seus pensamentos. Existem também as *mitzvót bein adam lakhaveró* ("mandamentos que regulam as relações entre o ser humano e seu semelhante"); estes são basicamente os mandamentos que regulam a ética do inter-humano. Neles, a base ética se dá através do reconhecimento da imagem divina no outro diante de mim.

4. A encarnação

A ideia cristã da encarnação, isto é, de uma pessoa que foi o filho único de Deus que veio ao mundo e tornou-se carne, é estranha ao debate judaico e à sua experiência religiosa. No entanto, certa noção de encarnação apareceu nas fontes judaicas. A visão judaica de encarnação tendeu a ver em todos os seres humanos centelhas da imanência divina. Em primeiro lugar, como vimos acima, a ideia do homem como imagem divina implica que o ser humano seja de algum modo um símbolo ou um reflexo de Deus. A santidade, um atributo divino, passa a ser também um atributo da pessoa. Um exemplo disso é que, assim como não se podem destruir livros onde o nome divino (o Tetragrama) esteja inscrito, devendo estes livros ser enterrados quando muito danificados, da mesma forma o ser humano que carrega em si a imagem divina deve ser tratado com grande dignidade. Assim, o corpo humano depois da morte deve ser enterrado e tratado com respeito em virtude de representar o Rei dos Reis, pois esse corpo agora inerte foi o receptáculo de Deus. Essa noção foi muito ampliada na mística judaica em razão do entendimento de que o próprio nome de Deus está inscrito no ser humano.

Mesmo o espírito, a alma, só realiza sua missão espiritual associada a um corpo. O filósofo Emmanuel Levinas (1906-1995) entende que o sujeito jamais participa ou experimenta o mundo como espírito desencarnado. O olho que vê, o ouvido que ouve, a mão que gesticula estão desde o princípio encarnados, o que significa que eles têm um ponto de vista ao mesmo tempo único e parcial da vida, do mundo e dos outros. Talvez justamente por isso para Levinas o sentido e a significação só podem se dar no campo do intersubjetivo. É no debate, no entre, que o sentido é construído. E isso tem também uma enorme importância teológica no Judaísmo. É na corporeidade do intersubjetivo que o campo da ética se realiza. É no campo da ética que Deus que é transcendente torna-se imanente nas obras humanas; nelas a santidade em atos revela Deus no corpo humano.

5. Referências bibliográficas

GILLMAN, N. *Fragmentos sagrados*; recuperando a teologia para o judeu moderno. São Paulo: Comunidade Shalom, 2007.

HESCHEL, A. J. *God in search of man*; a philosophy of Judaism. New York: The Nooday Press, 1997 (1955) [Ed. bras.: *Deus em busca do homem*. São Paulo: Paulinas, 1975].

_____. *To grow in wisdom, an anthology* (editado por Jacob Neusner). London: Madson Books, 1990.

KASIMOW, H. *Divine-human encounter*; a study of A. J. Heschel, Ginnel. Dissertação apresentada na Temple University para obtenção do título de doutor, 1975.

URBACH, E. E. *The sages*; their concepts and beliefs. London: Harvard University Press, 2001.

PARTE II
A palavra: do enigma decifrado ao mistério revelado

CAPÍTULO IV

Fenomenologia da palavra: os processos de comunicação, a antropologia da linguagem e suas funções

Tarcisio Justino Loro

1. Introdução

O fenômeno da comunicação humana visto pela ótica da fé se apresenta arraigado no mistério da Trindade: "Deus criou o homem à sua imagem, à imagem de Deus ele o criou, homem e mulher ele os criou" (Gn 1,27). Assim sendo, não é difícil admitir que nosso paradigma de comunicação se encontre no interior da vida divina.

O evangelista João define o mistério de divindade dizendo: "Deus é amor" (1Jo 4,8). E amor, no curso dos textos sagrados, significa doação de vida, capacidade de interação ou de diálogo, escuta e resposta, mistério e revelação. Enfim, comunicação interpessoal, em vista da comunhão. A comunidade divina na sua essência é comunicação de amor na reciprocidade e no gozo da presença do outro. Na Trindade não há exclusão, mas perfeita intercomunhão de amor. Também com os seres humanos Deus busca a comunicação amorosa em vista de uma cada vez mais perfeita comunhão:

> A pedagogia divina da comunicação conhece seu ápice no mistério da encarnação. Deus não limitou a sua comunicação à mediação da palavra ou da imagem. Ele a levou até o limite insuspeito da encarnação. Deus assumiu a condição hu-

mana, encarnou-se, para que um homem, Jesus de Nazaré, fosse pessoalmente a palavra e a imagem do Deus invisível. Na encarnação, a Palavra e a imagem adquirem toda a sua função reveladora e comunicadora. A encarnação é o nível mais alto da comunicação entre Deus e o homem. Em Cristo, Deus dá-se a conhecer plenamente. Ele é a exegese de Deus. Já não é mais possível o acesso ao conhecimento e à comunicação com Deus, se não for através de Jesus, o Cristo.[1]

É aqui que reside a perspectiva de felicidade de todo ser humano: dinamizar sua vida por meio de um processo amoroso de comunicação na construção de comunhão. Sem dúvida, a encarnação da Palavra é um momento único na história da comunicação divina com os homens. O Verbo encarnado oferece as condições ideais para o diálogo entre Deus e os seres humanos.[2] Tudo em Jesus fala: sua humanidade, assumida na encarnação, transforma-se numa composição de sinais ou signos, na qual os homens leem a vontade do Criador. A humanidade de Jesus dialoga com a humanidade dos homens,[3] suas palavras, seus gestos, seus sentimentos, os símbolos que utiliza, até sua dor e morte. Tudo nele fala. Suas respostas a situações do dia a dia mostram um diálogo que ultrapassa o aspecto literal de sua pregação. Suas obras (cf. Jo 10,37-38) se tornam signos (cf. Jo 12,37), e o plano de Deus se cumpre (cf. Lc 4,21). Este modo de anunciar o Reino produziu uma estrutura dinâmica, envolvente e interativa. O Cristo comunicador ultrapassa o limite do código verbal. Ele assumiu os códigos da "carne", se tornou Deus conosco,[4] próximo e identificado com o ser humano. Jesus utiliza os mesmos códigos dos

---

[1] MARTINEZ DÍEZ, *Teologia da comunicação*, p. 224.

[2] "No Verbo feito carne Deus comunica-se definitivamente. Na pregação e na ação de Jesus, a Palavra torna-se libertadora e redentora para toda a humanidade. Este ato de amor, por meio do qual Deus se revela, associado à resposta de fé da humanidade, gera um diálogo profundo" (PONTIFÍCIO CONSELHO PARA AS COMUNICAÇÕES SOCIAIS, *Aetatis Novae*, n. 6).

[3] "Este diálogo *encarnou-se* na história concreta que Deus foi vivendo com seu Povo escolhido. Através de múltiplos feitos e palavras humanas que a entrelaçavam – e não obstante a infinita distância existente entre Palavra de Deus e realidade histórico-sensível e expressividade humana –, Deus foi 'falando' ao homem e revelando-lhe seu rosto e seus desígnios para com o conjunto da história humana progressivamente, à medida que os ia realizando com a força eficaz de sua própria palavra. Esta história particular e o Povo que a vivia foram convertendo-se assim num 'sinal' visível do que Deus se propunha com os homens e, ao mesmo tempo, no 'instrumento' mediante o qual Ele punha em execução o plano que seu amor gratuito o havia inspirado. Este diálogo de Deus com os homens culminou – como nos diz o Concílio Vaticano II – quando 'Ele enviou seu Filho, a Palavra eterna, que ilumina a todo homem,' para que habitasse entre os homens e lhes contasse a intimidade de Deus (cf. Jo 1,1-18). Jesus Cristo, Palavra feita carne, 'o Deus enviado aos homens' (Carta a Diogneto), 'fala as palavras de Deus' (Jo 3,34) e realiza a obra de salvação que o Pai o encarregou (cf. Jo 5,36; 17,4; DV 4)" (DECOS CELAM, *Para uma teologia da comunicação na América Latina*, p. 42).

[4] "O próprio Senhor vos dará um sinal: uma virgem conceberá e dará à luz um filho, e o chamará Emanuel, Deus Conosco" (Is 7,14).

interlocutores, mergulha na cultura de seu povo e faz da linguagem humana e de todo o seu ser, emoções, sentimentos, desejos, gestos e atitudes, instrumentos ou canais para transmitir a mensagem da salvação. "Ele é a imagem visível do Deus invisível" (Cl 1,15), o signo eficaz, o sacramento[5] do Pai, Aquele que anuncia e cumpre o desígnio salvífico do Pai (cf. Hb 10,5-10). Nele o diálogo com a humanidade se realiza de modo pleno e direto.

As diversas ciências da linguagem, especialmente a semiótica,[6] nos auxiliam a compreender o *"texto – Jesus Cristo"*, mostram as relações que o texto admite, a construção da escritura-reino, notadamente nos níveis sintático, semântico e pragmático.

Jesus construiu o texto de sua vida com signos, palavras, atitudes e gestos. Importante recordar que qualquer texto é o resultado de um arranjo de signos, selecionados e combinados entre si, um verdadeiro trabalho de "carpintaria artesanal".

Nos limites deste artigo, desejamos apresentar as possíveis funções da palavra no processo comunicativo pela análise das seis funções[7] da linguagem.

---

[5] Um sacramento é um sinal visível, que nos põe em contato com uma realidade invisível: "'Senhor, disse-lhe Filipe, mostra-nos o Pai e isto nos basta.' Respondeu Jesus: 'Há tanto tempo que estou convosco, e não me conheceste, Filipe! Aquele que me vê, vê também o Pai" (Jo 14,8-9). "A teologia católica pós-conciliar, que começou a confrontar-se com a cultura secular, percebeu [...] que a teologia deve realizar um trabalho constante de correlação entre duas fontes: fé cristã e experiência humana". Esta perspectiva implica "[...] a tentativa de recuperar sem reduções, com a divindade, também a humanidade de Jesus, o Cristo" (GIBELLINI, *A teologia do século XX*, p. 332).

[6] Ciência ou doutrina geral dos signos. "Na América, adotou-se para o estudo dos signos o nome "semiótica" (termo introduzido por John Locke, em 1689). Charles Peirce, em textos anteriores à proposição de Saussure pela criação da semiologia, postula a semiótica como disciplina autônoma, com ênfase na lógica (ao passo que Saussure enfatizaria o aspecto linguístico e social do signo). Morris desenvolveria, posteriormente, a classificação da semiótica em três aspectos: sintático (as relações dos signos entre si, independentemente do que designam ou identificam), semântico (os signos em relação com os objetos designados) e pragmático (os signos em relação com o sujeito que os utiliza)" (RABAÇA; BARBOSA, *Dicionário de comunicação*, pp. 665-666). "Semiótica, ciência dos signos. As suas subdivisões principais são a semântica, sintaxe e a pragmática" (MORRIS, *Segni, linguaggio e comportamento*, p. 325).

[7] "Para a gramática tradicional, o papel de uma palavra numa frase ou da parte de um discurso no conjunto. Linguisticamente, as principais relações da comunicação. O esquema exposto por R. Jakobson é o seguinte: *(a)* função expressiva: segundo a qual o emissor coloca na mensagem referências que indicam a primeira pessoa (por ex.: as aparições furtivas de Hitchcock em seus filmes); *(b)* função conativa: segundo a qual o receptor compreende que a mensagem que lhe é dirigida é a função da linguagem; *(c)* função poética: não corresponde a uma determinada parte da estrutura e caracteriza o elemento criativo da linguagem; *(d)* função fática: segundo a qual o emissor interrompe o discurso para estabelecer (ou restabelecer) o contato com o destinatário; *(e)* função metalinguística: segundo a qual o emissor interrompe o discurso, ou o repete, para verificar o código empregado; *(f)* função referencial: a linguagem se refere sempre a 'algo' real ou conceitual, mas observa-se que a referência tem que ser considerada como função da linguagem e não como objeto enunciado no discurso" (RECTOR, *Glossário de semiótica ou semiologia*, pp. 9-10).

Os textos sagrados, especialmente o Evangelho, podem servir de exemplos para esse propósito. Por meio delas identificamos os elementos fundamentais a qualquer diálogo ou processo comunicativo. Para esta abordagem, optamos pelos instrumentos de investigação sistematizados por Jakobson,[8] entre outros linguistas.

Pela análise das funções da linguagem, podemos penetrar mais profundamente no texto dialógico, compreendê-lo como resultado de um processo criativo de signos, perceber os elementos importantes da sua organização e encontrar seus vários sentidos. A proclamação da Boa-Nova utilizada por Jesus no Evangelho se realiza por meio de um texto dialógico.

2. A encarnação da Palavra: um "signo total!"

A comunicação pela ótica da fé tem peculiaridades. Como entender a encarnação do Verbo pela ótica do diálogo ou da comunicação humana? A encarnação é o centro de toda comunicação da mensagem salvífica. Jesus, o perfeito comunicador, a plenitude do diálogo de Deus com os homens, fez-se Ele mesmo comunicação, Palavra e Signo Total do Pai. Veio habitar entre nós,[9] assumiu a natureza humana como meio de revelar sua vontade.[10] Em Jesus de Nazaré, encontramos na sua natureza humana o código da comunicação divina. A lágrima, o gesto, a caminhada, a dor, a morte, o mistério, os milagres, enfim toda a sua maneira de ser e agir são fatos comunicativos. Pelo diálogo com o "taumaturgo", os discípulos chegam ao diálogo com o Mestre, o Messias. Os caminhantes de Emaús, pela conversa com o "amigo", o "companheiro de viagem", chegam à conversa com o "Senhor" (cf. Lc 24,13-35). Isto nos leva a perceber que o diálogo com Jesus e em Jesus tem uma dimensão que ultrapassa as palavras, aponta para o dialógico, para uma realidade produzida pelo diálogo, provocadora de reflexões que atingem sentidos para além da configuração do próprio texto inspirado. Uma nova dimensão se abre para

---

8 Roman Jakobson nasceu em Moscou, em 1896. Autor de mais de 500 títulos, entre ensaios, artigos e livros, domina uma extensa área do conhecimento, incluindo a linguística, o fabulário, a mitologia, a teoria literária, a poética, a antropologia, a epistemologia das ciências humanas e sociais, a psicologia e a teoria da comunicação. É um dos fundadores dos Círculos Linguísticos de Moscou, de Praga e de Nova York. Seu nome está ligado às principais ideias renovadoras nos campos da linguística e da teoria da literatura.

9 "E o Verbo se fez carne e habitou entre nós, e vimos sua glória" (Jo 1,14).

10 "A pedagogia da encarnação ensina que os homens necessitam de modelos preclaros que os guiem" (CELAM, *Evangelização no presente e no futuro da América Latina*, p. 272).

aquele que é curado, perdoado, ou que apenas fala com Jesus. O diálogo concreto com Jesus serve como fonte do dialógico que se instaura nos corações dos seus interlocutores.

A Igreja como signo de Cristo não pode deixar de dialogar com as pessoas e com o mundo, segundo o paradigma da encarnação. João Paulo II, retomando a Encíclica *Ecclesiam suam* de Paulo VI, nos fala que o diálogo não é apenas uma troca de ideias, mas, de algum modo, é sempre um "intercâmbio de dons".[11] Ela tem consciência de ser missionária da Palavra que o Senhor lhe confiou, e, para se conservar fiel à missão de evangelizar que lhe é própria e essencial, deve manter os olhos abertos a tudo que diz respeito ao mundo da comunicação.[12] Evangelizar é comunicar; anunciar aos homens a Boa Notícia de Jesus e oferecer-lhes a "vida abundante" que Ele nos traz. Por isso mesmo, a Igreja se autorrealiza no plano da comunicação. Ali presta seu serviço ou fracassa.

3. A palavra com função emotiva ou expressiva

A função expressiva da linguagem,[13] centrada no destinador, tem como objetivo transmitir a realidade sob o ponto de vista do emissor. Assim sendo, vem marcada pela subjetividade, ou com a presença de emoções e anseios. Esta presença é flagrante no texto pela utilização dos signos indicativos,

---

11   JOÃO PAULO II, *Ut unun sint*, n. 28.

12   A Igreja "conhece a missão e a mensagem que o Senhor lhe confiou diante dos homens somente em linhas gerais. Por isso, deve continuar o diálogo com Ele, para que Ele mesmo lhe mostre a forma, os acentos originais e os caminhos concretos segundo os quais deve cumprir sua tarefa evangelizadora a cada nova situação. Isso lhe revela o Senhor não só na oração, mas também através dos sinais dos tempos, das esperanças e problemas dos homens. Estes constituem as vozes que ela, mediante oração e reflexão, deve tentar decifrar. Para isso, implora ao Espírito que a ajude a compreender estas coisas novas, enquanto a guia para a 'Verdade completa' (cf. Jo 16,13). Dentro destas esperanças e problemas, através dos quais o Senhor a está chamando, ela deve dar atenção preferencial aos concernentes à Comunicação: pois, se esta não se dá de forma suficiente – dentro ou fora da Igreja –, haverá muitos 'sinais dos tempos' que ela não conseguirá perceber, ou que não estará em condições de interpretar através de um processo de discernimento eclesial convenientemente participado, como para lhe procurar a necessária segurança de haver 'sintonizado' de modo adequado com o querer de Deus [...]. A fidelidade ao homem obriga a Igreja a ocupar-se da Comunicação. Pois não poderá ser consequente com sua vocação de 'especialista em humanidade', se não chega a ser, também, 'especialista em comunicação'" (DECOS CELAM, *Para uma teologia da comunicação na América Latina*, 64 e 66).

13   "A chamada função emotiva ou expressiva, centrada no remetente, visa a uma expressão direta da atitude de quem fala em relação àquilo de que está falando. Tende a suscitar a impressão de certa emoção, verdadeira ou simulada [...]. Se analisarmos a linguagem do ponto de vista da informação que veicula, não poderemos restringir a noção de informação ao aspecto cognitivo da linguagem. Um homem que use elementos expressivos para indicar sua ira ou sua atitude irônica transmite informação manifesta [...]. Na fala, a função emotiva se evidencia pelo uso de interjeições" (JAKOBSON, *Linguística e comunicação*, pp. 123-124).

pronominais[14] e possessivos. Estes introduzem o destinador no texto, e manifestam a subjetividade do emissor de forma explícita e direta, na totalidade ou em parte da mensagem. O emissor fala de si mesmo, sua identidade, sua ideologia e seu modo de agir.[15]

Quando Jesus fala de si mesmo, de seus sentimentos ou de sua atividade, estamos diante da função emotiva. Vejamos alguns exemplos: "Agora minha alma está perturbada. E que direi? Pai, livra-me desta hora" (Jo 12,27), e ainda, "Eu sou o Bom Pastor" (Jo 10,11).

Na história da salvação,[16] esta função se manifesta pela própria dinâmica da Revelação. Deus, o Autor-Emissor do universo, revela-se de forma permanente, como aquele que ama, capaz de acolher e perdoar todos os seus filhos. A Carta aos Hebreus nos mostra o Pai falando por meio de seu Filho: "Depois de ter falado muitas vezes e de muitos modos pelos Profetas, Deus ultimamente, nestes dias, falou-nos pelo Filho". A Palavra do Pai se faz linguagem expressiva no Filho; por meio dele sua vontade se torna visível.

4. A palavra com função conativa ou apelativa

As palavras com função conativa têm por objetivo influenciar e convencer o receptor de alguma coisa. Centrada no receptor da mensagem, provoca uma mudança de mentalidade, o que desperta uma nova atitude. Esta função ganha destaque no texto quando a mensagem tem uma forte preocupação com a persuasão, como acontece, especialmente, na propaganda e na doutrinação:

> O discurso persuasivo é sempre expressão de um discurso institucional. As instituições falam através de signos fechados, monossêmicos, dos discursos de con-

---

14 "O discurso na primeira pessoa costuma indicar que se trata de uma apologia, de uma autobiografia ou de uma prestação de contas" (BERGER, *As formas literárias do Novo Testamento*, p. 22).

15 "O discurso religioso proferido pelos que detêm a gestão do sagrado não é o mesmo do que o daqueles que vivem na periferia ou nas bases. Há articulações de temas geradores da fé cristã que podem ser vertebrados num sentido eminentemente alienante bem como libertador" (BOFF, *Teologia e semiótica*, p. 12).

16 "Esta história se iniciou com aquele diálogo salvador [...] que Deus entabulou com os patriarcas e profetas (Hb 1,1-2). Este diálogo encarnou-se na história concreta em que Deus foi vivendo com seu povo escolhido. Através de múltiplos feitos e palavras humanas que a entrelaçavam – e não obstante a infinita distância entre Palavra de Deus e realidade histórico-sensível e expressividade humana –, Deus foi falando ao homem e revelando-lhe seu rosto e seus desígnios para com o conjunto da história humana, progressivamente, à medida que os ia realizando com a força eficaz de sua própria Palavra. Essa história particular e o Povo que a vivia foram convertendo-se assim num 'sinal' visível do que Deus se propunha com os homens e, ao mesmo tempo, no 'instrumento' mediante o qual Ele punha em execução o plano que seu amor gratuito o havia inspirado" (CELAM, *Para uma teologia da comunicação na América Latina*, pp. 40-42).

vencimento. Tanto as instituições maiores – o judiciário, a Igreja, a escola, as forças militares, o executivo etc. – quanto as microinstituições – a unidade familiar, a sala de aula, a sociedade amigos de bairro.[17]

Esta função está presente nos discursos políticos, publicitários, militares e doutrinários. É também a tendência da linguagem dos sermões[18] e propagandas dirigidas diretamente ao consumidor.[19] Enfim, a função apelativa da linguagem versa sobre as diversas maneiras de o emissor cativar, conduzir e influenciar o receptor de sua mensagem. Textos jornalísticos ou publicitários visam a um público definido, a partir de critérios precisos. Políticos, vendedores, professores, pastores, locutores e apresentadores, entre outros profissionais, desenvolvem técnicas destinadas a "agir" no seu receptor. Aqui podemos colocar um questionamento relevante: a mensagem do Evangelho deve produzir nos corações a mudança de vida, a conversão. Até que ponto a linguagem evangélica deve ser persuasiva, sem cercear a liberdade humana? E a catequese nos mais diversos níveis, que estatuto comunicativo deve escolher para garantir o espaço da opção pessoal?

5. A palavra como canal, ou função fática

A palavra, como signo concreto, é um elemento conectivo, um canal. Por meio dela, circulam as ideias e os pensamentos do emissor. O canal tem como característica fundamental ser um elemento físico ou concreto que pode ultrapassar o tempo e o espaço existentes entre os interlocutores.

No processo de comunicação dialógica, num primeiro momento, o mais importante não é o que se deseja falar, nem como se vai falar, mas sim estabelecer e garantir a conexão entre o emissor e o receptor. Verificar se o canal é eficaz. Grande parte do sucesso da comunicação depende da escolha certa do canal da mensagem, que pode variar segundo as características do receptor e da própria mensagem. Podemos tomar como exemplos de canais a escrita, a imagem, as correntes sonoras e magnéticas, o telefone, o rádio, a televisão,

---

17   CITELLI, *Linguagem e persuasão*, p. 32.
18   "Discurso sobre assunto religioso que se pronuncia no púlpito para explicar a Palavra de Deus ou para *excitar à prática da virtude*" (CALDAS AULETE, *Dicionário contemporâneo da língua portuguesa*, v. 5, p. 3.714.
19   "E esta capacidade estatutária é especialmente revelada por sinais exteriores que colocam o locutor em posição privilegiada: o uniforme nas cerimônias oficiais, o púlpito do pregador, a tribuna ou o estrado do professor, o microfone do orador etc." (CITELLI, *Linguagem e persuasão*, p. 32).

dentre outros. As instituições são canais de informação como as escolas ou universidades. Jesus-palavra é um canal privilegiado; nele estabelecemos o "contato pessoal" com o Pai. Ele é canal para o Pai.

De acordo com Jakobson, a função fática consiste em prolongar ou interromper a comunicação, para verificar se o canal funciona ("Alô, está me ouvindo?"), para atrair a atenção do interlocutor ou confirmar sua atenção continuada ("Está ouvindo?" ou, na direção shakespeariana, "Prestai-me ouvidos!" – e, no outro extremo do fio, "Hm-hm!"). Este pendor para o contato ou, na designação de Malinowski, para a função fática pode ser evidenciado por uma troca profusa de fórmulas ritualizadas, por diálogos inteiros, cujo único propósito é prolongar a comunicação. O empenho de iniciar e manter a comunicação é típico das aves falantes; destarte, a função fática da linguagem é a única que partilham com os seres humanos. É também a primeira função verbal que as crianças adquirem; elas têm a tendência a comunicar-se antes de serem capazes de enviar ou receber comunicação informativa.[20]

Para certos autores, esta função mereceria o primeiro lugar no quadro das seis funções da linguagem, pois sem o canal não há comunicação, mesmo que os outros cinco elementos tenham merecido os melhores cuidados. A explosão da venda dos telefones celulares, em 1997, evidenciou a função fática. As pessoas desejavam saber se havia contato sem muita preocupação com o dizer alguma coisa. Entre pais e filhos menores, o celular tem também a função de monitorar as andanças das crianças, o que traz para ambos sensação de maior segurança.[21]

A função fática está presente sempre que um bom número de expressões busca, prioritariamente, instaurar ou manter os interlocutores em contato. "Não é um exagero dizer que o futuro da sociedade moderna, bem como da estabilidade de sua vida interior, dependem em grande parte da manutenção de um equilíbrio entre a força das técnicas de comunicação e a capacidade de reação do indivíduo."[22] Com essas palavras de Pio XII, McLuhan recorda a preocupação do Papa com o desenvolvimento de estudos sérios sobre os

---

20 JAKOBSON, *Linguística e comunicação*, pp. 126-127.
21 Cf. BOUGNOUX, *Introdução às ciências da comunicação*, pp. 37-39.
22 MCLUHAN, *Os meios de comunicação como extensões do homem*, pp. 21-37.

meios de comunicação, já em 17 de fevereiro de 1950. Para este autor,[23] "o meio é a mensagem", a saber, esta se caracteriza de acordo com o canal, o suporte físico em que se organizam os seus signos. A propósito, a mudança do meio muda a relação entre as pessoas. No âmbito da liturgia, a introdução do microfone como canal de comunicação entre o celebrante e a assembleia acabou por incentivar a celebração participativa. Hoje, a internet constitui um novo "foro", entendido no antigo sentido romano do lugar público em que se decidia sobre a política e o comércio, onde se cumpriam os deveres, onde se desenrolava uma boa parte da vida social da cidade e se expunham os melhores e os piores aspectos da natureza humana. Os computadores e os serviços que dão agilidade à comunicação, como a internet, o correio eletrônico, enquanto canais, mudaram profundamente a cultura, interferiram nas relações internacionais, possibilitaram novas formas de aquisição de conhecimento, tornaram obsoletas, de alguma forma, as formas tradicionais de ensino e aprendizagem, "envelheceram" instituições e modificaram as relações sociais e familiares. A palavra está mudando, da máquina de escrever para a era digital. A Palavra do Evangelho também vai buscando novos espaços para penetrar na vida dos homens. O espaço cibernético não pode mais ser ignorado no processo evangelizador.

6. A palavra com função metalinguística

A função metalinguística trata da palavra em suas relações sintáticas, semânticas e pragmáticas, sempre com a função de analisar o código.[24] Explicar o código pelo próprio código é função metalinguística. Quando a língua fala de si mesma, de suas construções, de seus significantes e significados.

Jesus utilizou parábolas para explicitar a Boa-Nova. Utilizou o recurso da palavra em forma narrativa, criou histórias para facilitar o entendimento. Quando falou a Parábola do semeador (Mt 13,4-23), sentiu a necessidade de explicar aos discípulos o sentido dessa história. Realizou um trabalho de hermenêutica. Jesus utilizou também elementos da natureza, como sal, luz,

---

23 MCLUHAN, *Os meios de comunicação como extensões do homem*, p. 36.
24 "Um processo de codificação normal opera com um codificador e um decodificador. O decodificador recebe uma mensagem. Conhece o código. A mensagem é nova para ele e, por via do código, ele a interpreta [...]. É a partir do código que o receptor compreende a mensagem" (JAKOBSON, *Linguística e comunicação*, p. 23).

mar, peixes, pedra, planta, ovelhas, pastor, e os introduziu como signos do seu código. A exegese destes signos corresponde à função metalinguística da linguagem.

7. A palavra com função referencial ou denotativa

A função referencial é característica do discurso informativo. A palavra leva ao receptor informações a partir de um esforço concentrado em prol do impessoal e, de alguma forma, da neutralidade na comunicação. Prevalece a linguagem clara, objetiva e direta. Destinador e receptor, por princípio, não aparecem ou são bastante tênues suas marcas no texto, devido à decisão de não interferir e sim de trabalhar predominantemente com fatos. A função referencial trata de focalizar problemas, ideias, notícias, fatos, acontecimentos da realidade, buscando, de alguma forma, informar o leitor.

Jesus de muitas formas falou do Reino. A palavra por ele utilizada, como também suas atitudes e gestos, serviu para explicitar uma nova ordem social, política e religiosa, marcada pela inclusão dos pobres, excluídos, doentes, estrangeiros, viúvas, de outra raça, tendo como sabor a justiça, misericórdia, paz e solidariedade. O Reino é o conteúdo privilegiado de sua pregação. Dessa forma, todos os signos utilizados para explicitar o Reino são signos indicadores da função referencial.

8. A palavra como matéria da função poética

Chama-se função poética da linguagem o resultado de um trabalho artístico com a palavra. A palavra também pode ser matéria-prima para a produção do belo. Recursos linguísticos[25] como metáfora, antítese e demais figuras da linguagem sempre estiveram presentes no discurso literário, tanto em prosa como em verso. O *Sermão da Sexagésima*, de Pe. Antonio Vieira, obra-prima do barroco nacional, bem exemplifica o trabalho do artesão da palavra. Neste

---

25 "Os recursos retóricos se encarregam de dotar os discursos de mecanismos persuasivos: o eufemismo, a hipérbole, os raciocínios tautológicos, a metáfora cativante, permitem que projetos de dominação de que muitas vezes não suspeitamos possam esconder-se por detrás dos inocentes signos verbais. A palavra, o discurso e o poder se contemplam de modo narcisista; cabe-nos tentar jogar uma pedra na lâmina de água" (CITELLI, *Linguagem e persuasão*, p. 36).

texto, salta aos olhos do leitor a função poética[26] ou estética, em detrimento das demais funções. Nele a mensagem é a própria construção do texto, sua organização, revestida de recursos linguísticos criados pelo emissor para produzir a beleza o impacto, o estético no texto. Na realidade, cada corrente literária busca trabalhar com a forma e as ideias, gerar o prazer do texto. Assim, a literatura romântica vai buscar na natureza e no "herói-índio" os motivos para sua função poética. No modernismo, o verso branco recolhe do cotidiano da cidade inspiração para construir a função poética. Cada texto, em prosa ou verso, pode conter o tempero estético, o que o faz singularidade.

A teologia trabalha seus conteúdos a partir da arquitetura das palavras. Teologia é linguagem, a palavra como instrumento de visibilidade de um conteúdo teológico. Como falar do Cristo? Por meio de uma profusão de imagens, Cristo é "o príncipe da paz, a chave",[27] "o centro e o fim da história humana, homem novo e novo Adão, imagem de Deus invisível" (Cl 1,15), "Cordeiro inocente"; "por meio do seu sangue livremente derramado, mereceu-nos a vida, arrancando-nos da servidão do diabo e do pecado, quebrou o poder do Maligno".[28] Estamos diante da função poética da linguagem. Sob este prisma, grande parte das Sagradas Escrituras é expressão do estético. Falar de Deus é belo, estético, repousante.

É difícil não se render ao encanto e ao sabor do "herói central" do Evangelho. A morte de Jesus Cristo é um ato único do mais puro amor redentor. A maior de todas as tragédias. Nenhuma realidade terrena pode sobrepujar a beleza do amor infinito do Pai que envia a Palavra, seu Filho, anunciado e esperado por longos séculos, como Messias e Salvador. O encanto das cenas evangélicas, milagres e diálogos que surgem nas páginas do Evangelho faz do texto sagrado uma concentração de arte e poesia. A prisão, julgamento e morte de Cristo parecem escritos das mãos de um dramaturgo. Após sua morte sangrenta, a apoteose são a ressurreição e as várias manifestações de Jesus, que caminha sobre as águas, envia o Espírito Santo em forma de fogo, enfim, tudo na linha da positividade e na construção do final feliz.

---

[26] "O estudo linguístico da função poética deve ultrapassar os limites da poesia, e, por outro lado, o escrutínio linguístico da poesia não se pode limitar à função poética" (JAKOBSON, *Linguística e comunicação*, p. 129).

[27] *Gaudium et Spes*, n. 10.

[28] Ibid., nn. 2, 22.

Pela ressurreição, Jesus demonstra seu poder de eliminar o mal definitivamente, converte-se na prova viva e eficaz da veracidade daquela voz que escutaremos no final da história, na Jerusalém celeste, quando se tiver consumado para sempre a união da humanidade com Deus: "Eis aqui o tabernáculo de Deus com os homens. Habitará com eles e serão o seu povo, e Deus mesmo estará com eles. Enxugará toda lágrima de seus olhos, e já não haverá morte, nem luto, nem grito, nem dor, porque passou a primeira condição" (Ap 21,3-4). A ressurreição de Jesus é o sinal de que Deus ratifica todas as suas obras e a eficácia reconciliadora de sua morte. Jesus ressuscitado, imerso para sempre na comunhão trinitária, nos concede a libertação de tudo o que oprime (cf. Gl 5,1-13), "libertação para o crescimento progressivo no ser, pela comunhão com Deus e os homens, que culmina na perfeita comunhão do céu",[29] onde Deus reina plenamente, sendo "tudo em todos" (1Cor 15,28).

Como não admirar a beleza desta catequese, Jesus Cristo, verdadeiro Deus e verdadeiro homem! Jesus Cristo une estes dois elementos opostos, compreendidos apenas pela fé. Jesus de Nazaré é reconhecido como Filho de Deus e filho de Maria. O Filho de Deus "uniu-se de algum modo a todo homem. Trabalhou com mãos humanas, pensou com inteligência humana, agiu com vontade humana, amou com coração humano. Nascido da Virgem Maria, tornou-se verdadeiramente um de nós, semelhante em tudo, exceto no pecado".[30] O Verbo Encarnado integrou-se ao convívio humano. Viveu como trabalhador, na realidade de seu tempo e de acordo com os costumes de sua região geográfica e cultural.[31] Esta é uma das razões pelas quais os cristãos se alegram ao desempenhar as tarefas domésticas, profissionais, científicas ou técnicas, a "exemplo de Cristo, que exerceu a profissão de operário".[32] Todos estes elementos humanos e divinos da vida de Jesus constroem a poeticidade de Jesus Cristo, nem sempre percebida pela habitualidade com que lidamos com estes conceitos, entendidos como absurdos para os que não acreditam.

---

29 CELAM, *Evangelização no presente e no futuro da América* Latina, p. 482.
30 *Gaudium et Spes*, n. 22.
31 Ibid., n. 32.
32 Ibid., n. 43.

9. Conclusão

A comunicação entre as pessoas acontece por meio de signos. A corporeidade desempenha na comunicação humana um papel essencial, possibilita a interação de gestos e palavras. O signo representa seu objeto sempre de forma parcial, ele é apenas um das tantas possibilidades. O homem não tem condições de expressar de uma só vez suas ideias ou pensamentos; necessita da multiplicidade, continuidade e receptividade de signos. Necessita de um processo sígnico. Somente por meio deste processo a comunicação humana vai se realizando. Diferentemente das pessoas divinas, o homem sofre as limitações dessa realidade comunicativa, com o agravante de ser sua comunicação, com frequência, marcada pelos signos que afastam, excluem e destroem.

De forma diferenciada, a plenitude da riqueza espiritual do Pai é comunicada ao Filho, que é o Verbo ou a Palavra do Pai, de uma única vez, por isso, seu signo total ou eficaz, que dele procede e para Ele tende. O Filho é, portanto, o *signo total* e *eficaz* do Pai.[33] Sua comunicação é caminho, verdade, vida, luz, alimento, salvação, comunhão. O poético em Jesus Cristo é ser Ele uma comunicação perfeita, eficaz e total, um modelo somente nele existente: "Quem me vê, vê o Pai". Com base no pressuposto de que as três pessoas divinas são uma unidade (Jo 17,21) no amor e, por isso, um só Deus, entendemos que a realidade divina está marcada pela perfeita unidade, embora exista a diversidade de Pessoas. A diversidade aparece no profundo respeito à realidade e a liberdade do ser amado.

Os seres humanos, embora criados à imagem e semelhança de Deus, vocacionados à comunhão, devem trabalhar pela unidade e pelo respeito à diversidade, muitas vezes fonte de contendas e incompreensões. Este trabalho é um processo, não uma única operação. Como imagens de Deus, homem e mulher trazemos em nossa natureza a potencialidade original à missão amorosa, habilidade e idoneidade para transformar tudo em signos de comunicação amorosa. Assim, a função referencial entre os homens deve estar pautada no compromisso mútuo de solidariedade e mútua cooperação.

Em Deus a comunicação interpessoal é total, cada pessoa divina é totalmente para a outra. Na comunicação humana, necessitamos de mediações,

---

33   Cf. CELAM, *Para uma teologia da comunicação na América Latina*, p. 89.

de signos, de linguagem, enfim da palavra. E o esforço de cada um não reside apenas na seleção e combinação de signos, mas no imperativo de fazer da comunicação um processo interativo de comunhão e de respeito à alteridade. Palavra que se faz no itinerário da história uma permanente encarnação.

10. Referências bibliográficas

BERGER, K. *As formas literárias do Novo Testamento*. Tradução: Federicus Antonius Stein. São Paulo: Loyola, 1998.

BOFF, L. Teologia e semiótica. *Revista de Cultura Vozes*, Petrópolis, Vozes, n. 5, 1976.

BOUGNOUX, D. *Introdução às ciências da comunicação*. Tradução: Maria Leonor Loureiro. Bauru: Edusc, 1999.

CALDAS AULETE. *Dicionário contemporâneo da língua portuguesa*. 5. ed. Rio de Janeiro: Delta, 1964.

CELAM. *Evangelização no presente e no futuro da América Latina*; conclusões da Conferência de Puebla. São Paulo: Paulinas, 1979.

CITELLI, A. *Linguagem e persuasão*. São Paulo: Ática, 1985.

DECOS CELAM. *Para uma teologia da comunicação na América Latina*. Petrópolis: Vozes, 1984.

ECO, U. *Conceito de texto*. Tradução: Carla de Queiroz. São Paulo: Edusp, 1984.

_____. *Tratatto di semiotica generale*. Milão: Bompiani, 1975.

GIBELINI, R. *A teologia do século XX*. Tradução: João Paixão Netto. São Paulo: Loyola, 1998.

JAKOBSON, R. *Linguística e comunicação*. Tradução: Izidoro Blikstein. São Paulo: Cultrix, 1975.

JOÃO PAULO II. *Ut unun sint* (Carta Encíclica). São Paulo: Paulinas, 1995.

MARTINEZ DÍEZ, F. *Teologia da comunicação*. Tradução: Rodrigo Contrera. São Paulo: Paulinas, 1997.

MCLUHAN, M. *Os meios de comunicação como extensões do homem*. Tradução: Décio Pignatari. São Paulo: Cultrix, 1969.

MORIN, E. *O método*; 5. a humanidade da humanidade: a identidade humana. Tradução: Juremir Machado da Silva. Porto Alegre: Sulina, 2002.

MORRIS, C. *Segni, linguaggio e comportamento*. Milão: Longanesi, 1977.

PEIRCE, C. S. *Semiótica e filosofia*. Tradução: Octanny Silveira da Mota. São Paulo: Cultrix, 1972.

_____. *Semiótica*. Tradução: José Teixeira Coelho Neto. São Paulo: Perspectiva, 1977.

PONTIFÍCIO CONSELHO PARA AS COMUNICAÇÕES SOCIAIS. *Aetatis Novae*; uma revolução nas comunicações; instrução Pastoral. São Paulo: Paulinas, 1992.

RABAÇA, C. A.; BARBOSA, G. G. *Dicionário de comunicação*. Rio de Janeiro: Campus, 2001.

RECTOR, M. Glossário de semiótica ou semiologia. *Revista de Cultura Vozes*, Petrópolis, n. 6, ano 68, 1974.

a) Leitura para os alunos

BOUGNOUX, D. *Introdução às ciências da comunicação*. Tradução: Maria Leonor Loureiro. Bauru: Edusc, 1999.

CITELLI, A. *Linguagem e persuasão*. São Paulo: Ática, 1985.

DECOS CELAM. *Para uma teologia da comunicação na América Latina*. Petrópolis: Vozes, 1984.

MARTINEZ DÍEZ, F. *Teologia da comunicação*. Tradução: Rodrigo Contrera. São Paulo: Paulinas, 1997.

CAPÍTULO V

A palavra sagrada nas religiões

Faustino Teixeira

1. Introdução

Um dos desafios essenciais de nosso tempo é compreender o fenômeno do pluralismo religioso e o seu significado no desígnio salvífico universal de Deus, ou do Mistério que sempre advém. Como situar adequadamente as religiões nessa dinâmica da acolhida e da benquerença de Deus? Esta é a urgente tarefa que se abre para a reflexão teológica no presente momento. A percepção do pluralismo religioso como um valor fica facilitada quando se faz recurso à estrutura simbólica como chave de acesso para a compreensão da religião. A religião não é somente uma questão de credo ou de instituição, nem apenas uma experiência pessoal ou comunitária, mas uma "estrutura simbólica" que intermedeia a dinâmica da relação entre o indivíduo ou a comunidade e o Mistério Absoluto.[1] Na raiz de todo esse processo há o movimento da livre e gratuita autocomunicação de Deus, que está dada de antemão a toda pessoa e pode ser acolhida autenticamente onde quer que aconteça o exercício da existência humana. A experiência original desse Mistério que é dom acontece a cada momento, quando a pessoa "tem a coragem de olhar para dentro de si e achar nas próprias profundezas a sua verdade última" e reconhecer com alegria a presença acolhedora do Deus sempre maior.[2]

O mistério da autocomunicação de Deus é universal, e sua acolhida não está necessariamente vinculada a uma atividade religiosa, pois acontece antes

---

[1] AMALADOSS *Rinnovare tutte le cose*, p. 131.
[2] RAHNER, *Curso fundamental da fé*, p. 164.

mesmo de qualquer decisão religiosa reflexa, quando o sujeito vive a dinâmica da abertura à "sua experiência transcendental do mistério santo".[3] As religiões ocupam, porém, um papel importante, enquanto sinais ou sacramentos dessa presença do Mistério em ação no mundo. Elas são a "anamnese" ou lembrança viva da dinâmica salvífica universal de Deus, sempre presente e reatualizada na história:

> Religiões: sinagogas e pagodes, mesquitas e templos, impedem, graças à sua palavra religiosa, a seu sacramento ou ritual, e à sua prática de vida, que essa presença salvífica universal venha a ser esquecida.[4]

As religiões são canais verdadeiros da presença amorosa e gratuita de Deus no tempo, mas a mediação dessa presença salvífica e universal não precisa ser unicamente uma pessoa, como ocorre com Jesus Cristo no cristianismo, pois ela pode se dar num livro, num evento, num ensinamento e numa práxis. Como indica Roger Haight, "religiões outras que não o cristianismo medeiam, verdadeiramente e realmente, a presença de Deus, de sorte que Deus é precisamente encontrado em diversos e diferentes caminhos".[5] Isso não significa que essa mediação seja perfeita. Toda e qualquer religião, enquanto inserida no tempo, vem marcada pela dinâmica da limitação e da ambiguidade, tendo sempre necessidade de ouvir "sem cessar aquilo que ela deve acreditar, as razões de sua esperança e o mandamento novo do amor".[6]

Não há por que restringir o conceito de revelação às religiões bíblicas, uma vez que todas as grandes religiões recorrem a textos fundadores, entendidos como textos de revelação em sentido amplo. Nesse âmbito, a revelação designa sempre "a manifestação do divino na imanência da consciência humana",[7] ou como assinala Tillich, "a manifestação daquilo que nos diz respeito de forma última".[8] Não apenas as religiões que admitem o dado de um Deus pessoal, que se faz presente mediante uma palavra, são eventos de revelação, mas também outras tantas religiões não teístas, ou aquelas que evitam nomear a

---

3   Ibid., p. 163.
4   SCHILLEBEECKX, *História humana revelação de Deus*, p. 31.
5   HAIGHT, *Jesus, símbolo de Deus*, p. 477.
6   PAULO VI, *Evangelii Nuntiandi*, n. 15.
7   GEFFRÉ, Révélation et révélations, p. 1415.
8   TILLICH, *Teologia sistemática*, p. 123.

Realidade última do universo. É, porém, correto assinalar que a revelação, em sentido estrito, envolve a presença da Palavra de Deus numa escritura determinada. E esse é o objetivo desse artigo, ou seja, captar a palavra sagrada nas diversas tradições religiosas.

2. As sagradas escrituras das nações

Como indicado na Carta aos Hebreus, "muitas vezes e de modos diversos falou Deus, outrora, aos Pais e aos profetas" (Hb1,1). Fala-se hoje em sagradas escrituras das nações para expressar as variadas formas de manifestação e presença de Deus aos seres humanos e à criação. Na ocular da teologia cristã do pluralismo religioso, há uma rica experiência religiosa dos sábios e "videntes" das nações, assinalada como experiência viva do Espírito. Também suas escrituras sagradas são reconhecidas como inspiradas por Deus. Segundo Jacques Dupuis,

> essas escrituras representam o legado sagrado de uma tradição-em-devir, não sem a intervenção da divina providência. Elas contêm, nas palavras dos videntes, palavras de Deus aos seres humanos, porquanto apresentam sim palavras pronunciadas secretamente pelo Espírito em corações que são humanos, mas palavras destinadas pela providência divina a conduzir outros seres humanos à experiência do mesmo Espírito.[9]

Importantes tradições religiosas recorrem a textos fundadores, que são textos de revelação. Podem-se mencionar os escritos sagrados do hinduísmo. Em sua base existe uma vasta literatura religiosa, das mais antigas da humanidade, que surgiu no norte da Índia entre os anos 2000 e 1000 a.C. Trata-se dos Vedas, um termo sânscrito que pode ser traduzido por "conhecimento supremo, revelação". São reconhecidos como textos revelados (*sruti*), pois atribuídos à inspiração do absoluto (Brahman). Os Vedas compreendem quatro grandes coleções: *Rig-Veda* (saber dos hinos), *Sama-Veda* (saber dos cânticos), *Yajur-Veda* (saber das fórmulas sacrificatórias) e *Atharva-Veda* (saber do "sacerdote do fogo"). Os diversos volumes dos Vedas assumem importância de texto revelado. Os temas abordados são bem diversificados, envolvendo hinos sagrados, orações, invocações rituais e textos filosóficos de caráter mais

---

[9] DUPUIS, *O cristianismo e as religiões*, p. 170.

esotérico. A coletânea dos Vedas traduz uma primeira etapa da religião hindu, da qual se dispõe de documentação escrita.

Nesta mesma coletânea dos Vedas encontram-se hinos especulativos tardios do Rig-Veda, direcionados a formas monistas de representação da divindade. São textos que situam o problema da origem do universo e buscam sua resposta num princípio último, anterior aos próprios deuses, cuja representação virá associada à noção de *Brahman*. Dentre estes textos, que constituem o Vedanta, destacam-se os *Upanixades*, escritos em torno dos anos 800 e 300 a.C. Eles são considerados, por consenso, os textos da revelação por excelência, quando então começa a desenvolver-se uma espécie de mística especulativa. Segundo Panikkar, os Vedas constituem "uma das mais belas manifestações do Espírito" e reporta-se que foram transmitidos aos sábios (*rishi*) pelo "sopro" do Absoluto.[10]

Ao lado dos Vedas, podem ser igualmente mencionados outros importantes textos da tradição hindu, cujo núcleo essencial tem sua origem no início da era cristã. Os chamados *Smrti* (Tradição confiada à memória) distinguem-se dos Vedas pela dinâmica de sua revelação. Não são textos oriundos de um absoluto impessoal, mas palavras pronunciadas em circunstâncias determinadas por precisas divindades do panteão hindu, como Visnu, Krishna ou Shiva: divindades "avatarizadas". Tais palavras são direcionadas ao conjunto da comunidade hindu e abordam a essencial questão do *dharma* e da *moksa*, ou seja, da ordem universal e dos caminhos de salvação (libertação) abertos aos seres humanos em razão de sua participação ativa na manutenção desta ordem. Esta tendência personalizante indica uma nova via da espiritualidade hindu, da religiosidade devocional *bhakti*. Trata-se de um tipo de religiosidade mais universal e personalista, "centrada no encontro afetivo com o sagrado". O rosto de Deus vem personificado em deuses particulares do panteão hindu, envolvidos com a aventura humana, e o seu desvelamento se dá mediante a contemplação amorosa. Os *smrt* abrangem os sutras da filosofia brahmânica clássica e os passos da antiga tradição desenvolvida ao longo do primeiro milênio da era cristã. Em lugar de destaque encontra-se o *Bhagavad-Gita* (o canto do Bem Aventurado), o célebre episódio que narra o diálogo filosófico entre a Divindade Suprema Krishna e o guerreiro Arjuna. Sobretudo a partir

---

10   PANIKKAR, *Iniziazione ai Veda*, p. 11.

do livro XI do *Bhagavad-Gita* emerge a figura epifânica de um Deus quase pessoal que aparece com força deslumbrante, oferecendo a seus fiéis o presente de seu amor.

Com respeito ao budismo, há uma vasta literatura sagrada, onde cada escola possui sua própria coleção. Pode-se mencionar, primeiramente, o cânone da escola Theravada, em língua páli, o *Tripittaka* (três cestos), talvez o único cânone conservado intacto. O cânone, que afirma reportar às palavras mesmas de Buda, é dividido em três partes: o *Vinaya Pikaka*, que contém regras (*Vinaya*) da ordem monástica; o *Sutra Pittaka*, subdivido em cinco grupos, que apresentam sermões, afirmações e ditos de variadas dimensões; e o Abhi-dharma, mais tardio, com a caracterização dos vários *dharmas* que envolvem a experiência do budismo. Há também outro cânone, o *Mahâyâna Sutra*, que declara reportar aos sermões de Buda e do Bodisatva, mas que carece da sistematização do cânone Theravada. Sua primeira manifestação ocorreu no vasto *corpus* de textos conhecidos como *Prajñâpâramitâ*, ou os sutras da Perfeição da Sabedoria, sendo os mais antigos datados do primeiro século da Era Comum. Outros desdobramentos e condensações desses textos originais aconteceram posteriormente, durante cerca de mil anos, em fases distintas, suscitando sutras fundamentais como o Sutra da Sabedoria Perfeita, o Sutra do Diamante e o Sutra do Coração. São textos que apresentam como tema central a compaixão e o autossacrifício dos bodisatvas, que, recusando-se a desfrutar da iluminação, dedicam sua vida ao bem-estar dos outros, tendo feito o voto de conduzir todos os seres à completa perfeição e iluminação.[11] Outro cânone é o que envolve a literatura Tantra, de caráter mais esotérico, que inclui textos conhecidos como o *Guhyasamâja-Tantra* (Tratado da sociedade secreta) e o *Hevajra-Tranta* (Tratado do Buda Hevajra). Há, finalmente, os textos zen, com sua coleção de *Koans*, entre os quais o célebre *wou-men-kouan* (passar sem porta), e outros clássicos como o *Shôbôgenzô* (o olho da verdadeira lei), do mestre Dodgen, e o *Orategama* (a chaleira arremessada), de Hakuin.[12] Diferentemente do hinduísmo e do islamismo, o budismo não consagrou o conceito de uma língua sagrada. É uma tradição, de certa forma, poliglota. O centro referencial é a história: a história da iluminação de um homem, da realização

---

11 YÛICHI, O *Prajñâpâramitâ* e o surgimento da tradição Mahâyâna, pp. 153-159.
12 Ver a respeito: ABE, Buddhismo, pp. 131-139.

do Buda. Como indica Masao Abe, "pelo menos quinhentos anos antes que os cristãos começassem a atuar e dois mil anos antes que os muçulmanos, os budistas já estavam oferecendo o dom do *dharma* (os ensinamentos do budismo) a quem o desejasse aceitar, na sua própria linguagem e cultura".[13] Há, finalmente, a importante literatura sapiencial chinesa, com destaque para os tratados de Lao-Tsé (Tão Te Ching – 600 antes da era comum) e Chuang Tzu (300 antes da era comum), que firmam a tradição taoísta.

A teologia cristã do pluralismo religioso vem aos poucos reconhecendo esse influxo universal do Espírito nas sagradas escrituras das nações. Na visão de Jacques Dupuis, são divinas as palavras transmitidas pelos livros sagrados das nações, e pela razão de Deus as ter pronunciado mediante o Espírito divino. Daí ser pertinente, do ponto de vista teológico, nomeá-las como "sagradas escrituras".[14] Há hoje o reconhecimento de um limite na reflexão teológico tradicional sobre as sagradas escrituras, inclusive com respeito à ideia de "iluminação". Ainda segundo Dupuis, "é uma limitação da teologia tradicional da sagrada escritura silenciar em grande parte sobre o papel peculiar desenvolvido nesse processo pelo Espírito Santo".[15] Nos limites impostos pela reflexão da *Dei Verbum* (DV, n. 11), do Vaticano II, a Comissão Teológica Internacional, em documento sobre o cristianismo e as religiões (1997), indica que a denominação de "Palavra de Deus" fica reservada aos escritos do Primeiro e Segundo Testamentos. Titubeia em conferir o qualificativo de "inspirados" aos livros sagrados das outras tradições religiosas, limitando-se a afirmar que neles ocorre apenas "alguma iluminação divina".[16]

A reflexão teológica cristã em torno das sagradas escrituras deve ganhar um novo impulso no tempo atual, conferindo um maior destaque ao Espírito que atua nas outras escrituras das nações. Com esse novo elã, é a própria reflexão teológica cristã que ganha em conteúdo e perspectiva, facultando uma maior abertura para as outras escrituras, bem como ao reconhecimento da experiência espiritual dos profetas e sábios das nações. As diversas tradições religiosas, com suas escrituras sagradas, estão inseridas na "economia

---

13   ABE, Buddhismo, p. 101.
14   DUPUIS, *Rumo a uma teologia cristã do pluralismo religioso*, p. 348.
15   DUPUIS, *O cristianismo e as religiões*, p. 168.
16   COMISSÃO TEOLÓGICA INTERNACIONAL, *O cristianismo e as religiões*, n. 92 (p. 48).

universal do Espírito, que leva os povos à realização escatológica da irmandade em Deus mediante caminhos diversos".[17]

Há uma troca de dons e um mútuo enriquecimento entre as escrituras bíblicas e as escrituras das nações. Há traços novidadeiros e singulares presentes nas escrituras das outras tradições religiosas que não se encontram presentes nas escrituras cristãs, e que revelam aspectos preciosos e inéditos do mistério divino. Vale sublinhar o precioso sentido da transcendência divina vigente no Corão, o respeito e preservação do mistério do Real nos textos budistas e a presença imanente de Deus no mundo, na criação e no coração humano traduzida nos livros sagrados do hinduísmo.[18]

3. As religiões proféticas em situação hermenêutica

Seguindo a linha tradicional da história comparada das religiões, com base na reflexão de autores como Friedrich Heiler e R. C. Zaehner, pode-se fazer uma distinção entre as religiões místicas e as religiões proféticas. Enquanto as religiões místicas têm sua origem na Índia, no período tardovédico (em torno dos anos 1700 aec.), as religiões proféticas nascem na área cultural semítica, por volta do ano 1200 aec. Pode-se admitir a distinção adotada, entre religiões proféticas e místicas, desde que operada com cautela. Ela tem o mérito de sublinhar o fundamento comum das três religiões monoteístas de herança semítica e abraâmica, situadas como religiões proféticas e do livro, distinguindo-as das tradições orientais, que acentuam mais a dimensão da interioridade, da sabedoria e da gnose. Esta distinção, porém, não autoriza a concluir em favor de uma separação rígida que excluiria qualquer significado profético nas religiões orientais ou dimensão mística nas religiões proféticas.[19]

No que tange às religiões monoteístas ou proféticas, há uma origem comum na fé de Abraão e também uma "misteriosa complementaridade", como mostrou com acerto Louis Massignon. É o mesmo Deus que nelas é cultuado,

---

17 Seminário de Bangalore (1974), citado por AMALADOSS, *Rinnovare tutte le cose*, p. 58.
18 DUPUIS, *Rumo a uma teologia cristã do pluralismo religioso*, p. 350; AMALADOSS, *Rinnovare tutte le cose*, p. 70; SCHILLEBEECKX, *História humana revelação de Deus*, pp. 215-216.
19 DUPUIS, *Rumo a uma teologia cristã do pluralismo religioso*, p. 23. Ver ainda: KÜNG; VAN ESS; VON STIETENCRON; BECHERT, *Cristianesimo e religioni universali*, pp. 210-214.

mas "segundo uma inteligência diferente de sua unidade".[20] Todas as três religiões enfatizam a unicidade de Deus. Isso acontece na *shemá* de Israel, onde se diz: "Ouve, Israel! O Senhor nosso Deus é o único Senhor" (Dt 6,4). Essa mensagem é retomada no Segundo Testamento, quando Jesus sublinha o significado do primeiro de todos os mandamentos: "O primeiro é este: 'Ouve, Israel! O Senhor nosso Deus é um só. Amarás o Senhor, teu Deus, de todo o teu coração, com toda a tua alma, com todo o teu entendimento e com toda a tua força!'" (Mc 12,29-30). Há também sintonia com esta perspectiva no livro do Corão: "O nosso Deus e o vosso Deus é um só" (Corão 29,46). No clássico discurso de João Paulo II, aos jovens muçulmanos em Casablanca (Marrocos), em agosto de 1985, ele sublinha a crença comum em Deus que irmana cristãos e muçulmanos: "É nele que nós cremos, vós muçulmanos e nós católicos".[21]

As três tradições religiosas proféticas, o judaísmo, o cristianismo e o islamismo, são situadas como "religiões de Escritura". São três casos de religiões onde o texto fixado tem um lugar singular, enquanto canal de acesso à Palavra originária. O processo de formação do *cânon* nessas três tradições religiosas proféticas foi firmado em um período de longa duração. Enquanto os "escritos da Bíblia hebraica formaram-se ao longo de um período de cerca mil anos, e os do Novo Testamento em menos de cem, o Corão formou-se em vinte e dois anos. O processo de formação do *cânon*, para fixar a precisa consistência da escritura reconhecida como sagrada, foi respectivamente mais breve".[22]

Em perspectiva antropológica e histórica, é correto designar tais tradições religiosas como "sociedades do Livro", em razão de estarem envolvidas numa similar "situação hermenêutica" onde os textos sagrados servem de referencial para o sistema de crenças, legislação e conduta das respectivas comunidades de fé.[23] No caso do cristianismo e do islã, operam "três elementos fundamentais: um acontecimento inaugurador, um texto original e uma comunidade interpretativa com suas instâncias próprias de regulação".[24] A facticidade do acontecimento inaugural é recoberta por camadas diferenciadas, que envolvem o acontecimento da palavra (tradição oral) e o acontecimento da escritu-

---

20 GEFFRÉ. La portée théologique du dialogue islamo-chrétien, p. 16.
21 JOÃO PAULO II, Ai giovani musulmani del Marocco, p. 345.
22 KÜNG, *Islam*, p. 88.
23 GEFFRÉ, Révélation et révélations, p. 1420.
24 GEFFRÉ. Le Coran, une parole de Dieu différent?, p. 22.

ra. Nenhuma dessas camadas consegue reproduzir fielmente o acontecimento original, que sempre escapa da ocular do intérprete. Daí se falar em "situação hermenêutica". Não há como escapar ao "risco da interpretação" que coloca o intérprete sempre diante de uma "tradição viva" que se reatualiza permanentemente. A dinâmica da hermenêutica pressupõe algo que está sempre "escondido" e que provoca a essencial tarefa de decifrar o "segredo" no signo visível.

É esse "estatuto hermenêutico" que as correntes fundamentalistas ou integristas atuantes nas religiões proféticas buscam negar ou apagar, reforçando posições analíticas que identificam nas religiões monoteístas uma maior densidade de intolerância. Não se nega o risco presente nas "sociedades do Livro" de uma perspectiva de fechamento dogmático, na qual se acredita rigorosamente que no texto sagrado da própria tradição se dá a reprodução fiel e exclusiva da Palavra eterna de Deus. Como sinalizou Claude Geffré,

> durante séculos tanto cristãos como muçulmanos dogmatizaram e legislaram, ou seja, sacralizaram apressadamente os ensinamentos contingentes em nome de uma concepção de Revelação entendida como Verdade absoluta, única e imutável, livrando-se de toda historicidade. Assiste-se no interior de cada tradição a elaboração e sacralização de construções teológicas e jurídicas que se tornaram sistemas de exclusão recíproca.[25]

Quando se fala em hermenêutica, pressupõe-se uma "interpretação infinita". Na *tradição judaica* o toque da interpretação ou a "vocação hermenêutica" está sempre presente, como pode ser visualizado na dinâmica que envolve o Talmude. Ele traduz "o espaço da interpretação judaica da Bíblia". É a expressão do Deus vivo através das "palavras de uns e de outros". Ele possibilita uma "leitura explosiva", na medida em que desconstrói permanentemente toda imagem estabelecida de Deus, preservando o enigma de sua realidade misteriosa e infinita.[26] No âmbito do *cristianismo*, a interpretação é um dado congênito, já que Jesus mesmo não deixou palavra escrita, e os Evangelhos e outros escritos do Segundo Testamento são interpretações desse evento essencial para a comunidade cristã. Não se suprime em momento algum o "regime do espírito" que rege a dinâmica interpretativa. Para utilizar uma rica expressão de Paul Ricoeur, o "espaço da experiência" é sempre animado pelo

---

25 GEFFRÉ. La raison islamique selon Mohammed Arkoun, p. 166.
26 QUAKNIN, O Deus dos judeus, p. 64.

"horizonte da espera", toda vez renovado. Há ainda que acrescentar, como lembra Geffré, que a Escritura não é no cristianismo o único meio termo entre Deus e o ser humano: "Segundo a visão cristã, Deus não se torna presente aos homens somente pela proclamação de uma Palavra (*Logos*), mas por uma manifestação, uma irrupção do invisível no visível".[27] Dá-se, no cristianismo, um acento importante à história, enquanto espaço de interpelação permanente de Jesus ressuscitado, mediante a ação do Espírito. No caso do *islamismo*, também permanece aberto o regime da interpretação, apesar de resistências localizadas do pensamento islâmico oficial com respeito à ideia de "tradição interpretativa". Estudiosos recentes do islamismo buscam salvaguardar certa "distância" entre a Palavra de Deus e sua objetivação na escritura sagrada. Mesmo reconhecendo a força de inspiração do livro do Corão, enquanto livro descido do céu e calado no coração do profeta (Corão 12,2 e 2,97), ou seja, "verbo de Deus" (*kalimat Allah*), permanece o espaço de interpretação quando se admite a realidade de um livro original, incriado e arquetípico – a mãe do livro (*umm al-kitâb*) –, que está guardado e protegido no céu (Corão 56,77-78).[28] O estudioso muçulmano Mohammed Arkoun busca preservar esta distância ao distinguir o Corão escrito (*Mushaf*) e o Corão recitado, que seria a emanação direta do Livro arquetípico.[29]

A revelação, como bem expressou Geffré, não é somente uma palavra que vem de Deus e se expressa em palavras humanas, mas "uma história interpretada pelos profetas que traduzem o sentido dessa história sob o ponto de vista de Deus".[30] Na realidade, a Palavra mesma de Deus é totalmente inacessível. As Escrituras buscam, em palavras humanas, e na situação contingencial do tempo, expressar essa Palavra. Uma adequação plena entre Palavra e Escritura nunca ocorre. Há sempre uma "tensão necessária" entre a Palavra de Deus e o Livro sagrado, quer ele seja escrito em sânscrito, hebraico, grego ou árabe. Esta inadequação entre o "Referente inacessível da Palavra de Deus" e sua objetivação escritural vem revelar o "capital" de Mistério que permanece resguardado, como dom gratuito de Deus. Fala-se em "reserva escatológica" de Deus sobre as religiões e a história, mas também sobre as Escrituras sagradas.

---

27 GEFFRÉ, Révélation et révélations, p. 1.418.
28 GEFFRÉ, Le Coran, une parole de Dieu différent?, p. 23; KÜNG, *Islam*, p. 86.
29 ARKOUN, *Ouvertures sur l'islam*, pp. 61s; GEFFRÉ, Révélation et révélations, p. 1.419.
30 GEFFRÉ, *Profession théologien*, p. 124.

A fonte mesma da Revelação de Deus é preservada por um "silêncio", que é o dom do Mistério indizível de Deus.

4. Conclusão

Um dos desafios que hoje se apresentam para a teologia cristã do pluralismo religioso é o de avançar corajosamente em direção a uma teologia aberta das sagradas escrituras, reconhecendo o valor e a dignidade das outras escrituras, que entram em colaboração com as escrituras bíblicas. E, mais ainda, saber reconhecer com ousadia o seu caráter novidadeiro no desvelamento de aspectos do mistério divino. Os teólogos Claude Geffré e Jacques Dupuis foram pioneiros nessa reflexão, ao buscarem ampliar a compreensão do "envolvimento pessoal de Deus com a humanidade" e sua presença viva nas escrituras das diversas tradições religiosas. Para além de uma "teologia do acabamento", souberam valorizar nos outros livros sagrados o toque da "Palavra de Deus", rompendo com a visão unilateral que reconhecia nesses livros apenas conhecimento "natural" de Deus ou "marcos de espera" para sua realização nas escrituras da tradição judaico-cristã. Como mostrou com acerto Jacques Dupuis, a própria liturgia cristã deveria poder experienciar o exercício de uma complementaridade, acolhendo, na Liturgia da palavra, as palavras de Deus presentes nas outras tradições religiosas. Isso poderia revelar, surpreendentemente, a "espantosa convergência" que vincula os livros sagrados em suas diferenças.[31] Sublinha ainda que, "por mais que isso possa parecer paradoxal, um contato prolongado com as escrituras não bíblicas pode ajudar os cristãos – se praticado dentro da fé – a descobrir com maior profundidade alguns aspectos do mistério divino que eles contemplam como revelado a eles em Jesus Cristo".[32] Trata-se de uma teologia cristã do pluralismo religioso que aponta para uma "teologia interreligiosa", de forma a enriquecer a singular percepção do mistério da Palavra de Deus no exercício salutar das próprias diferenças.

---

31 DUPUIS, *O cristianismo e as religiões*, p. 180; também pp. 295-314 (a respeito da oração interreligiosa).
32 DUPUIS, *O cristianismo e as religiões*, p. 180.

5. Referências bibliográficas

ABE, M. Buddhismo. In: SHARMA, A. (org.) *Religioni a confronto*. Vicenza: Néri Pozza, 1996.

AMALADOSS, M. *Rinnovare tutte le cose*; dialogo, pluralismo ed evangelizzazione in Asia. Roma: Arkeios, 1993.

ARKOUN, M. *Ouvertures sur l'islam*. Paris: Jacques Grancher, 1989.

COMISSÃO TEOLÓGICA INTERNACIONAL. *O cristianismo e as religiões*. São Paulo: Loyola, 1997.

DUPUIS, J. *Rumo a uma teologia cristã do pluralismo religioso*. São Paulo: Paulinas, 1999.

_____. *O cristianismo e as religiões*. São Paulo: Loyola, 2004.

GEFFRÉ, C. *De Babel à Pentecôte*; essais de théologie interreligieuse. Paris: Cerf, 2006.

_____. La portée théologique du dialogue islamo-chrétien. *Islamochristiana*, n. 18, 1992.

_____. La raison islamique selon Mohammed Arkoun. In: DORÉ, J. (org.) *Christianisme, judaïsme et islam*; fidélité et ouverture. Paris: Cerf, 1999.

_____. Le Coran, une parole de Dieu différent? *Lumière et Vie*, n. 163, 1983, pp. 21-32.

_____. *Profession théologien*. Paris: Albin Michel, 1999. (Entretiens avec Gwendoline Jarczyk).

_____. Révélation et révélations. In: LENOIR, F.; MASQUELIER, Y. T. (orgs.). *Encyclopédie des religions*. Paris: Bayard, 1997. v. 2, pp. 1415-1424.

HAIGHT, R. *Jesus, símbolo de Deus*. São Paulo: Paulinas, 2003.

JOÃO PAULO II. Ai giovani musulmani del Marocco. In: PONTIFICIO CONSIGLIO PER IL DIALOGO INTERRELIGIOSO. *Il dialogo interreligioso nel magistero pontifício*. Città del Vaticano: Libreria Editrice Vaticana, 1994.

KÜNG, H. *Islam*; passato, presente e futuro. Milano: Rizzoli, 2005.

_____; VAN ESS, J.; VON STIETENCRON; H.; BECHERT, H. *Cristianesimo e religioni universali*. Milano: Arnaldo Mondadori, 1984.

PANIKKAR, R. *Iniziazione ai Veda*. Milano: Servitium, 2003.

QUAKNIN, M.-A. O Deus dos judeus. In: BOTTÉRO, J.; QUAKNIN, M.-A.; MOINGT, J. *A mais bela história de Deus*. Rio de Janeiro: Difel, 2001.

RAHNER, K. *Curso fundamental da fé*. São Paulo: Paulinas, 1989.

SCHILLEBEECKX, E. *História humana revelação de Deus*. São Paulo: Paulus, 1994.

TILLICH, P. *Teologia sistemática*. 5. ed. São Leopoldo: Sinodal/EST, 2005.

YÛICHI, K. O *Prajñâpâramitâ* e o surgimento da tradição Mahâyâna. In: YOSHINORI, T. (org.) *A espiritualidade budista*. São Paulo: Perspectiva, 2006.

CAPÍTULO VI

Palavra de Deus: mistério e silêncio
A ação da Palavra de Deus na Revelação Divina relatada pela Bíblia

Carlos Mesters

1. Introdução[1]

Com a Palavra de Deus na Bíblia aconteceu algo semelhante ao que está acontecendo hoje com a visão que temos do universo. Durante séculos achávamos que a Terra fosse o centro de tudo. Pouco a pouco, começamos a perceber que é o inverso. Hoje, a ciência mostra que nossa Terra não passa de um grão de areia num universo imenso, criado, não em seis dias, mas num longo processo que já dura treze bilhões de anos. Tudo isso está mexendo com a imagem que temos de Deus, do universo e de nós mesmos. Está começando a nascer em nós uma nova visão do universo, uma nova síntese, mais coerente, seguindo a gênese do próprio universo, colhendo e unificando os dados que antes estavam dispersos e desconexos. Ainda vai demorar até que esta nova síntese incorpore tudo e mostre o alcance de tudo isto para a fé e para a vida.

Algo semelhante aconteceu com a Palavra de Deus na história do povo da Bíblia. Foi um longo processo de séculos. Começou com a Palavra de Deus chamando Abraão e Sara em torno de 1800 antes de Cristo. Na crise vivida no

---

[1] Na elaboração deste artigo usei e copiei vários trechos do livro que Francisco Orofino e eu escrevemos sobre Gênesis 1 a 12, publicado pelo CEBI.

cativeiro da Babilônia, no século VI a.C., descobrem que na origem de tudo estava a ação de sua Palavra Criadora (cf. Is 40,26; 42,5; 48,12-15; 65,17-25). O Salmo 19 traz uma síntese inicial desta descoberta que inverteu a compreensão da gênese da ação de Deus na história do povo e mudou a visão que eles tinham da Palavra de Deus. A síntese completa desta nova visão apareceu bem depois no livro dos Provérbios (Pr 8,22-31), no Eclesiástico (Eclo 24,1-8), e no prólogo do Evangelho de João (Jo 1,1-14). Estes três livros descrevem a ação da Palavra de Deus e da Sabedoria divina iniciando com a ação criadora (Pr 8,22-30; Eclo 24,3-7; Jo 1,1-4) e terminando na sua encarnação (Jo 1,14) no meio da humanidade (Pr 8,31; Eclo 24,8).

2. Salmo 19: uma síntese inicial

O salmo descreve a ação da Palavra de Deus na natureza (Sl 19,2-7), na história do povo (Sl 19,8-11) e na vida das pessoas (Sl 19,12-14). É sempre a mesma Palavra de Deus. Saindo do silêncio, sem usar palavras nem som, ela manifesta a Glória de Deus na natureza, no firmamento, na passagem dos dias e das noites. O sol é o maior sinal desta presença universal. Todos a percebem. Nada nem ninguém escapa do seu calor (Sl 19,2-7). Em seguida, esta mesma Palavra divina se encarna em decretos e normas e se apresenta como orientação ou lei (*torá* hrwt) para a vida do povo. A ação da palavra vai humanizando a vida, pois traz conforto para a alma, instrução para os simples, alegria para o coração, luz para os olhos, temor e estabilidade. A palavra se ramifica em mandamentos e preceitos que são mais desejáveis que o ouro, mais doces que o mel que escorre dos favos (Sl 19,8-11). No fim, o próprio salmista acolhe esta palavra em sua vida e com ela se esclarece. Observá-la lhe traz grande proveito, pois provoca nele um processo de discernimento e de conversão, ajudando-o a tomar consciência de possíveis erros e faltas: "Quem pode discernir os próprios erros. Purifica-me das faltas escondidas. Preserve do orgulho teu servo, para que ele nunca me domine. Deste modo serei íntegro, inocente de uma grande transgressão" (Sl 19,12-14). O versículo final traz um resumo, em que o próprio salmista parece estar satisfeito com a síntese que acabou de elaborar: "Que te agradem estas palavras da minha boca, e que este meditar do meu coração chegue à tua presença, Javé, minha rocha e redentor" (Sl 19,15).

Natureza, história e vida pessoal. Natureza: presença universal da Palavra de Deus na criação, estampada na grandeza dos fenômenos da natureza. História: presença encarnada na vida do povo, revelada no testemunho, na simplicidade e no crescimento humano. Vida pessoal: presença nas pessoas provocando nelas consciência crítica e discernimento, conversão e tomadas de decisão. Não há distinção entre o natural e o sobrenatural. Saindo do silêncio, a palavra criadora envolve o mundo inteiro no seu grande mistério, ramifica-se em normas e leis para o povo, e interpenetra a vida das pessoas. Provoca a beleza do universo, aponta os rumos para a caminhada do povo e conduz os seres humanos. Provoca contemplação e adoração, orienta e humaniza a vida, e leva à conversão dos indivíduos. Natureza, história e vida pessoal, as três interligadas numa grande unidade, nascida da única e mesma palavra criadora de Deus que dinamiza e movimenta tudo.

É dessa ação criadora, unificadora e humanizadora da Palavra de Deus que o livro de Isaías afirma: "Da mesma forma como a chuva e a neve, que caem do céu e para lá não voltam sem antes molhar a terra, tornando-a fecunda e fazendo-a germinar, a fim de produzir semente para o semeador e alimento para quem precisa comer, assim acontece com a minha palavra que sai de minha boca: ela não volta para mim sem efeito, sem ter realizado o que eu quero e sem ter cumprido com sucesso a missão para a qual eu a mandei" (Is 55,10-11). Vamos ver de perto como a percepção desta múltipla ação da Palavra de Deus se realizou ao longo da história do povo de Deus.

3. A ação da Palavra de Deus na natureza

Diante do desânimo do povo no cativeiro da Babilônia, provocado pelo fracasso da observância dos Dez Mandamentos da Aliança, o povo dizia: "Deus nos abandonou!" (Is 49,14; Jr 33,23; Ez 8,12). "Fugiu a paz do meu espírito, a felicidade acabou. Acabaram-se minhas forças e minha esperança em Javé" (Lm 3,17-18). Apesar deste desespero generalizado, Jeremias dizia: "Temos muito motivo de esperança, pois o sol vai nascer amanhã!". De fato, a certeza do nascer do sol não depende da nossa observância da lei de Deus, mas está impressa na lógica da criação. É pura gratuidade, expressão do bem-querer do Deus Criador. É promessa de proteção que não falha. "O sol se levanta para bons e maus", dirá Jesus mais tarde (Mt 545). Nós podemos falhar, pecar e romper com Deus, mas Deus não rompe conosco, pois a cada manhã, através da sequência dos dias e das noites, ele nos fala ao coração e nos diz: "Como é certo que eu criei o dia e a noite e estabeleci as leis do céu e da terra, também é certo que não rejeitarei a descendência de Javé e de meu servo Davi. Quando essas leis falharem diante de mim – oráculo de Javé –, então o povo de Israel também deixará de ser diante de mim uma nação para sempre" (Jr 33,25-26; 31,36). O retorno é sempre possível. Não há motivo para desespero!

Esta nova maneira de observar a natureza modificou o olhar e abriu um novo horizonte. A certeza da presença amorosa de Deus para além do fracasso da observância dos Dez Mandamentos provocou uma busca renovada dos sinais de Deus na natureza: as chuvas, as plantas, as fases da lua, o sol, as estações do ano, as sementes etc. Tudo se tornou sinal da presença gratuita de Deus. A busca da Palavra de Deus tomou um rumo mais consistente, mais ligado aos fenômenos da natureza. Javé, o mesmo Deus que no início havia chamado Abraão e que no êxodo havia entregue a Lei ao povo e concluído com ele uma aliança, começa a ser experimentado como o Deus Criador do universo. E o Deus Criador do universo vai tomando os traços do rosto de Javé, o Deus familiar de Abraão, Isaac e Jacó, o Deus libertador do êxodo. História e Criação se aproximam e se unem numa única e indivisível revelação do rosto de Javé, o Deus do povo, Deus libertador e criador.

Por isso, ao lado da atenção dada às Dez Palavras divinas que estão na origem da Aliança, o povo começa a dar maior atenção às palavras divinas que estão na origem das criaturas. O autor que fez a redação da história da Criação (Gn 1,1–2,4a) teve a preocupação em descrever a ação criadora de Deus por meio de exatamente Dez Palavras. São os Dez Mandamentos da Criação. Na narrativa aparece dez vezes a expressão "e Deus disse":

1.	Gn 1,3	E Deus disse: haja luz	
2.	Gn 1,6	E Deus disse: haja um firmamento	
3.	Gn 1,9	E Deus disse: as águas se juntem e apareça a terra	
4.	Gn 1,11	E Deus disse: a terra se torne verde de verdura	E Deus disse
5.	Gn 1,14	E Deus disse: haja luzeiros	
6.	Gn 1,20	E Deus disse: as águas produzam seres vivos	אֱלֹהִים
7.	Gn 1,24	E Deus disse: que a terra produza seres vivos	וַיֹּאמֶר
8.	Gn 1,26	E Deus disse: façamos o ser humano	
9.	Gn 1,28	E Deus disse: sejam fecundos	
10.	Gn 1,29	E Deus disse: dou as ervas para vocês comerem	

A Aliança tem no seu centro as Dez Palavras divinas, os Dez Mandamentos, entregues a Moisés no Monte Sinai. Da mesma maneira, a Criação tem no seu centro Dez Palavras divinas (Gn 1,3.6.9.11.14.20.24.26.28.29). Assim como fez para o seu povo, Deus fez para as suas criaturas: fixou para elas "uma lei que jamais passará" (Sl 148,6). Dez vezes Deus falou, e dez vezes as coisas começaram a existir. Falou: *Luz!*, e a luz começou a existir. Falou: *Terra!*, e a terra apareceu. Gritou os nomes das estrelas, e elas começaram o seu percurso no firmamento. "Ele diz e a coisa acontece, ele ordena e ela se afirma" (Sl 33,9). A harmonia do cosmo que vence a ameaça do caos é fruto da obediência das criaturas ao Decálogo da Criação. Jesus pede que nós possamos observar a Lei da Aliança com a mesma perfeição com que o sol e as estrelas do céu observam a Lei da Criação: "Seja feita a tua vontade na terra assim como é feita no céu".

Temos dois decálogos: o decálogo da Criação e o decálogo da Aliança. O decálogo da Criação já existia muito antes do decálogo da Aliança. Existia desde a Criação do mundo e era visível na ordem do cosmo, mas a sua existência só começou a ser apreciada na época do cativeiro, quando a observância do decálogo da Aliança entrou em colapso e jogou o povo no desespero total.

A fé no Deus Criador abriu um horizonte cujo alcance só se compara com o horizonte que a ressurreição de Jesus abriu para os discípulos confrontados com a barreira intransponível da morte. A descoberta do decálogo da Criação é como se fosse um fundamento novo colocado debaixo de um prédio que ameaçava cair por falta de observância da parte dos engenheiros e operários. Você não vê o fundamento novo, pois está debaixo do chão, mas você sabe que ele existe, pois o prédio pode até balançar, mas não cai. A fé na gratuidade da presença universal de Deus torna-se a infraestrutura da observância dos Dez Mandamentos. Ação salvadora, ação criadora. Não dá para separá-las. São como os glóbulos vermelhos e brancos do mesmo sangue que dá vida ao corpo. É uma unidade que agora percorre a Bíblia de ponta a ponta. O prólogo do Evangelho de João é o texto que melhor expressou esta nova compreensão da ação da Palavra de Deus (Jo 1,1-14).

4. A ação da Palavra de Deus na vida do povo

A ação da Palavra de Deus não existe solta no espaço, mas sim encarnada em ações e interpretações humanas. O ser humano tenta descobrir os apelos da Palavra de Deus, mas nem sempre acerta. É aqui que entra a ambiguidade na interpretação do rumo da Palavra de Deus. Uns, por incrível que pareça, em nome da sua fidelidade à Palavra de Deus, praticaram ações que, se fossem praticadas hoje, mereceriam o repúdio universal da humanidade inteira. Alguns exemplos: em nome de Deus Samuel mandou que Saul matasse todos os amalecitas (1Sm 15,3.18). Saul não obedeceu à ordem e deixou vivo o rei Agag. Por isso, conforme Samuel, Deus o rejeitou (1Sm 15,23). O profeta Elias matou 450 profetas de Baal (1Rs 18,40). Alguns salmos são de uma vingança extrema tal, que até o nosso breviário os omite (Sl 109,6-15). E tantos outros fatos relatados pela Bíblia: as ordens divinas de exterminar povos inteiros, as matanças terríveis praticadas por Judas Macabeu.

Outros usam a mesma Palavra de Deus para legitimar seus próprios interesses e conquistas. Um exemplo concreto é a discussão entre os profetas e os reis de Israel e Judá sobre a viabilidade de uma possível guerra contra o rei de Aram (1Rs 22,1-4). Estes falsos intérpretes da Palavra de Deus invertem o processo. Em vez de contemplar a natureza, começam a usá-la e a transformá-la em mercadoria (cf. 1Rs 21,1-14). Em vez de promover a vida do povo, começam a pervertê-la. Eles chegam a explorar e matar pessoas inocentes, como se fosse por ordem de Deus (1Rs 16,34; 2Rs 16,3; 21,6). Em vez de conversão, provocam perversão. Eles desfazem o mistério e criam a ambiguidade da religião dos ídolos que mata a vida em vez de promovê-la (cf. Sl 106,35-39).

A Palavra de Deus atua na ambiguidade humana. Nela se misturam as duas tendências da interpretação humana, ambas se apresentando como expressão da Palavra de Deus: de um lado, a força criadora e humanizadora da Palavra de Deus que enfrenta e vence a ameaça do caos; de outro lado, a força desintegradora e poluidora das ideologias humanas que ameaçam e desestabilizam a ordem do cosmo. A Bíblia fala em *verdadeiros* e *falsos* profetas. Porém, a distinção entre "verdadeiros" e "falsos" profetas é fruto de um demorado e sofrido processo de discernimento posterior que foi clareando o caminho da palavra. Este discernimento é o resultado, não tanto de reflexões teológicas, mas sim do crescimento geral da consciência da dignidade humana. Mas na hora mesma em que as ações acontecem ou que as palavras são pronunciadas, o povo não sabe de que lado está a verdadeira palavra e, por isso, busca critérios para o discernimento (cf. Dt 18,21-22; Jr 28,8-9) e pede que "os profetas sejam dignos de crédito" (Eclo 36,16). O joio e o trigo continuam misturados até o fim (Mt 13,24-30).

5. A ação da palavra na vida das pessoas

É sobretudo aqui que aparecem a ambiguidade, o esforço de discernimento, a busca de critérios para poder discernir, a luta entre os "verdadeiros" e "falsos" profetas, as crises e o lento e sofrido progresso na descoberta da vontade de Deus: tudo isso é espelho do que acontece hoje em nós e entre nós. Seguem três exemplos de como a Palavra de Deus atuava na vida das pessoas: (1) através do testemunho dos levitas, (2) através da atuação dos profetas e (3) através da atitude serviço de tanta gente.

a) Moisés: o testemunho de Deus através da ação dos levitas (Ex 34,6-7)

Moisés é levita, modelo para todos os levitas. Ele teve uma experiência profunda de Deus: "Javé passou diante de Moisés, proclamando: 'Javé, Javé! Deus de compaixão e piedade, lento para a cólera e cheio de amor e fidelidade. Ele conserva seu amor por milhares de gerações, tolerando a falta, a transgressão e o pecado, mas não deixa ninguém impune: castiga a falta dos pais nos filhos, netos e bisnetos'" (Ex 34,6-7). Este texto exalta e reafirma a misericórdia, a bondade e a compaixão de Deus; experiência que é retomada, em prosa e em verso, de muitas maneiras ao longo dos séculos, sobretudo nos salmos (Sl 57,4; 61,8; 72,13; 78,38; 85,11-13; 103,8; 111,4; 112,4; 116,5; 117,2; 145,8).

Como Moisés, os levitas devem experimentar e irradiar uma imagem de Deus, na qual prevaleçam, não o medo, mas sim a imensa compaixão, piedade e ternura de Deus no meio do povo. Os levitas não recebem terra como as outras tribos, pois a herança deles é o próprio Javé (Js 13,32-14,3; Dt 10,9; 1,1-2; Eclo 45,22); seu destino é ser a propriedade particular de Javé (Nm 3,11-13; Ex 13,11-16); sua missão, transmitir ao povo a Lei de Deus (*torá* hrwt) (Dt 33,9-10; 31,11; Ne 8,7). Pelo seu testemunho de vida, os levitas devem revelar o rosto de Deus e testemunhar no meio das tribos a presença libertadora de Javé que tirou o povo da escravidão do Egito.

Na época de Davi e Salomão, os levitas começaram a envolver-se nas tramas da luta pelo poder (2Sm 8,17; 1Rs 1,5-8; 1Rs 2,26-27) e se desviaram da sua missão como testemunhos do Deus vivo. Na reforma do rei Josias, os levitas foram obrigados a abandonar os pequenos santuários nos "lugares altos" e foram levados a Jerusalém para ajudar os sacerdotes no serviço do Templo (2Rs 23,8-9). Tornaram-se funcionários do sagrado. Muitos deles acabaram na pobreza, entregues à caridade do povo junto com os órfãos, as viúvas e os imigrantes (cf. Dt 14,27-29; 16,13-14; 26,12-13). Mesmo assim, apesar dos desvios, sempre de novo, ao longo dos séculos, o levitismo voltava à sua origem e renascia, tentando retomar sua missão original.

b) Isaías e Jeremias: através da ação e da palavra dos profetas (Is 6,1-13)

Através da experiência de Deus dos profetas, a Palavra de Deus se fazia presente no meio do povo de acordo com as características de cada profeta. Nenhum é igual ao outro: Elias, Amós, Miqueias, Oseias, Jeremias, Sofonias. Cada um tem a sua experiência de Deus que ele irradia no meio do povo. Eis a experiência de Deus em Isaías: "No ano que morreu o rei Ozias, eu vi o Senhor sentado num trono alto e elevado. A barra do seu manto enchia o Templo. De pé, acima dele, estavam serafins, cada um com seis asas: com duas cobriam o rosto, com duas cobriam os pés, e com duas voavam. Eles clamavam uns para os outros: 'Santo, Santo, Santo é Javé dos exércitos, a sua glória enche toda a terra'. Com o barulho das aclamações, os batentes das portas tremeram e o Templo se encheu de fumaça. Então eu disse: 'Ai de mim, estou perdido! Sou homem de lábios impuros e vivo no meio de um povo de lábios impuros, e meus olhos viram o Rei, Javé dos exércitos'" (Is 6,1-5). Este texto exalta e reafirma a Santidade de Deus, suas exigências e seu poder criador. Foi uma experiência tão forte que chegou a atravessar a escuridão da crise do cativeiro e retomou força e vigor na atuação dos discípulos e discípulas de Isaías, relatada no assim chamado Dêutero e Trito-Isaías (Is 40–66).

Por outro lado, profetas como Hananias, identificados com os interesses dos reis, combatiam publicamente os profetas como Jeremias (Jr 28,1-17; 14,13-16). Havia muitos falsos profetas (Jr 23,16-40; 26,14-16; 29,8-9). Graças ao apoio deles, os reis se fortaleciam junto ao povo como pessoas ungidas e apoiadas por Deus e, como outrora os faraós do Egito, criaram os direitos divinos do rei (cf. 1Sm 8,10-17) e tornavam-se a força opressora do povo legitimando tudo em nome dos seus ídolos. Os falsos profetas desnorteavam os reis com seus conselhos desabusados e acabaram sendo a causa da ruína que levou o povo para o cativeiro da Babilônia.

O desapontamento do povo com os (falsos) profetas chegou ao ponto de ninguém mais ter a coragem de assumir sua condição de profeta e chegavam a disfarçar a tonsura que os caracterizava como profeta (Zc 13,4-6). "Se alguém profetizar novamente, o pai e a mãe que geraram esse indivíduo vão dizer-lhe: 'Você não ficará vivo, porque falou mentiras em nome de Javé!'" (Zc 13,2-3).

c) Discípulos de Isaías: através do serviço gratuito ao povo (Is 42,1-9)

Os exilados judeus viviam desenraizados na imensidão do império babilônico. O único espaço de certa autonomia e liberdade que ainda sobrava para eles era o espaço familiar, o mundo pequeno da família, a "casa". Ora, foi exatamente neste espaço reduzido e enfraquecido da família, da "casa", que os discípulos e as discípulas de Isaías reencontraram a presença amorosa de Deus. A nova imagem de Deus reflete este ambiente familiar, pois Deus é apresentado por eles como *Pai* (Is 63,16; 64,7), como *Mãe* (Is 46,3; 49,15-16; 66,12-13), como *Marido* (Is 54,4-5; 62,5), como parente próximo (ou *irmão mais velho*) (Is 41,14; 43,1). Imagens de família! Eles, por assim dizer, *humanizaram a imagem de Deus e sacralizaram a vida como o espaço do reencontro com Deus*.

Foi neste ambiente de família no meio do terrível cativeiro que eles redescobriram o sentido da sua missão: ser povo de Deus, eleito por Ele, não para aparecer e dominar, mas sim para servir e testemunhar. Eles chegaram a elaborar cinco pequenos cânticos para descrever a missão do Servo de Javé: em que consiste esta missão (Is 42,1-9); como descobri-la (Is 49,1-6); como executá-la (Is 50,4-9); qual o destino dos que são fiéis até o fim a esta missão (Is 52,13–53,12); e no fim um breve resumo da missão do Servo, que foi retomado por Jesus na sinagoga de Nazaré (Is 61,1-2; Lc 4,18-19).

Os discípulos e as discípulas de Isaías não só falavam sobre Deus, mas também o revelavam. Eles comunicavam algo daquilo que eles mesmos viviam. A Palavra de Deus se fazia presente nessa atitude de serviço. O povo se dava conta de que o Deus dos discípulos era diferente do deus da Babilônia, diferente também da imagem de Deus que eles ainda carregavam na memória, desde os tempos da monarquia, de antes da destruição do Templo.

Depois do cativeiro desaparece a profecia na sua forma clássica, mas não desaparece o espírito profético. Mesmo abafado pela ambiguidade da ideologia oficial, ele continuava vivo na alma do povo como fonte subterrânea de resistência e, sempre de novo, de maneira variada, levantava a cabeça e manifestava sua presença nas novelas populares (Rute, Ester, Judite, Jonas), na literatura sapiencial (Jó, Cântico dos Cânticos, Eclesiastes e trechos de Provérbios, Eclesiástico e Sabedoria), nas celebrações e romarias (muitos salmos), no movimento apocalíptico (Daniel).

Assim, ao longo da história do povo da Bíblia, estas duas maneiras de interpretar o rumo da Palavra de Deus na vida, a humanizadora e a poluidora, como joio e trigo, atuavam juntas, misturadas entre si. A ambiguidade permeava tudo, mas no fim, em Jesus, a força da palavra criadora e humanizadora acabou vencendo, derrotando a força poluidora do império e da religião oficial que queriam derrotar Jesus. É a ressurreição: versão neotestamentária da ação criadora da Palavra de Deus.

6. A ação da Palavra de Deus em Jesus

Em Jesus, a palavra se fez carne e começou a morar no meio de nós (Jo 1,14). O processo da encarnação começou com o sim de Maria ao anjo (Lc 1,37) e terminou com o último sim de Jesus na Cruz: "Tudo está consumado!" (Jo 19,30). A respeito do gesto final de Jesus na cruz, Lucas informa: "Quando chegaram ao chamado 'lugar da Caveira', aí crucificaram Jesus e os criminosos, um à sua direita e outro à sua esquerda. E Jesus dizia: 'Pai, perdoa-lhes! Eles não sabem o que estão fazendo!'" (Lc 23,33-34).

Nestas poucas palavras relatadas por Lucas transparece algo da maior revelação da humanidade e da divindade de Jesus. O soldado, empregado do império, prende o pulso de Jesus no braço da cruz, coloca um prego e começa a bater. Dá várias pancadas. O sangue espirra. O corpo de Jesus se contorce de dor. O soldado, bruto e ignorante, alheio ao que está fazendo e ao que está acontecendo ao redor, continua batendo como se fosse um prego na parede da sua casa para pendurar um quadro. Neste momento Jesus dirige ao Pai esta prece: "Pai, perdoa! Eles não sabem o que estão fazendo!" (Lc 23,34). A crucifixão, castigo cruel inventado em nome das divindades do Império Romano, tinha por objetivo provocar a total desumanização da vítima. Porém, por mais que quisessem, a desumanidade dos perseguidores não conseguiu apagar em Jesus a humanidade. Eles o prenderam, xingaram, cuspiram no rosto, deram soco na cara (Mt 26,67), fizeram dele um rei-palhaço com coroa de espinhos na cabeça (Lc 23,11; Mt 27,27-30), flagelaram, torturaram (Mc 15,15-19), fizeram-no andar pelas ruas como um criminoso, teve que ouvir os insultos das autoridades religiosas (Mt 27,39), no calvário o deixaram totalmente nu à vista de todos e de todas (Mc 15,24). Mas o veneno desta desumanidade agressiva não conseguiu alcançar a fonte da resistência que brotava de dentro de Jesus. A força da palavra criadora vence e derrota a força da palavra desintegradora. Olhando aquele soldado ignorante e bruto, Jesus teve dó do rapaz e rezou por ele e por todos nós: "Pai, perdoa!". E ainda arrumou uma desculpa: "São ignorantes. Não sabem o que estão fazendo!". Diante do Pai, Jesus se fez solidário com aqueles que o torturavam e maltratavam. Era como o irmão que vem com seus irmãos assassinos diante do juiz e ele, vítima dos próprios irmãos, diz ao juiz: "São meus irmãos, sabe! São uns ignorantes. Perdoa. Eles vão melhorar!". Era como se Jesus estivesse com medo que o mínimo de raiva contra o rapaz que o matava pudesse apagar nele o último restinho de humanidade que ainda sobrava nele. Este gesto incrível de humanidade e de fé na recuperação do ser humano foi a maior revelação da força do amor criador que a Palavra de Deus irradia. Jesus pôde morrer: "Está tudo consumado!". E inclinando a cabeça, entregou o espírito (Jo 19,30). Foi a ressurreição já em andamento. No ato mesmo de morrer venceu a morte!

7. Os dois livros de Deus: vida e Bíblia

Santo Agostinho retomou tudo isto na comparação dos dois livros: Deus escreveu dois livros. Como já afirmava o Salmo 19, o primeiro livro de Deus não é a Bíblia, mas sim a natureza, a criação, a vida. É através do *Livro da Natureza* ou *da Vida* que Deus quer falar conosco. Tudo que existe é a expressão de uma palavra divina. Cada ser humano é uma palavra ambulante de Deus, uma imagem de Deus (Gn 1,27). Já não nos damos conta de estarmos vivendo no meio do livro de Deus e de cada um de nós ser uma página viva deste livro divino.

Agostinho diz que foi o pecado que nos fez perder o olhar da contemplação. Isto é, nossa mania em querer dominar tudo, tratar tudo como se fosse mercadoria e achar que somos donos de tudo. Perdemos a capacidade de admirar. As letras do primeiro livro se atrapalharam e a humanidade já não consegue descobrir a fala de Deus no *Livro da Vida*.

Por isso, assim dizia Agostinho, Deus escreveu um segundo livro, que é a Bíblia. A Bíblia foi escrita para ajudar-nos a entender melhor o Livro da Vida e da Natureza e descobrir nele os sinais da Palavra de Deus. A Bíblia nos devolve o olhar da contemplação e nos ajuda a decifrar o mundo. Faz com que o Universo se torne novamente uma revelação de Deus, e volte a ser o que é e deve ser, o *Primeiro Livro de Deus* para nós.

Como é que Deus faz isso? Como é que a Bíblia foi escrita? O texto da Bíblia não caiu pronto do céu. Nasceu aos poucos, ao longo dos séculos, como fruto de um demorado processo de busca e de interpretação da vida, da história, da natureza. Impelido pelo desejo de encontrar Deus, o povo foi descobrindo os sinais da presença escondida de Deus na vida e, dentro dos critérios da sua cultura, transmitia-os para as gerações seguintes. Assim foi nascendo a Tradição Viva do povo de Deus. No fim, escreveram todas as suas descobertas num livro. Este livro é a Bíblia. A Bíblia traz o resultado da leitura que o povo hebreu conseguiu fazer da vida, da história e da natureza para descobrir nelas os apelos de Deus. Este *Segundo Livro de Deus* (a Bíblia) ajudou o povo a descobrir e a entender melhor o *Primeiro Livro de Deus* (a Vida, a Natureza).

8. A revolução da ciência: um desafio para os dois livros de Deus

São dois os livros de Deus: a Natureza (Vida) e a Bíblia, que nos transmitem a Palavra de Deus. Os dois são importantes. Mas, hoje, estes dois livros estão diante de um desafio muito grande. Em toda a história da humanidade nunca houve uma época com tantas mudanças em tantos níveis diferentes da vida, em tão pouco tempo e com tanta profundidade como nestes últimos cem anos. A ciência está revelando coisas novas na vida, na natureza, no universo (no *Primeiro Livro de Deus*), coisas que nem nossos antepassados, nem a Bíblia, nem mesmo Santo Agostinho, jamais poderiam ter imaginado. Por causa destas descobertas da ciência, a concepção que hoje temos do universo é radicalmente diferente do tempo em que viviam Santo Agostinho e o povo da Bíblia.

A Terra já não é mais o centro do universo. O Sol não passa de uma pequena estrela, perdida na periferia da nossa galáxia, chamada Via Láctea, que tem mais de cem bilhões de estrelas. Hoje, são tantas as coisas novas descobertas e reveladas através da pesquisa científica, que a gente se pergunta seriamente: Quem é que está nos ajudando a entender melhor as coisas de Deus no *Livro da Natureza*: a Bíblia, como ensinava Santo Agostinho, ou a pesquisa científica? Muita gente conclui sinceramente: é a pesquisa científica.

Por isso, muitos perguntam: Então o que fazemos com a Bíblia e com a sua cosmovisão ultrapassada? Como ela pode ajudar-nos a interpretar este universo imenso de novos conhecimentos e possibilidades, que a ciência descortina diante de nós? Muitos já nem conseguem mais ler a Bíblia. Cada vez que leem um trecho da Bíblia, deparam-se com a pergunta incômoda: Será que foi assim mesmo?

Aqui vale a pena retomar uma palavra de Clemente de Alexandria, um sábio africano do século IV da cidade de Alexandria no norte do Egito. Ele dizia: "Deus salvou os judeus judaicamente, os gregos, gregamente, os bárbaros, barbaramente". E podemos continuar: "Os brasileiros, brasileiramente; os argentinos, argentinamente; os latinos, latinamente" etc. Assim como os judeus, os gregos e os bárbaros, cada um no seu tempo e na sua cultura, foram capazes de descobrir os sinais da Palavra de Deus em suas vidas, assim nós estamos sendo desafiados a fazer hoje o mesmo que eles fizeram no seu tempo, a saber: descobrir a presença divina dentro da nossa realidade. A síntese antiga que nos orientou nos últimos vinte séculos já não serve mais. É necessário elaborar uma nova síntese. Isto exige (1) superar o fundamentalismo que toma tudo ao pé da letra, (2) superar as imagens ultrapassadas de Deus que nos impedem de perceber sua presença e (3) não fugir da pergunta fundamental que a vida levanta: Qual o sentido da vida? Deus, onde estás?

a) Superar o fundamentalismo que toma tudo ao pé da letra

Há pessoas que, em nome da ciência, rejeitam a Bíblia como livro infantil. Há outras que, em nome da Bíblia, rejeitam a ciência, negam a evolução e dizem: "Prefiro ser criatura de Deus a ser neto de macaco!". Os dois tomam a Bíblia ao pé da letra: o primeiro para dizer que a Bíblia só serve para crianças, e o outro para dizer que a Bíblia condena a ciência. Nenhum dos dois foi capaz de descobrir a mensagem de vida, encerrada na letra da Bíblia. A visão fundamentalista da letra matou neles a possibilidade de descobrir o sentido verdadeiro, escondido na letra. Dizia o apóstolo Paulo: "A letra mata. É o Espírito que dá vida à letra" (2Cor 3,6). Por mais que invoquem ou neguem a ciência, eles não souberam usar a ciência que poderia ajudá-los a descobrir o sentido que existe dentro da letra. O fundamentalismo é inimigo da verdade. Devemos estudar a letra, a linguagem, o estilo, a expressão literária, o contexto histórico e procurar descobrir a intenção, o fio da meada, as convicções de fé que nelas se expressam.

b) Superar a imagem ultrapassada de Deus em nós

O problema de fundo está no olhar com que olhamos a vida e a realidade. Uma comparação: João teve que ir à rodoviária receber a irmã do tio do pai dele. Visto que ele não conhecia a pessoa, deram a ele uma foto. Quando chegou o ônibus, João, fotografia na mão, foi conferindo as pessoas. Só um pequeno detalhe. A foto era de 40 anos atrás. Por último, sai do ônibus uma senhora de idade. João pergunta, mostrando a foto: "Por acaso, a senhora viu se esta moça estava no ônibus?". Ela olhou, sorriu e disse: "Sou eu!". João olhou a pessoa, conferiu com a foto e disse: "A senhora pode enganar os outros, mas não a mim!". Deixou a dona na rodoviária, voltou para casa e disse: "Pai, ela não chegou, não. Acho que perdeu o ônibus!". Foi a foto antiquada que impediu a João de reconhecer a tia na rodoviária.

Nós temos muitas fotos antiquadas de Deus na cabeça que bloqueiam tudo e nos impedem de reconhecê-lo na rodoviária da vida. Há pessoas que identificam Deus com a imagem que dele têm na cabeça. Não permitem que alguém a coloque em dúvida. Elas não se dão conta de que toda imagem de Deus é apenas uma imagem, uma metáfora, um símbolo, mas não é Deus. Deus é maior. Ele não pode ser identificado com nenhuma imagem, seja qual for (1Tm 6,16). Ultrapassa tudo que nós possamos imaginar. O fundamentalismo é uma tentativa de obrigar Deus a ser como nós o queremos para nós. E não é só isto! Há algo mais. E aqui chegamos ao *desafio maior*, à pergunta fundamental que hoje nos provoca.

c) Não fugir da pergunta fundamental: "Deus, onde estás?"

Para além do texto bíblico, para além das imagens tradicionais de Deus, e também para além das conclusões da ciência, existe nos povos e em todos nós uma intuição teimosa que sempre renasce, mesmo quando abafada por uma ciência imatura ou por um dogmatismo religioso autossuficiente. Trata-se de uma intuição mística, *anterior* a tudo que fazemos na ciência ou na religião. De vez em quando, em certos momentos da vida, esta intuição se faz sentir também dentro de cada um de nós. Voz silenciosa, frágil, sem palavras, nascida há mais de 13 bilhões de anos, que agora sobe do fundo do inconsciente coletivo da humanidade e nos diz: "Deus existe, ele está conosco, ele nos ouve; dele dependemos, nele vivemos, nos movemos e existimos. Somos da raça do próprio Deus" (cf. At 17,28). E o coração humano responde murmurando: "Sim, Tu nos fizeste para ti, e o nosso coração estará irrequieto até que não descanse em Ti!"

Escreveu Alberto Einstein: "O mais bonito e o mais profundo que o ser humano pode experimentar é sentir algo do mistério. É isso que está na origem da religião e de toda a aspiração mais alta da arte e da ciência. Quem nunca experimentou isto, me parece ser, não digo como um morto, mas como um cego". Ele disse ainda: "Religião sem ciência é aleijada; ciência sem religião é cega".

Este desejo difuso e universal de Deus é onde a Palavra Criadora nasce do silêncio e, sem usar palavra nem som, invade a natureza, a caminhada do povo e a vida das pessoas. Este murmúrio da alma faz parte do *Primeiro Livro de Deus*, faz parte da vida, da natureza, e pede uma resposta urgente, pois a ambiguidade, as contradições da vida, os conflitos atuais e a própria ciência, às vezes, levam a dizer o contrário. Bento XVI, quando visitou o campo de concentração de Auschwitz, onde os nazistas com o uso da ciência mataram milhões de judeus nos crematórios, ficou em silêncio e disse: "Deus, onde estavas Tu?". Castro Alves, diante do comércio de escravos que desintegrou o continente africano e matou milhões de seres humanos, gritou: "Deus, onde estás?". Diante da falta de testemunho dos cristãos, Nieztsche dizia: "Onde está o Deus de vocês? A vida de vocês é a prova de que Ele não existe!". Diante do terremoto no Haiti e diante daquelas imagens terríveis que a TV divulgou pelo mundo, acho que todos nós ficamos com a pergunta: "Deus, onde estás?" Gagarin, o primeiro cosmonauta russo, que fez a volta ao redor da Terra, disse ao voltar aqui em baixo: "Não encontrei Deus lá no céu!".

Hoje, mais do que nunca, em cada nova geração que nasce na face da Terra, estas mesmas perguntas sempre renascem e levantam a cabeça em busca de uma resposta: Por que existimos? Quem nos fez? Quem é Deus? Qual o sentido da nossa vida? Deus, onde estás? As imagens de Deus mudam, devem mudar, para que não nos impeçam de descobrir Deus na vida. É urgente a proposta de Santo Agostinho: reaprender a ler a natureza e a vida com a ajuda da Bíblia.

Muito mais do que os judeus, os gregos e os bárbaros no passado temos nós hoje razões de sobra para dizer: "Senhor nosso Deus, a tua presença irrompe por toda a terra. O universo inteiro canta a tua glória!". Mais do que nunca somos provocados a retomar o *Segundo Livro de Deus* para, por meio dele, redescobrir a presença amorosa e criadora de Deus em tudo que existe. Pois esta é e continua sendo a ajuda que a Bíblia, o Segundo Livro de Deus, pode, quer e deve dar para que possamos compreender melhor o Primeiro Livro de Deus, o Livro da Vida. E esta ajuda depende não só da pesquisa científica, mas também e sobretudo da renovação interior da nossa fé e do testemunho comunitário da Boa-Nova de Deus que Jesus nos trouxe.

9. Conclusão

Ciência e fé, quando verdadeiras, nos levam a ser humildes, a não pretender que nosso saber e nossa religião sejam melhores que o saber e a religião dos outros. Elas nos ajudam a aprofundar nossa maneira cristã de experimentar Deus na vida e na natureza para que possamos expressá-la e partilhá-la com os outros que pensam diferente de nós e, assim, enriquecer-nos mutuamente. Nesta partilha, talvez cheguemos a ter a mesma experiência que Jesus teve no contato com pessoas de outra raça e de outra religião: "Eu declaro a vocês que nem mesmo em Israel encontrei tamanha fé" (Lc 7,9). Jesus aprendeu dos pagãos, e os elogiou.

Tudo isto aconteceu com o Povo da Bíblia do qual nós cristãos somos um dos herdeiros. Mas nós cristãos não somos os únicos seres humanos que sentem no coração a busca de Deus. O mesmo acontecia e continua acontecendo com os povos, por exemplo, da Ásia e da África ou com os índios aqui da América Latina. Todos os povos de todos os tempos, de todas as culturas e religiões, ao longo de suas histórias, foram buscando e descobrindo os traços de Deus no *Livro da Vida*, cada um do seu jeito e de acordo com a sua cultura. E, como o povo da Bíblia, assim todos eles procuravam formas para expressar suas crenças e convicções em mitos e ritos, em doutrinas e histórias, em normas e leis, em livros e monumentos, em celebrações e orações, em imagens e símbolos de Deus, para que nada se perdesse da riqueza desta sabedoria acumulada ao longo dos séculos.

Não se trata de um povo pensar ou pretender que a sua tradição religiosa seja melhor do que a dos outros, ou de um povo querer converter o outro povo para a sua religião. Não! Pelo contrário! No ano 2000, em Jerusalém, houve um encontro de oração pela paz em que participaram os três representantes máximos dos judeus, dos cristãos e dos muçulmanos. Estavam aí o grão Rabino dos judeus, o Papa dos cristãos católicos e o delegado do representante máximo dos muçulmanos. Os três representando em torno de três bilhões de seres humanos! Quase a metade da humanidade! Cada um fez uma breve exposição sobre o significado daquele encontro orante pela paz. O Papa João Paulo II disse uma coisa muito simples e muito esclarecedora. Ele disse: "Estamos aqui não para um converter o outro para a sua religião. Não! Estamos aqui, isto sim, para aprender uns dos outros como louvar a Deus, como servir o próximo e para ver como, juntos, podemos defender a Paz e nunca usar a fé em Deus para legitimar massacres e guerras".

Cada tradição religiosa tem muito a aprender e a ensinar uma à outra. Importante é ter uma atitude humilde de diálogo e de partilha diante do grande mistério de Deus e da Vida.

CAPÍTULO VII

Trindade, mistério de comunhão e comunicação

Vera Ivanise Bombonatto e
Fernando Altemeyer Junior

No contexto atual, caracterizado pela cultura da comunicação e pela busca insistente de modelos de comunicação, está se tornando familiar, não somente no âmbito da teologia, mas também da comunicação, a descoberta de que Jesus Cristo, durante sua permanência na terra, se manifestou como Comunicador Perfeito.[1] Esta constatação nos introduz no cerne da relação entre estas duas áreas, complexas e extremamente ricas, do saber humano, a teologia e a comunicação e, ao mesmo tempo, nos coloca diante de um enorme desafio. Se Jesus Cristo é o comunicador por excelência, consequentemente temos que buscar na sua pessoa, nos seus ensinamentos e na sua prática o referencial e o modelo para a nossa comunicação. Nossa comunicação será, então, pautada no seguimento de seus passos, como discípulos seus. Ele nos revela a Trindade, no seu mistério de comunhão e comunicação. A partir dele, podemos refletir e construir uma teologia da comunicação.

Para compreender o alcance desta relação entre teologia e comunicação, é indispensável situá-la no contexto histórico da fé cristã. Desde o alvorecer do Cristianismo, a pessoa de Jesus Cristo constitui o centro por excelência da experiência de fé e a novidade que questiona e desestabiliza a religião vigente. O Deus cristão é Trindade: Pai, Filho e Espírito Santo e, na plenitude dos tempos, se revelou em Jesus de Nazaré. A história da Revelação de Deus ao seu povo narra a comunicação de Deus com o seu humano, feita de acontecimentos e

---

[1] COMISSÃO PONTIFÍCIA PARA AS COMUNICAÇÕES SOCIAIS, *Communio et Progressio*, n. 11.

de palavras.[2] E essa autocomunicação de Deus atinge o seu vértice e sua plenitude em Jesus de Nazaré.

Por conseguinte, no mistério primordial da intercomunicação eterna entre Pai, Filho e Espírito Santo, a comunicação humana encontra seu fundamento. Jesus Cristo, Comunicador por excelência, revela-nos este segredo desta dinâmica comunicativa, que precisamos acolher e aprofundar.

1. A ciranda comunicativa

Ao contemplarmos extasiados a beleza do universo, percebemos que cada uma das criaturas possui, de modo único e singular, uma força dinamizadora que a coloca em profunda relação consigo mesma, com as demais criaturas e com o seu Criador, aberta ao diálogo e em busca da comunhão plena e total. Essa força, recebida do Criador no ato da criação, é a capacidade comunicativa. No universo, os seres, desde os minúsculos até os gigantes, e os diferentes sistemas, em misteriosa harmonia, formam uma ciranda comunicativa, cujo centro é o próprio Criador.

a) Deus fala e intervém no caos

Os primeiros capítulos do livro do Gênesis narram, de forma poética, a história da Criação como primeiro gesto comunicativo de Deus, germe e cenário de todas as outras comunicações que vão acontecendo ao longo da história. No começo dos tempos, está a Palavra criadora de Deus, expressão de sua vontade livre. Deus comunica sua palavra, e o que ele diz é criado. Ele age por meio de sua palavra e nada resiste ao seu mandato: ao ouvir o som da sua palavra amorosa, a vida desabrocha exuberante. Surgida da Palavra eficaz pronunciada por Deus, a Criação é expressão de seu amor, de sua livre vontade e decisão soberana.

Deus cria com inteligência e amor, deixando impresso em todas as realidades criadas seus traços divinos. Na Criação, a palavra pronunciada é também uma intervenção. Deus fala e intervém no caos, organiza-o e chama os seres à existência, tirando-os do nada. E os seres recebem do Criador o dom de estar em relação comunicativa consigo mesmo, com os outros e com o próprio

---

[2] CONCÍLIO VATICANO II, *Dei Verbum*.

Deus. Por conseguinte, a palavra é a porta por meio da qual Deus entra, solene e misteriosamente, no universo. A Criação inteira é uma admirável lição de comunicação, e o universo é um hino ao Criador, um cântico de glória, um louvor perene.

Pronunciar uma palavra é voltar-se para alguém, é estabelecer com ele uma relação. Quando Deus dirige a sua palavra para o abismo do nada, a Criação começa a existir e recebe o dom de estar em relação comunicativa com seu Criador. Nessa relação estão o sentido e a dignidade da Criação.

Dirigir uma palavra a alguém é aguardar uma resposta, é iniciar um diálogo, abrindo canais de participação. Pela força da palavra, a Criação é aberta e participativa. A palavra interpela e espera resposta, chama à escuta, à obediência, à fé, à ação.

O Criador é, antes de tudo, Pai. De sua paternidade amorosa tudo tem origem. A criação é obra da Trindade: o Pai cria, por meio do Filho, com a presença materna do seu Espírito. O universo e todas as criaturas cantam um hino de glória e louvor perene à Trindade Santa. Por isso, o salmista exclama: "Os céus cantam a glória de Deus, o firmamento anuncia a obra de suas mãos" (Sl 19[18],1).

b) Seres humanos: interlocutores de Deus

Dentre todas as criaturas visíveis, emerge o ser humano: a narrativa bíblica o coloca no centro e no vértice da hierarquia dos seres criados. Somente o ser humano é capaz de conhecer e de amar o seu Criador e é a única criatura que Deus quis para si mesma. Somente o ser humano é chamado a codividir a vida com Deus no conhecimento e no amor. Por conseguinte, por causa de sua inteligência e de sua capacidade de amar, o ser humano é imagem e semelhança de Deus, reflexo da relação de conhecimento e de amor que constituem a vida e a comunicação intratrinitária. Inteligência e amor são constitutivos da imagem de Deus no ser humano.

Entre Deus e o ser humano, torna-se possível a comunicação, sendo o ser humano criado para a convivência e a comunhão. Por isso, a comunicação está no centro do chamado e da vocação do ser humano. A história judaico-cristã é a história de um diálogo entre Deus e o ser humano, em que Deus toma a iniciativa por meio da criação e ao ser humano cabe a resposta por meio da fé. Este fato confere alto valor teológico também à comunicação humana; antes, podemos dizer que a experiência e a prática da comunicação humana se aproximam da experiência do conhecimento do ser intratrinitário. Podemos afirmar que a comunicação com a divindade é a vocação por excelência sobrenatural do ser humano, a qual se torna possível mediante a revelação e a fé.

Deus cria o ser humano à sua imagem e semelhança; é a comunicação mais profunda, fruto do amor que torna semelhantes, que comunica a própria vida. A criação do ser humano é o momento em que a Palavra adquire maior intensidade, se personaliza e se converte em diálogo. Deus cria um interlocutor.

Ser interlocutor de Deus é ter o privilégio de dialogar com o próprio Criador. Diálogo feito de silêncio fecundo, de escuta ativa e de palavras sábias. É trazer no próprio ser a marca indelével da comunicação divina e, portanto, ser vocacionado à sublime e inefável comunicação-comunhão.

Deus cria o ser humano à sua "imagem e semelhança", dotado de inteligência e vontade livre, capaz de conhecer e de amar, responsável diante do universo. O ser humano é reflexo da inteligência, da vontade e do amor que constitui a natureza da vida e da comunicação trinitária. Ser imagem de Deus é um dom que exige compromisso e empenho em tornar-se semelhante a ele.

A capacidade de falar é a nota característica da comunicação do ser humano, interlocutor de Deus e protagonista de sua história. A história da salvação será uma história de comunicação.

Fruto da Palavra comunicativa de Deus, o ser humano vai tomando consciência de sua identidade comunicando-se. A arte de comunicar-se é um aprendizado progressivo que exige confronto com a alteridade, capacidade de acolher o diferente. É uma encruzilhada em que estão em jogo experiências profundas de amor e de ódio, de comunhão e de solidão que levam à maturidade pessoal e à comunhão ou ao isolamento, expressão mais radical do fracasso humano.

A pessoa humana vai construindo sua identidade na relação com os seus semelhantes. Realiza-se progressivamente, à medida que vive o diálogo e a doação para com o próximo. Sente nostalgia de poder se comunicar profunda e autenticamente. Essa marca que trazemos dentro de nós é o reflexo daquele que nos criou.

A verdadeira comunicação, que está na raiz do ser pessoa, é uma ponte de mão dupla entre o eu e o tu, entre o eu e o próximo, entre o eu e o transcendente. Para desabrochar, tem necessidade de tempo, de espaço, de sentir-se bem por estar junto, de sentir a vida palpitar.

c) Deus cria comunicando vida

A palavra criadora de Deus é, ao mesmo tempo, palavra comunicadora de vida. Deus cria chamando as criaturas à vida. E elas respondem e começam a existir. A comunicação divina é geradora de alegria, de plenitude, de gozo, de vida em abundância. A incomunicação é geradora de tristeza, de abandono, da solidão, da morte.

Desde a sua origem, existe uma relação, íntima e profunda, entre comunicação e vida. A comunicação que não gera a vida, que não defende a vida onde quer que ela esteja ameaçada, que semeia a discórdia e a violência, é uma contradição, porque está contra a própria essência da comunicação.

A comunicação de Jesus, perfeito comunicador, gera vida nova. Ele luta contra todos os males que oprimem a vida. Ele afirmou: "Eu vim para que todos tenham vida e a tenham em abundância" (Jo 10,10). A comunicação que promove, desenvolve e realiza a pessoa tem seu ponto de referência em Cristo, Palavra viva e eficaz.

d) A história da comunicação de Deus com os seres humanos

Deus não só cria comunicando vida, mas mantém uma perene comunicação com suas criaturas. O diálogo de Deus com a humanidade que tem início na criação se prolonga, na história da salvação, tendo momentos de crise e de constantes retomadas, sustentadas pelo incansável amor comunicativo de Deus.

A Bíblia pode ser lida como a história da comunicação entre Deus e os seres humanos e dos próprios seres humanos entre si, no esforço ininterrupto de compreender os caminhos de Deus e de superar os obstáculos para a realização de seu projeto de amor.

Revelação, aliança e profecia são três coordenadas da comunicação na história da salvação.

A essa comunicação de Deus que sai do seu mistério e vem ao encontro do ser humano, estabelecendo com ele um diálogo de amor em vista da salvação, chamamos de revelação. Ela acontece na história, lugar privilegiado da manifestação do agir de Deus. A história da salvação é a progressiva revelação de Deus ao seu povo. Deus se comunica ao ser humano, convidando-o a participar de sua vida divina e a estabelecer com ele comunhão plena e total. A comunicação é parte integrante e essencial da revelação cristã.

As sucessivas revelações de Deus conduzem à aliança, compromisso que envolve as duas partes: Deus e o ser humano, na qual a comunicação se converte em comunhão. Na aliança, Deus, que é fiel, se compromete e exige uma resposta comprometida por parte do ser humano.

Quando o povo se desvia dos caminhos do Senhor, Deus suscita profetas com a missão de denunciar o pecado, que é a ruptura da comunicação e da comunhão de Deus. A profecia, presente na história da salvação, reafirma a fidelidade de Deus e convoca do povo a conversão.

A comunicação de Deus é eficaz e cumpre seus objetivos:
- Deus se comunica para salvar.
- Deus se comunica para dar uma Lei.
- Deus se comunica para estabelecer aliança e fazer promessas.
- Deus se comunica para revelar o seu amor.
- Deus se comunica, por meio de seu Filho Jesus, e revela seu rosto terno e misericordioso.

A pedagogia comunicativa de Deus expressa na história da salvação tem algumas características particulares: a iniciativa é de Deus, que age com gratuidade e liberdade, comunicando-se de forma dialógica, pessoal, histórica, progressiva e inculturada.

A realidade histórica é o lugar onde acontecem a revelação e a salvação. Deus se faz presente na história do seu povo e caminha à sua frente. O amor do Pai se revela na história. Trata-se de ver a realidade com os olhos da fé e movidos por um coração compassivo e misericordioso.

Toda autêntica comunicação interpessoal nasce do mistério do Pai, do Filho e do Espírito Santo, em incessante diálogo, a partir do qual, no qual e pelo qual o homem e a mulher foram criados. A Trindade está sempre em comunhão entre si e com os outros, por isso é mestra e mãe da comunicação. Toda criatura humana traz em si a marca da Trindade, que a criou. Esta marca se manifesta na capacidade e na necessidade de estabelecer relação com os outros, de comunicar-se.

2. Trindade: fundamento da comunicação

Em Deus Trindade, a mais perfeita unidade e a mais rica pluralidade coincidem: um só Deus e três pessoas. Deus é único, mas não solitário. As três pessoas são distintas entre si por suas relações de origem: o Pai gera o Filho, o Filho é gerado, e o Espírito Santo procede de ambos. Entre as três pessoas há uma relação de comunhão, e a unidade reside na comunicação que existe entre elas.

A vida intratrinitária é uma profunda e inexaurível comunicação entre as pessoas divinas. O Pai, no seu inefável mistério de amor, gera o Filho, comunicando-lhe tudo o que é e possui. O Filho volta-se eternamente para o Pai, entregando-se a ele na perfeita obediência. Ele é a face do Pai: recebe do Pai o seu ser e conduz todos os seres ao Pai. Jesus mesmo refere-se muitas vezes à sua relação com o Pai: "Eu estou no Pai e o Pai está em mim" (Jo 14,11).

Por força de sua relação filial, Jesus revela, de modo único e singular, o Pai e comunica a novidade do seu rosto misericordioso, por meio do anúncio do Reino, presente em nosso meio na sua própria pessoa. O Espírito Santo procede do Pai e do Filho, é dom perfeito e pessoal do diálogo de amor entre o Pai e o Filho. "Eu rogo ao Pai e ele vos dará outro Paráclito, para que permaneça convosco para sempre, o Espírito de Verdade" (Jo 14,16-17).

Elemento fundamental da comunhão intratrinitária é o fato de que a união entre as pessoas divinas não suprime as diferenças e a individualidade própria de cada uma. Antes, as diferenças são pressupostos da união. Por meio da comunhão recíproca, as três pessoas divinas constituem o único Deus Amor. E o amor é e será sempre um grande e inexaurível mistério de comunhão. O amor infinito do Pai por nós se torna visível e experimentável no amor demonstrado por Jesus a todos e comunicado a todos. Jesus comunica, de maneira definitiva e inequívoca, o rosto de Deus uno e trino, no qual a unidade não significa solidão, e a multiplicidade não significa dispersão.

As palavras de Jesus deixam transparecer a comunicação e a comunhão profundas no seio da Trindade que estão na raiz de toda comunicação humana. O processo de comunicação que se realiza na intimidade das três pessoas divinas se expande envolvendo o ser humano, vocacionado a participar desse fluxo comunicativo num grande abraço que inclui todos os seres criados. Todos são chamados a tomar parte desse grande fluxo comunicativo.

A pessoa humana é comunicação, palavra e imagem; comunicando-se, dá e recebe, interage e vive desse intercâmbio fecundo. Somente a partir do mistério da comunhão trinitária é possível perceber a sublime vocação do ser humano à comunicação e compreender o verdadeiro significado e o valor da comunicação humana.

3. Jesus, comunicador por excelência

Jesus, que declarou ser o Caminho, a Verdade e a Vida (cf. Jo 14,6), é a plenitude da comunicação entre Deus e a humanidade. Sua vida, missão, morte e ressurreição encerram o mais perfeito e eficaz modelo de comunicação de todos os tempos e lugares. Ele é o sacramento do encontro do ser humano com Deus.

Em Cristo Jesus se sintetizam todos os elementos que constituem o processo comunicativo. Ele é, ao mesmo tempo, emissor, código, conteúdo, meio, mensagem e receptor. E nessa contemporaneidade Jesus não revelou um conjunto de verdades abstratas. A sua comunicação foi uma comunicação interpessoal plena e ao mesmo tempo, informativa, provocativa.

a) Jesus, Deus conosco

Jesus não se limitou a estabelecer uma simples relação entre Deus e a humanidade por meio de palavras e gestos, mas ele mesmo, assumindo a natureza humana, torna-se Palavra viva e eficaz e personaliza essa relação; ele é o próprio mediador que está contemporaneamente diante do Pai, como Filho e junto à humanidade como irmão.

Jesus não é apenas alguém que fala palavras sublimes sobre Deus, não é somente aquele que leva a mensagem de Deus, mas ele mesmo é, na plenitude do seu ser, a Palavra eterna de Deus que se fez um de nós; ele é a própria mensagem encarnada.

Desse modo, Jesus não é apenas o ponto de encontro entre o divino e o humano; ele é o Deus conosco e possibilita uma comunicação autêntica entre Deus e o ser humano, é a garantia de uma tradução perfeita da vontade e do amor divinos em termos humanos. Assim, podemos dizer que ele é, ao mesmo tempo, *código do Pai* que torna visível seu rosto eterno e misericordioso; e *decodificador* do projeto do Pai para nós. Nele se realiza um processo de transcodificação do pensamento divino no nível da linguagem humana.[3]

A partir da encarnação do Verbo, a experiência de fé comunicacional acontece no cotidiano: na corporeidade, na fragmentação, no provisório, na ambiguidade.

Como Palavra encarnada, Jesus comunica ao ser humano a vida que ele recebe do Pai. A comunicação de Jesus não foi simples manifestação dos pensamentos da mente ou expressão dos sentimentos do coração, mas verdadeira e profunda doação de si mesmo.

b) A comunicação de Jesus com o Pai na oração

No misterioso diálogo orante, Jesus discerne a vontade do Pai e encontra coragem e força no serviço missionário em favor do ser humano. Há nele um espaço destinado à morada do Pai. O evangelista Lucas sublinha a fidelidade de Jesus comunicando-se com o Pai em atitude de oração:

> Ele, porém, se retirava para lugares desertos, onde se entregava à oração (Lc 5,16).
> Jesus foi à montanha para orar. Passou a noite toda em oração a Deus (Lc 6,12).
> Jesus estava orando a sós (Lc 9,18).
> Jesus subiu à montanha para orar (Lc 9,28).
> Um dia, Jesus estava orando num certo lugar (Lc 11,1).
> Então, afastou-se dali, à distância de um arremesso de pedra, e, de joelhos, começou a orar (Lc 22,41).

Por meio de gestos e palavras, Jesus manifesta sua relação única com o Pai e, ao mesmo tempo, o seu querer estar com as pessoas.

---

3 Cf. POLI; CREA; COMODO, *Liderança e comunicação na vida religiosa*.

c) A comunicação de Jesus no anúncio do Reino

Jesus foi um excelente pregador. Anunciou o Reino de Deus com entusiasmo, convicção e autoridade de mestre e de profeta. Sua pregação surpreende os ouvintes: "Ninguém nunca falou como este homem" (Jo 7,46). Seu discurso é novo e envolvente, penetra nas profundezas do ser, não só pela novidade, mas também pelo seu conteúdo autêntico e provocador. Jesus nada escreveu. Sua fala foi toda ela dita em aramaico, e ainda podemos ouvir suas palavras carregadas de sotaque galilaico por trás das palavras gregas nas quais foi transcrito seu ensino por aqueles que se tornaram seus discípulos e seguidores, usando de um novo estilo literário que chegou até nós pelo nome de Evangelho.

No exercício de sua missão de missionário itinerante, Jesus usou uma fascinante e diversificada metodologia didática, mediante a utilização de variados "gêneros literários": discursos, parábolas, ditos sapienciais, palavras unidas aos fatos. O uso didático de breves narrativas fundava-se no tripé: crise, novidade e decisão. As parábolas, assim que contadas, suscitavam uma crise entre os ouvintes, gerando uma tensão criativa e polarizada. Em seguida, por inércia e dinâmica da própria palavra dita, irrompia a necessidade do discernimento e da descoberta do novo diante do obsoleto. Daí a decisão a ser tomada a favor ou contra. Parábola sugere momento de escolha mais que uma moral da estória ou conto da carochinha. Não é fábula, não é alegoria, não é simulacro do real. É experiencial, é decisiva, é opção de vida. Diante da iminência da chegada de Deus e tendo como pano de fundo o pensamento escatológico que marcou o primeiro século da era cristã, Jesus propõe em sua narrativa metafórica os requisitos necessários para viver a novidade que está por toda a parte em semente e dores de parto. É preciso arrepender-se da conduta equivocada; é preciso crer na novidade e lançar-se com amor e fidelidade à utopia criativa sem resvalar na banalidade do mal nem tampouco na tentação do bem messiânico ou fundamentalista.

Comunicou, de forma envolvente e transformadora, com suas atitudes originalíssimas em relação aos pobres, marginalizados, aos doentes, aos necessitados, aos inimigos, às mulheres, às crianças, à lei, ao templo. O uso de parábolas era feito com maestria e arte por Jesus. Estas pequenas estórias metafóricas, conhecidas em grego como *parabole* e em hebraico como *mashal*, eram carregadas de conteúdo imagético. Jesus tem atrás de si a poesia semita como forma privilegiada de se exprimir para que os ouvintes pudessem ser atingidos pelo sopro que a ele mesmo inspirava:

> Longe de teorias abstratas, há um fundo essencial de abertura ao humano e ao mundo que se exprime em sentenças breves ou sob a forma de parábolas que não devemos interpretar como alegorias: são na verdade relatos vivos, de cenas curtas destinadas a ilustrar uma verdade que se quer colocar na memória dos ouvintes. Estas imagens, Jesus as retirava do tesouro do Antigo Testamento, e também as emprestava da vida quotidiana de seu tempo.[4]

O total de parábolas elencadas nos quatro Evangelhos soma 85, entre provérbios simples, similitudes, narrativas e parábolas completas. No Evangelho de João temos só duas: a do Bom Pastor e a da Vinha. Nos outros três Evangelhos, conhecidos por sinóticos (Marcos, Mateus e Lucas) temos 83 parábolas ou metáforas do Reino de Deus. Os estudos linguísticos mais recentes e especializados chegaram ao total de 38 parábolas que são o coração de sua pregação messiânica. O anúncio da mensagem era coerente com o testemunho e a prática de quem o anunciava. Jesus usava imagens que falavam de valores. A significação destas parábolas percorrem alguns temas essenciais para o cristão até os dias de hoje e por isso se tornaram chaves interpretativas e literatura universal (paradigmas antropológicos e teológicos). Entre os temas: parábolas de *misericórdia*, como a do fariseu e do publicano em Lucas 18,9-15; parábolas que salientam a *exigência* da hora como as dez virgens em Mateus 25,1-13; parábolas de *julgamento* como o joio e o trigo em Mateus 13,24-30; parábolas de *confiança* como a do semeador em Marcos 4,3-9; e as parábolas que apontam para a *urgência* diante da catástrofe tais como fogo sobre a terra em Lucas 12,49-50 e o rico avarento em Lucas 12,16-21. Na história recente não podemos deixar de citar a narração (parábola com encenação) do Pai pródigo que erroneamente é chamada de "filho pródigo", presente no Evangelho de Lucas 15,11-32. É como que o Evangelho dentro do Evangelho. É tão exemplar e decisiva, que inúmeros pintores a retrataram em seus quadros. Quiçá o mais famoso deles seja o quadro "O retorno do filho pródigo", pintado por Rembrandt Harmenszoon van Rijn, entre 1663 e 1665 d.C., com as dimensões de 262 × 206 cm e atualmente exposto no museu The Hermitage, de São Petersburgo. Vale o deleite intelectual e poético ler a parábola contemplando

---

4   GEOLTRAIN, Jesus, v. 9, p. 428.

o quadro. E depois ler o quadro contemplando a beleza poética da parábola. Deixando ambos falarem e suscitando a interação das letras e das tintas na irrupção do belo, do bom e do verdadeiro.

Eis a parábola:

E Jesus continuou. "Um homem tinha dois filhos. O filho mais novo disse ao pai: 'Pai, dá-me a parte da herança que me cabe'. E o pai dividiu os bens entre eles. Poucos dias depois, o filho mais novo juntou o que era seu e partiu para um lugar distante. E ali esbanjou tudo numa vida desenfreada. Quando tinha esbanjado tudo o que possuía, chegou uma grande fome àquela região, e ele começou a passar necessidade. Então, foi pedir trabalho a um homem do lugar, que o mandou para seu sítio cuidar dos porcos. Ele queria matar a fome com a comida que os porcos comiam, mas nem isto lhe davam. Então caiu em si e disse: "Quantos empregados do meu pai têm pão com fartura, e eu aqui, morrendo de fome. Vou voltar para meu pai e dizer-lhe: 'Pai, pequei contra Deus e contra ti; já não mereço ser chamado teu filho. Trata-me como a um dos teus empregados'. Então ele partiu e voltou para seu pai. Quando ainda estava longe, seu pai o avistou e foi tomado de compaixão. Correu-lhe ao encontro, abraçou-o e o cobriu de beijos. O filho, então, lhe disse: 'Pai, pequei contra Deus e contra ti. Já não mereço ser chamado teu filho'. Mas o pai disse aos empregados: 'Trazei depressa a melhor túnica para vestir meu filho. Colocai-lhe um anel no dedo e sandálias nos pés. Trazei um novilho gordo e matai-o, para comermos e festejarmos. Pois este meu filho estava morto e tornou a viver; estava perdido e foi encontrado'. E começaram a festa. O filho mais velho estava no campo. Ao voltar, já perto de casa, ouviu música e barulho de dança. Então chamou um dos criados e perguntou o que estava acontecendo. Ele respondeu: 'É teu irmão que voltou. Teu pai matou o novilho gordo, porque recuperou seu filho são e salvo'. Mas ele ficou com raiva e não queria entrar. O pai, saindo, insistiu com ele. Ele, porém, respondeu ao pai: 'Eu trabalho para ti há tantos anos, jamais desobedeci a qualquer ordem tua. E nunca me deste um cabrito para eu festejar com meus amigos. Mas quando chegou esse teu filho, que esbanjou teus bens com as prostitutas, matas para ele o novilho gordo'. Então o pai lhe disse: 'Filho, tu estás sempre comigo, e tudo o que é meu é teu. Mas era preciso festejar e alegrar-nos, porque este teu irmão estava morto e tornou a viver, estava perdido e foi encontrado".

Sua itinerância não era um simples caminhar de um lugar para outro, mas tinha a função de revelar e levar à plenitude a sua missão redentora. Suas comunicações foram todas elas salvíficas. O uso frequente da literatura profética e o seguimento dos grandes pregadores populares de seu povo tornam Jesus um *expert* em comunicação: ao falar reúne pessoas entusiasmadas; não cansa seus ouvintes; comunica-lhes um segredo alvissareiro; conquista a atenção; faz-se entender; cria recursos na fala; não dá respostas prontas; é avesso ao fundamentalismo religioso; dá espaço para pensar e concluir; usa palavras simples; divulga, mas não impõe; é direto e objetivo; é bem-humorado e sagaz; vê a realidade, emociona-se, transforma-a por gestos e palavras; quer e pensa movido pelo amor e pela justiça; preocupa-se com aquele ou aquela que o questiona e interpela; ouve o interlocutor e descobre a sua verdade; deixa espaço livre para o silêncio que fala; cria personagens; suscita consciência crítica. Sua fala é um estilo de vida, muito mais atitude que ações particulares. Um modo de ver e viver a vida diante de Deus e dos irmãos.

Por meio dos milagres, sinais da presença providente de Deus na história, Jesus restabelecia a comunicação bloqueada ou interrompida, reintegrando a pessoa na comunidade. Comunicou com seus gestos, seus silêncios, seus olhares. Com suas palavras, seus gestos e seu silêncio, Jesus estimula e encoraja a comunicação, a amizade, a convivência, a fraternidade. Jesus não impõe modelos pré-fabricados ou que aniquilem o outro que fala e critica, mas de forma aberta dialoga e propõe como estilo o colóquio das diferenças e a proposta de um projeto que se faz inspiração, respiração e sobretudo transpiração. Esta sua envolvente "educomunicação" se tornou caminho pedagógico e escola de vida para todos que dele se aproximavam. Aprender a aprender. Suscitar a palavra escondida, revelar o segredo do mais íntimo do humano para ele próprio sem enigmas nem punições. Ação gratuita e emancipadora. Como gesto suave de um verdadeiro poeta:

> Uma vez que a linguagem constitui o ser-Homem e, em consequência, o agir criativo-poético-liguístico constitui atividade genuinamente humana, Jesus, como poeta de suas parábolas, nos vem ao encontro de imediato em sua natureza humana. Assim como em toda a interpretação de um poeta e artista, o consentir e o configurar criativo constituem o caminho adequado para fazer a obra de arte falar de maneira sempre nova em determinada época e situação.[5]

O chamado dos discípulos ao seu seguimento foi uma comunicação e uma partilha de vida e de projetos apostólicos. Seus ditos mexiam com a alma de seus ouvintes; seus discursos e sermões eram penetrados de nervura dramática; suas ações terapêuticas falavam de corpos e vidas restaurados; sua biografia revelava-se toda ela uma obra narrativa que apontava coerentemente para uma entrega e uma dádiva. A vida de Jesus se faz narrativa, e as narrativas de Jesus desvelam o segredo infinito de sua vida e do mistério de transcendência humana. Se um autor recente proclamava com autoridade e desvelo que na linguagem está nossa única saída e que a escolha essencial está sempre situada entre a palavra ou a morte,[6] com Jesus podemos afirmar que o paradoxo supera esta dicotomia de forma inédita, pois propõe a palavra como algo vivo, vital e vivificador. Este é o formato do belo poema joanino: "No começo, a Palavra já existia: a Palavra estava voltada para Deus, e a Palavra era Deus. No começo

---

5   BAUDLER, *A figura de Jesus nas parábolas*, p. 139.
6   SAFOUAN, *La parole ou la mort*.

ela estava voltada para Deus. Tudo foi feito por meio dela, e, de tudo o que existe, nada foi feito sem ela. Nela estava a vida, e a vida era a luz dos homens. Essa luz brilha nas trevas e as trevas não conseguiram apagá-la" (Jo 1,1-5).

d) A comunicação de Jesus na cruz

O gesto supremo da comunicação de Jesus foi a sua morte na cruz e sua ressurreição, comunicação total que se perpetua na Eucaristia, o sacramento da perene comunhão com ele.

Tomar Jesus Cristo como modelo de comunicador significa fazer próprio o seu método comunicativo na sua essência profunda, certamente não nos seus modos concretos; significa tornar próprio o objetivo redentor que motivou toda a existência terrena de Jesus.

Servo Sofredor, Jesus oferece sua vida pelo resgate de muitos, e sua morte é interpretada pelas primeiras comunidades cristãs como sacrifício de reconciliação, de comunicação, em vista da comunhão de toda a humanidade com Deus. Por amor, Jesus assume a tragédia da dor e da morte, consequência do pecado da incomunicação e do desamor, transformando-os em sinal supremo de amor e em caminho eficaz de salvação.[7]

O martírio de Jesus na cruz é a mais contundente comunicação do sentido e da dignidade da vida. Nada pode justificar que a vida seja desprezada ou aviltada. Essa lição é tão importante e sagrada, que para ensiná-la Jesus, paradoxalmente, entregou o seu maior bem – sua própria vida – na mais eloquente denúncia de todos os males que ameaçam a existência.

A cruz de Jesus revela que o caminho para entender o mistério de Deus crucificado não é a razão comunicativa, mas a comunicação amorosa de Deus, acolhida na lógica da fé em Jesus, o Messias, que é para nós Palavra viva e eficaz, e imagem de Deus.

e) A comunicação da Trindade na Páscoa de Jesus

A plenitude da comunicação de Deus com o ser humano acontece na pessoa de Jesus de Nazaré, verdadeiro Deus e verdadeiro ser humano. Essa

---

7   Cf. DECOS-CELAM, *Para uma teologia da comunicação na América Latina*, p. 132.

comunicação, dom de amor gratuito da Trindade Santa, tem seu ápice na entrega de Jesus na cruz.

O Pai, em profundo e doloroso silêncio, está presente na cruz e, num gesto de amor gratuito, oferece seu Filho: "Deus não poupou seu próprio Filho e o entregou por todos nós" (Rm 8,32). O Filho está pregado na cruz e, num abismo de dor e de perdão, ele se oferece ao Pai, entregando-se por amor à humanidade. O Espírito está presente entre o Pai e o Filho, une e separa um do outro em amoroso êxtase, como sinal de comunhão entre os dois e como fruto do dom que Jesus faz de sua vida.

A história da salvação é um grande ato de comunicação divina que inclui silêncio profundo, palavra eficaz, encontros transformadores, e também momentos de crise e de ruptura: tudo isso acontece de forma plena no martírio de Jesus na cruz. O teólogo J. Moltmann afirma: "Se quisermos aprender a nos comunicar, devemos contemplar a cruz, deixar-nos iluminar pelo Filho crucificado".[8]

A Trindade crucificada se torna ícone. Este ícone revela a profundidade da comunicação recíproca das pessoas divinas que se faz dom à humanidade e convida a entrar nesse círculo de amor. O Filho crucificado, rejeitado pela humanidade, "veio para o que era seu, mas os seus não o receberam" (Jo 1,11), é causa de salvação. Da morte por amor, surge a vida nova. "Toda a Trindade se envolve no ato da comunicação da vida divina ao mundo, fundamentando, assim, toda autêntica comunicação inter-humana."[9]

Aceitando livremente o martírio, Jesus realiza a mais sublime comunicação de si mesmo à humanidade, uma comunicação que não segue os ditames dos potentes meios de comunicação, preocupados com o sensacionalismo e o espetáculo. A comunicação de Jesus subverte a lógica humana e, por isso, gera perplexidade. Diante dela é impossível permanecer indiferente.

f) A comunicação de Jesus na sua ressurreição

Os discípulos interpretaram o significado da morte de Jesus a partir da experiência especial de comunicação com o Ressuscitado. A Ressurreição é

---

[8] MARTINI, O Evangelho na comunicação, p. 38.
[9] Ibid., p. 99.

a ótica a partir da qual os primeiros cristãos reinterpretaram a comunicação de Jesus durante sua vida histórica. A morte de Jesus na cruz é vista como momento supremo de um plano de amor, uma etapa dolorosa, mas densa de significado na comunicação de Deus com o ser humano, uma passagem para a ressurreição.

Pela ressurreição, a morte é vencida e inaugura-se um tipo de vida não mais regido pelos mecanismos de desgastes e de morte, pelo ódio da incomunicação, mas vivificado pela própria vida divina, que se autocomunica para gerar comunhão.

A ressurreição do crucificado por parte de Deus transforma a cruz. Ela não deixa de ser expressão da capacidade humana de crueldade e destruição e mostra que a ressurreição do crucificado é o grande gesto de amor comunicativo do Pai para com seu Filho, na força do Espírito e, por meio dele, para com toda a humanidade.

À luz da ressurreição, a cruz de Jesus não é mais suplício vergonhoso. Assumindo-a, Jesus a transformou em sinal de liberdade de tudo aquilo que a provocou: o fechamento autossuficiente, a ruptura na comunicação, a mesquinharia e o espírito de vingança.

A ressurreição transforma o enigma da cruz em mistério de salvação. A desgraça histórica se converte em lugar de graça libertadora. A cruz do silêncio e do abandono se converte em amor comunicativo de Deus.

João, no prólogo do seu Evangelho, afirma que Jesus é a Palavra pronunciada pelo Pai desde toda a eternidade, que estava junto dele e que se identifica com ele (cf. Jo 1,18). A *Carta aos Colossenses* afirma que Jesus é a imagem do Deus invisível (cf. Cl 1,15). Palavra e imagem são dois elementos constitutivos do ato de comunicar. Jesus personaliza, de forma única e singular, esses dois elementos.

4. No princípio era a palavra

A palavra faz parte de nosso cotidiano. A cada momento nós ouvimos ou pronunciamos palavras. Do ponto de vista humano, a palavra é um pensamento revestido de sons harmoniosos para ser comunicado; é uma ideia que percorre o caminho do mundo do espírito para a matéria. É expressão da riqueza do nosso mundo interior povoado de sentimentos e sonhos, medos e dores e esperanças.

Diariamente ouvimos milhões de palavras. Algumas são causa de alento e coragem, outras de sofrimento e incompreensão. A palavra é espada de dois gumes, pode tanto curar como ferir, tanto aliviar como reprimir.

A palavra sábia e eficaz nasce e amadurece no silêncio e se torna mensagem de vida e de esperança para os que a escutam. Comunicar não é apenas *tornar comum* uma ideia, uma informação, pois o sujeito que fala também coloca algo de si em cada palavra pronunciada.

Na história da salvação, Deus Pai, com ternura e misericórdia, dirigiu ao ser humano numerosas e sábias palavras. "Muitas vezes e de muitos modos, Deus falou pelos profetas" (Hb 1,1). Quando se completou o tempo previsto em seu eterno desígnio de amor (cf. Gl 4,4), falou por meio de seu Filho Jesus. Ele é a Palavra do Pai, nova, última e definitiva. Não precisamos esperar outras: "A quem nós iremos, Senhor, só tu tens palavras de vida eterna" (Jo 6,68). Todas as demais palavras devem ser discernidas à luz da Palavra que se fez carne.

As palavras de Jesus clareiam o significado de todas as palavras humanas. Nele e por meio dele, a Palavra eterna de Deus se torna visível e adquire uma eficácia extraordinária. A Palavra-Pessoa Divina se faz carne e vem morar no meio de nós (cf. Jo 1,14). Nenhuma palavra humana é mais viva e mais poderosa que essa (cf. Hb 4,12). Participante do mesmo poder da Palavra criadora de Deus (cf. Gn 1,3ss), está destinada a dar frutos, a produzir efeitos prodigiosos.

De fato, conforme narra o evangelista Marcos, Jesus fala e sua palavra é eficaz, performativa:

- Jesus fala e os cegos veem (cf. Mc 10,46-52).
- Jesus fala e a lepra desaparece (cf. Mc 1,40-42).
- Jesus fala e os espíritos imundos fogem (cf. Mc 1,21-28).
- Jesus fala e a tempestade se acalma (cf. Mc 4,35-41).
- Jesus fala e o pão é multiplicado (cf. Mc 6,33-44).
- Jesus fala e os mortos ressuscitam (cf. Mc 5,35-43).
- Jesus fala e os pecados são perdoados (cf. Mc 2,1-12).

No Prólogo, o evangelista João apresenta seis atributos da Palavra.

1. *Palavra divina.* "No princípio era a Palavra, e a Palavra estava junto de Deus, e a Palavra era Deus" (1,1) A Palavra é a personalização de Deus, seu ser em comunicação em vista da comunhão. Jesus é o Emanuel, o Deus conosco, Palavra de Deus encarnada, comunicação primigênia, desde toda a eternidade e em todos os tempos.

2. *Palavra criadora.* "Todas as coisas foram feitas por meio dela, e sem ela nada foi feito de tudo o que existe. Nela estava a vida e a vida era a luz da humanidade. E a luz brilha nas trevas, e as trevas não a receberam" (1,3-5). A palavra, pronunciada pelo Pai desde toda a eternidade, cria chamando, num gesto dialogal que abre um espaço para a resposta daqueles que a escutam e nascem dela.

3. *Palavra testemunhal.* "Veio um homem enviado por Deus, seu nome era João. Ele veio como testemunha, a fim de dar testemunho da luz, para que todos cressem por meio dele. Ele não era a luz, mas veio para dar testemunho da luz" (Jo 1,6-8). Não podemos entender Jesus isolado das outras testemunhas da história, que culminam de algum modo em João Batista: ele não era a luz, mas veio dar testemunho da luz, abrindo assim o caminho de fé que culmina na Palavra encarnada. Desse modo, o Evangelho nos situa na realidade da história.

4. *Palavra reveladora.* "Existia a luz verdadeira, que ilumina todo ser humano vindo a este mundo. Ela estava no mundo, e o mundo foi feito por meio dela, mas o mundo não a recebeu" (1,9-10). João destaca o valor da luz, na qual adquirem sentido e culminam os dois gestos principais da atividade messiânica de Jesus: é sábio, sua mensagem ilumina; é carismático, abre os olhos dos cegos. A luz de Cristo, palavra encarnada, está presente nas entranhas do mundo, espaço em que as pessoas podem partilhar a vida.

5. *Palavra geradora.* "Veio para os seus e os seus não a receberam. Mas a todos os que a receberam, deu-lhes o poder de se tornarem filhos de Deus. Estes foram gerados não do sangue, nem da vontade da carne, nem da vontade do homem, mas de Deus" (1,11-12). Sendo princípio e sentido de tudo o que existe, a Palavra-Luz vem na humildade, sem impor-se, de maneira que mesmo os que são destinatários dela podem recusá-la.

6. *Palavra encarnada.* "A Palavra se fez carne e habitou entre nós e nós vimos a sua glória, glória do unigênito do Pai, cheio de graça e de verdade" (Jo 1,14). Essa é uma confissão histórica que nos coloca de novo diante de Jesus de Nazaré, quando começa na Galileia sua atividade missionária. Por isso, para entendê-la temos que voltar ao início, para refazer o caminho. Ao mesmo tempo é uma confissão pascal e nos leva à meta de Jesus, lá onde o amor que se entrega até a morte aparece como fundamento de vida para os homens, no próprio seio de Deus.

Essa Palavra eterna se fez carne e também imagem de Deus.

5. Jesus, imagem do Deus invisível

A cultura da comunicação privilegia a imagem, atribuindo-lhe uma força comunicativa especial. Vivemos rodeados de imagens, algumas positivas, que transmitem paz, segurança e bem-estar; outras negativas, que retratam a violência, insegurança e o desrespeito à dignidade humana.

Estamos acostumados a apreciar as imagens bonitas e a rejeitar as que catalogamos como feias. Entretanto, nem sempre é fácil dar uma definição abrangente do que é imagem. De modo geral, podemos afirmar que é a ponte que se cria entre o invisível e o visível, entre o abstrato e o concreto. Seu potencial comunicativo tem suas raízes no ser que ela representa. Para expressar a riqueza do seu mundo interior, o ser humano recorre a imagens, criando uma riqueza imensa de metáforas.

A linguagem bíblica caracteriza-se pelo uso das imagens, para exprimir com maior intensidade a relação de Deus com o ser humano. O uso dessas metáforas tais como "casa", "caminho", "árvore", entre outras, não deve ser confundido com a proibição contida na lei de Moisés de fabricar imagens de Deus. O mandato "não farás para ti imagens" ensina-nos que nós devemos ser transfigurados em imagens vivas de Deus, no seguimento de seu Filho Jesus, na força do Espírito.

Deus não limitou sua comunicação à mediação da palavra, mas a estendeu até o limite da encarnação, em que o Verbo assume a imagem humana. Jesus de Nazaré é a Palavra e também a imagem viva e perfeita do Deus invisível. Nele, palavra e imagem se identificam. São João afirma que "a Palavra se fez carne e veio morar entre nós" (1,14). E ele dá testemunho de que os discípulos não só ouviram a sua voz, mas o viram, o contemplaram e o tocaram. "O que era desde o princípio, o que ouvimos, o que vimos com os nossos olhos, o que contemplamos e nossas mãos apalparam do Verbo da vida [...], isso vo-lo anunciamos" (1Jo 1,1-2).

Jesus é simultaneamente o Deus visível e a imagem do Deus invisível. A história humana de Jesus não é uma simples representação do Pai, mas é a imagem que revela o Pai ao mundo, é a imagem humana de Deus. Nele a transcendência e a imanência se encontram e se harmonizam. Por isso, não precisamos nos deter em detalhes a respeito da aparência física de Jesus. O importante é sua palavra viva que liberta o coração. Antes de ver, é preciso ouvir e crer na sua presença salvadora em nós, na pessoa do irmão, no universo e na Igreja.

Apresentar Jesus como "imagem do Deus invisível" (Cl 1,15) é ampliar o leque das mediações comunicativas: não só a comunicação auditiva, mas também a comunicação visual. Essa imagem que não se identifica com a preocupação com a estética e a beleza física que a mídia tanto aprecia, mas atinge o mistério do ser humano.

A grandeza e a beleza da imagem do Deus invisível que é Jesus podem ser percebidas por meio das *ações* que ele realiza em favor do povo:

- Jesus *chama* pessoas ao seu seguimento: "Segui-me, e eu vos farei pescadores de homens" (Mc 1,17); é a imagem perfeita da partilha e da comunhão fraterna.
- Jesus *ensina* "como quem tem autoridade" (Mc 1,27); é a imagem perfeita do Mestre.
- Jesus *anuncia*: "Convertei-vos, pois o Reino dos céus está próximo" (Mt 4,17); é a imagem perfeita do profeta.
- Jesus *reza*: "Jesus foi à montanha para rezar e passou a noite toda em oração a Deus"; é a imagem perfeita do ser humano que acolhe e realiza a vontade do Pai (cf. Lc 6,12).
- Jesus *cura*: "Grandes multidões o seguiram, e ele curou a todos" (Mt 12,15); é a imagem perfeita do poder misericordioso de Deus Pai que age em favor do ser humano.
- Jesus *caminha*: "E vós sabeis o caminho para onde eu vou" (Jo 14,4); é a imagem personificada do mediador que une céu e terra.

Jesus é *Caminho* comunicativo que leva ao Pai; *Verdade* comunicativa que revela o Pai, no Espírito; *Vida* comunicativa que transmite as abundantes riquezas do Pai, no Espírito.

No Novo Testamento, encontramos diferentes títulos atribuídos a Jesus. Eles evidenciam a riqueza da imagem polissêmica da pessoa de Jesus e da sua comunicação:

1. *Messias:* "Começo da Boa Notícia de Jesus, o *Messias*, o Filho de Deus" (Mc 1,1).
2. *Mestre:* "Rabi, sabemos que tu és um *mestre* vindo da parte de Deus" (Jo 3,2).

3. *Profeta:* "Quando Jesus entrou em Jerusalém, toda a cidade ficou agitada e perguntavam: Quem é ele? E as multidões respondiam: É o *profeta* Jesus, de Nazaré da Galileia" (Mt 21,10-11).

4. *Pastor:* "Eu sou o Bom *Pastor*. O Bom *Pastor* dá a vida pelas suas ovelhas" (Jo 10,11).

5. *Salvador:* "Eu anuncio para vocês a Boa Notícia, que será uma grande alegria para todo o povo: hoje, na cidade de Davi, nasceu para vocês um *Salvador*, que é o Messias, o Senhor" (Lc 2,10-11).

6. *Servo:* "Eu, porém, estou no meio de vós como *aquele que serve*" (Lc 22,27).

A multiforme comunicação de Jesus, *Palavra e Imagem do Deus invisível*, rompe com os esquemas legalistas e toca o coração humano, sensível ao dom do Espírito e à sua força transformadora que age a partir de dentro, respeitando a liberdade pessoal.

6. O Espírito Santo, agente de comunicação

O Espírito Santo é o agente central da comunicação intratrinitária. É o elo de comunicação entre o Pai e o Filho, vértice do amor-comunhão entre as pessoas divinas. Esse amor é fonte de vida plena. As primeiras páginas do Gênesis apresentam o Espírito que paira sobre o caos primordial, vivificando-o e originando o cosmo e a vida do universo. A comunicação e a comunhão são condições essenciais para o desenvolvimento da vida; o ódio e a incomunicação são canais de morte.

De modo análogo, o Espírito Santo esteve presente no início da nova criação, quando Maria, a cheia de graça, escolhida pelo Pai, recebeu o anúncio do nascimento do homem novo, Jesus, o Salvador da humanidade. Maria, a mãe daquele no qual habita a plenitude da divindade (cf. Cl 2,9), é a obra-prima da missão do Filho e do Espírito realizada na plenitude dos tempos.

Desde o momento da encarnação no seio de Maria, Jesus é o Filho, ungido pelo Espírito e pelo Pai, e ele vai manifestando, gradualmente, essa realidade durante sua vida pública. O Espírito está presente na vida de Jesus como dom do Pai à humanidade e ele o revela plenamente depois de sua morte e ressurreição.

Como agente de comunicação e de comunhão, o Espírito Santo tem a missão de ensinar e de atualizar a memória de Jesus. Seu ensinamento não é uma simples instrução, mas ele tem a tarefa de guiar a comunidade até o completo conhecimento da verdade: "O Espírito, que o Pai vai enviar em meu nome, ele ensinará a vocês todas as coisas e fará vocês lembrarem tudo o que eu lhes disse" (Jo 14,26). "O Espírito de Verdade encaminhará vocês para toda a verdade" (Jo 16,13).

O Espírito Santo permite não só "falar outras línguas", mas também escutar: "cada um ouvia, na própria língua" (At 2,6). A diversidade das línguas não constitui mais um obstáculo à relação e à comunicação entre os povos, raças e nações, porque o Espírito realiza a unificação em uma única língua: a do amor, manifestado em Cristo, morto e ressuscitado e que agora caminha ao nosso lado.

A missão de Cristo e do Espírito Santo se prolonga na Igreja. O Espírito Santo que Cristo, Cabeça, derrama em seus membros anima e santifica a Igreja. Ela é sacramento da Comunhão da Santíssima Trindade e dos seres humanos. O Espírito Santo é agente central da comunicação de Deus com a humanidade, da comunhão intereclesial e da atividade missionária da Igreja.

7. Conclusão

A história da revelação de Deus ao seu povo tem uma dimensão comunicativa por excelência e seu ápice em Jesus, o enviado do Pai, na força do seu Espírito.

Por conseguinte, a teologia da comunicação tem seu centro na pessoa, vida e mensagem de Jesus de Nazaré, que, na plenitude dos tempos, armou sua tenda entre nós, revelou-nos a Trindade, mistério de comunhão e comunicação, e tornou-se modelo da nossa comunicação.

A comunicação de Jesus, única e singular, revela o rosto terno e misericordioso de Deus Trindade, rompendo com a corrente da incomunicabilidade humana, orientado-a para a perfeita comunhão. Neste tempo de contraste e contradições, marcado pelo avanço da tecnologia e, ao mesmo tempo, pela incomunicabilidade humana, resta-nos o grande desafio de uma comunicação pautada nos parâmetros da comunicação de Jesus de Nazaré e fundamentada no mistério da comunhão trinitária.

8. Referências bibliográficas

BAUDLER, G. *A figura de Jesus nas parábolas*. Aparecida: Santuário, 1990.

BOMBONATTO, V. I. *Seguimento de Jesus*. 2. ed. São Paulo: Paulinas, 2007.

CELAM. *Documento de Aparecida*. São Paulo: Paulinas/Paulus/CNBB, 2007.

CONFERÊNCIA EPISCOPAL ITALIANA. *Comunicazione e missione*; direttorio sulle comunicazioni sociali nella missione della Chiesa. Roma: Libreria Editrice Vaticana, 2004.

DARIVA, N. (org.). *Comunicação social na Igreja*. São Paulo: Paulinas. 2003.

DECOS-CELAM. *Para uma teologia da comunicação na América Latina*. Petrópolis: Vozes, 1984.

GEOLTRAIN, P. Jesus. In: *Enciclopaedia Universalis*. Paris: PUF, 1971. v. 9.

GIULIODORI, C.; LORIZIO, G. (orgs.). *Teologia e comunicazione*. Milano: San Paolo, 2001.

LAMBIASI, F.; TANGORRA, G. *Gesù Cristo comunicatore*. Milano: Paoline, 1997.

MARTÍNEZ DÍEZ, F. *Teologia da comunicação*. São Paulo: Paulinas, 1997.

MARTINI, C. M. *O Evangelho na comunicação*. São Paulo: Paulus, 1994.

PAULO VI. *Exortação Apostólica Evangelii Nuntiandi*. 15. ed. São Paulo: Paulinas, 2000.

PIKAZA, X. *La nueva figura de Jesús*. Navarra: Verbo Divino, 2003.

POLI, G. F.; CARDONALI, M. *La comunicazione in prospettiva teologica*. Torino: Elledici, 1998.

PONTIFÍCIO CONSELHO PARA AS COMUNICAÇÕES SOCIAIS. *Instrução Pastoral Aetatis Novae*; uma revolução nas comunicações. São Paulo: Paulinas, 1992.

SAFOUAN, M. *La parole ou la mort*. Paris: Seuil, 1993.

PARTE III
A comunicação virtual e eletrônica: ciberespaço e novos paradigmas

CAPÍTULO VIII

A comunicação a distância no mundo globalizado: mudanças paradigmáticas

Lucia Santaella

Tem sido frequentemente lembrado que o último quarto do século XX não teve precedentes na escala, finalidade e velocidade de sua transformação histórica. A razão disso encontra-se na revolução tecnológica, uma ideia que se tornou rotineira e lugar comum nestes tempos de tecnocultura.

Para ter uma ideia do estágio de forças produtivas tecnológicas, hoje voltadas intensamente para a produção de linguagens, de cultura e de expansão da inteligência coletiva, basta colocar em relevo a assombrosa aceleração do ritmo de transformações que, desde a crise da hegemonia da era de Gutenberg, no início do século XIX, situa-nos agora, em menos de dois séculos, na quinta geração de tecnologias de linguagem, conforme será visto a seguir.[1]

1. Cinco gerações de tecnologias de linguagem

a) Tecnologias do reprodutível

Produzidas com o auxílio de tecnologias eletromecânicas, as linguagens da era da reprodutibilidade técnica – jornal, foto e cinema – lançaram as sementes da cultura de massas, cujo público receptor aflorava nas metrópoles, as quais despontavam como frutos da explosão demográfica.

---

[1] Uma versão mais detalhada dessas gerações tecnológicas e de processos de comunicação que instauram pode ser encontrada em SANTAELLA, *Linguagens líquidas na era da mobilidade*.

Tais tecnologias introduziram o automatismo e a mecanização da vida, tanto nas fábricas em que respondiam com eficiência à aceleração da produção de mercadorias, quanto nas cidades cujo ritmo, sob a luz das redes de eletricidade recém-inauguradas, anunciava os novos tempos em que os espetáculos da novidade, da publicidade, da moda, da sofisticação e do luxo passariam a alimentar os prazeres fugazes do consumo.

Bem distintos são os modos de produção, transmissão e recepção das linguagens que foram introduzidas pelas tecnologias eletroeletrônicas.

b) Tecnologias da difusão

Assim que entraram no mercado da indústria cultural, o rádio e a televisão começaram a se alastrar a passos largos. O gigantismo de sua penetração adveio não apenas da sua expansão no espaço, mas, sobretudo, do seu poder de difusão, que é responsável pela ascensão da cultura de massas e que se tornou mais agudo com a transmissão via satélite.

c) Tecnologias do disponível

As tecnologias do disponível, que fizeram emergir o que tenho chamado de cultura das mídias, são tecnologias de pequeno porte, ou mesmo *gadgets*, feitas para atender a necessidades mais segmentadas e personalizadas de recepção de signos de origens diversas, de estratos culturais variados. Os processos de comunicação que essas tecnologias instauram são mais segmentados, voltados para públicos específicos e até mesmo para escolhas individuais, como nas redes de televisão a cabo, no videocassete, nas máquinas de xérox, no walkman etc. Por isso, elas fazem germinar uma ecologia cultural que se distingue da lógica que comanda a comunicação de massa, assim como se distingue da comunicação via digital e, dentro desta, do seu mais novo segmento, sob a designação de cultura da mobilidade.

d) Tecnologias do acesso

A história da evolução do computador é alinear quanto às linguagens hipermidiáticas a que hoje ele nos dá acesso. É uma história com facetas diversas, envolvendo projeto, memória, linguagem, circuito lógico, programas e alguns dispositivos, entre os quais se destacam os que permitiram a convergência dos computadores com as telecomunicações.

O que importa reter para a caracterização das tecnologias do acesso é o advento da internet, um universo de informação que cresce ao infinito a passos largos e se coloca ao alcance da ponta dos dedos. Acesso é o traço mais marcante desse espaço virtual, que passou a ser chamado de ciberespaço, um espaço de acesso livre, informal, descentrado, capaz de atender a muitas das idiossincrasias – motoras, afetivas, emocionais, cognitivas – do usuário. Esse espaço nos traz um fluxo de linguagem multimídia incessante, cujas principais características são a mutação e a multiplicidade.

Os sistemas da internet estão em constante mutação. Ao contrário de registros em suportes materiais, os *bytes* ocupam muito pouco espaço e, quando se tem excesso, podem ser apagados e substituídos. Isso gera a constante atualização dos dados. Nessa medida, além de ser um meio de comunicação, as tecnologias do acesso são tecnologias da inteligência que alteram completamente as formas tradicionais de armazenamento, manipulação e diálogo com as informações. Mais do que ferramentas de manipulação da informação, são, efetivamente, tecnologias da inteligência, uma característica que é levada para a comunicação móvel.

e) Tecnologias da conexão contínua

À medida que a comunicação entre as pessoas e o acesso à internet começaram a se desprender dos filamentos de suas âncoras geográficas – *modems*, cabos e *desktops* –, espaços públicos, ruas, parques e todo o ambiente urbano foram adquirindo um novo desenho que resulta da intromissão de vias virtuais de comunicação e acesso à informação enquanto a vida vai acontecendo. Por essas vias, as descontinuidades, que não eram tão agudas, as interrupções nos fluxos do existir, tornaram-se crescentemente exigentes e, mesmo assim, as tecnologias móveis foram sendo incorporadas com boa vontade pelas pessoas, especialmente os jovens.

Assim, a quinta geração de tecnologias comunicacionais, a da conexão contínua, é constituída por uma rede móvel de pessoas e de tecnologias nômades que operam em espaços físicos não contíguos. Para fazer parte desse espaço, um nó (ou seja, uma pessoa) não precisa compartilhar o mesmo espaço geográfico com outros nós da rede móvel, pois se trata de um espaço que Souza e Silva[2] chama de espaço híbrido, como será visto a seguir, criado justamente pela fusão de lugares diferentes e desconectados.

Neste ponto, é preciso levar em conta, como o faz Piscitelli,[3] que nenhuma tecnologia da comunicação borra ou elimina as tecnologias anteriores, mas pode alterar a quantidade de uso das tecnologias precedentes e seu poder de dominação na vida cotidiana e, portanto, da cognição.

Assim, uma geração tecnológica não extingue as outras; juntam-se na composição intrincadíssima de uma cultura hiper-híbrida. A cultura que caracteriza o nosso tempo nasce da mistura de todas as formas de cultura, inclusive das formações culturais (oral e escrita) anteriores ao aparecimento das tecnologias mediadoras, todas elas interconectadas, incorporando nessas interconexões também os espaços cíbridos (misturas inconsúteis de linguagens provenientes de mídias distintas, escrita, imagem, som, vídeo, que coexistem no interior do ciberespaço) e, mais recentemente, incorporando ainda as tecnologias da conexão constante, que tenho definido como espaços intersticiais, nascidos da intromissão dos espaços virtuais no seio dos espaços físicos.

Embora este artigo tenha a intenção de apresentar as tendências atuais da cultura digital, não se trata aqui simplesmente de ceder ao grito da moda, mas sim alertar para o fato, que merece ser tratado com lucidez e sem nostalgias reconfortantes, de que estamos diante de um limiar de transformação da própria natureza humana que vem recebendo o nome de pós-humano.[4]

2. Linhas de frente das mídias digitais

No estado atual da arte, são várias as linhas de frente: o estágio dos *terabytes* e *petabytes*, a computação em nuvem, a Web 3.0, a era da conexão onipresente e da mobilidade contínua, a computação ubíqua, pervasiva, senciente.

---

2   SOUZA E SILVA, Do ciber ao híbrido. Tecnologias móveis como interfaces de espaços híbridos, pp. 21-51.
3   PISCITELLII, *Internet*.
4   Ver SANTAELLA, *Culturas e artes do pós-humano*.

a) O estágio dos petabytes

O crescimento do volume informacional das redes é desmedido. Estamos decididamente na era dos *terabytes* e *petabytes*.

Até o final da década de 1980, os computadores domésticos tinham um único disco rígido com uma capacidade de 20 *megabytes* (cada *megabyte* tem um milhão de *bytes*). Cinco anos depois, essa medida subiu para 80. Poucos anos depois, só o sistema operacional já exigia essa medida. Em 2005, a capacidade do computador já alcançava centenas de *gigabytes*, composto por mil *megabytes*. Com a chegada dos gráficos, vídeos, músicas, programas para tratamento de imagens e aplicações para editoração, visando aumentar o desempenho da máquina ou para *back-up* etc., usuários começaram a instalar conjuntos de discos independentes, que trabalham juntos como uma única unidade de armazenamento. Esse conjunto pode facilmente superar a capacidade de um *terabyte*.

Como exemplo da crescente avalanche de dados a serem estocados, a Wikipédia cita que, até maio de 2009, a Biblioteca do Congresso, em Washington, acumulou dez *terabytes* de dados. Para indexar a Web, processar os resultados das buscas e outras coisas, até setembro de 2008, o *Google* processava vinte mil *terabytes* por dia, devendo a essa capacidade de computação em larga escala sua superioridade em relação aos concorrentes. Em 2009, ele processa vinte *petabytes* (vinte mil *terabytes*) por dia. A quantidade é astronômica e tende a aumentar.

A expressão "computação em nuvem" (*cloud computing*) indica que a computação voltada para serviços prestados ao usuário está mudando de rumo devido à possibilidade de utilização de computadores menos potentes que podem se conectar à Web e utilizar todas as ferramentas *online*, como por exemplo o Google Docs, Gmail e o Photoshop da Adobe na versão Web. Com isso, o computador passa a ser simplesmente uma plataforma de acesso às aplicações, que estariam em uma grande nuvem – a internet.

O computador, para o usuário comum, não precisará mais ser potente, porque será utilizado na internet, onde haverá espaço necessário para todos os arquivos como documentos, fotos, vídeos e músicas. Além disto, os *softwares* utilizados também estarão na internet. Isso trará mais mobilidade, pois os celulares da nova geração (3G) já têm acesso à internet, e será possível acessar arquivos e documentos de qualquer lugar através da conexão oferecida pelo celular.

A pouca necessidade de recursos e a grande necessidade de estar conectado farão com que os sistemas operacionais migrem para a internet, o que dará forças para o sistema operacional Linux. Com isso, o único sistema que estará rodando na máquina *online* do usuário será apenas aquele capaz de suportar o *browser*. De acordo com Jones, a escalabilidade é fundamental na computação em nuvem, e a tecnologia-chave que possibilita isso é a virtualização. Esta "permite um melhor uso de um servidor, agregando vários sistemas operacionais e aplicativos em um único computador compartilhado. A virtualização também permite a migração *online* de modo que, se um servidor fica sobrecarregado, uma instância de um sistema operacional (e seus aplicativos) pode ser migrada para um servidor novo e com menos *cluster*".[5]

O mundo empresarial já está migrando para a computação em nuvem, pois esta permite o deslocamento da computação e do armazenamento, de fora de uma empresa para dentro da nuvem. O usuário define os requisitos de recurso (como necessidades de computação e rede de longa distância, ou WAN, ou de largura de banda), e o provedor de nuvem monta virtualmente esses componentes dentro de sua infraestrutura. Não vai demorar muito para que, das empresas, a computação em nuvem venha a fazer parte do cotidiano de qualquer usuário.

b) Da Web 2.0 à Web 3.0

Na Web 2.0, processos colaborativos e arquiteturas participativas de produção, tais como wikipédias, *blogs*, *podcasts*, o uso de *tags* ("etiquetas") para compartilhamento e intercâmbio de arquivos como no *Del.icio.us* e de fotos como no *Flickr*, redes sociais como *Facebook*, *Orkut*, *My Space*, *Goowy*, *Hi5* e *Twitter* com sua agilidade para microbloging, o *YouTube* e o *Second Life*, passaram a tomar as rédeas da comunicação. Enquanto os verbos característicos da Web 1.0 eram disponibilizar, buscar, ter acesso e ler, na Web 2.0, as novas palavras de ordem são expor-se, trocar, colaborar em atividades de interação que encontram suas bases em princípios de confiança e de compartilhamento.

---

5   JONES, Computação em nuvem com Linux. Plataformas e aplicativos da computação em nuvem.

Esses princípios expandiram-se consideravelmente com o desenvolvimento das redes sociais na internet.

Redes sociais são fenômenos mais amplos do que redes sociais na internet, que, por sua vez, também são mais amplos do que os sites de redes sociais. Estes últimos são plataformas, ferramentas ou programas (*softwares*), enfim, são sistemas criados especificamente com a finalidade precípua de promover a visibilidade e a articulação das redes sociais. Assim, os sites de redes sociais são uma categoria de *softwares* sociais com aplicação direta para a comunicação mediada por computador. Esses sites são rebentos diretos da Web 2.0 e das modalidades de interações que ela promove: *fotologs* (*Flickr* e *Fotolog*), ferramentas de *micromessaging* (*Twitter* e *Plurk*) e sistemas como o *Orkut* e o *Facebook*. Embora todos esses programas existam para facilitar e mesmo encorajar a participação dos usuários, por meio de interfaces dialogáveis, podendo inclusive ser mantidos pelo sistema e não necessariamente pelas interações, o que é preciso levar em conta é que as redes são constituídas pelos participantes que delas se utilizam, pois, sem eles, as redes não poderiam existir.

A partir de Boyd & Elison, Recuero[6] dividiu os sites de redes sociais em sistemas que permitem: (a) "a construção de uma *persona* através de um perfil ou página pessoal", (b) "a interação através de comentários" e (c) "a exposição pública da rede social de cada ator". Essa divisão não é excludente, pois há sites que incorporam mais do que uma dessas propriedades. Além disso, mesmo não tendo sido originalmente voltados para mostrar redes sociais, muitos deles são apropriados pelos usuários para esse fim. A esse respeito o exemplo do *Weblog* é ilustrativo. Apesar de ser construído como um espaço pessoal, pode ser transformado em uma rede social por meio dos comentários e dos *links*. Não há leis para o uso simultâneo dessas ferramentas, nem elas são complementares, embora os usuários possam utilizá-las, inclusive complementarmente, como lhes aprouver.

Quando aplicou o conceito de capital social aos sites de redes sociais, Recuero[7] explicitou os valores que são construídos nesses ambientes. No que diz respeito ao capital social relacional, esses sites constroem, mantêm e amplificam as conexões no ciberespaço. Eles aumentam a visibilidade social dessas

---

[6] RECUERO, *Redes sociais na internet*, pp. 102-107.
[7] Ibid., pp. 107-115.

conexões; mais do que a confiança, a reputação como valor implica "o fato de que há informações sobre quem somos e o que pensamos, que auxiliam outros a construir, por sua vez, suas impressões sobre nós".[8] Outro valor é o da popularidade. No *Twitter*, por exemplo, ela pode ser medida pelo número de seguidores. Nos *Weblogs*, ela se relaciona ao número de comentários e à quantidade das visitas. Além da popularidade, existe também o valor da autoridade, relacionado à reputação e ao capital social conector.

Em plena explosão das redes sociais, a Web 2.0 já começa a se imiscuir com a 3.0, a Web semântica aliada à inteligência artificial por meio da qual a rede deve organizar e fazer uso ainda mais inteligente do conhecimento já disponibilizado *online*. As pessoas não precisarão mais refinar os termos da pesquisa. A Web 3.0 poderá fazer isso sozinha, ou seja, o motor de busca irá estreitar a pesquisa até o ponto de oferecer ao usuário o que ele realmente quer. São motores de busca que não se limitam a recolher e apresentar os dados que andam dispersos pela internet, mas antes são capazes de processar essa informação, filtrando e interpretando os resultados para produzir respostas concretas. Isso nos afastará das pesquisas por palavras-chave, pois a internet deixará de ser um mundo de documentos para ser um mundo de dados que descrevem dados. Extraídos da Web, os dados serão apresentados de modo estruturado. Além disso, as páginas poderão ser lidas não só por pessoas, mas também por máquinas. Outro aspecto da Web 3.0 é o uso de gráficos animados, áudio e vídeos de alta definição, 3D, e muito mais, tudo isso dentro do *browser*. Em síntese: grande parte dos *web sites* vai se tornar *web services*.

As grandes corporações do universo digital já estão investindo na finalização dos seus motores de busca. Criado pelo cientista britânico Stephen Wolfram, o motor de busca Wolfram Alpha, um dos pioneiros da Web 3.0, foi apresentado na Universidade de Harvard (EUA), em abril de 2009. A *Microsoft* também já anunciou seu motor de busca, o *Bing*, com o qual pretende se impor à hegemonia do *Google*, com a novidade de que não se trata simplesmente de um motor de busca, mas também de um motor de decisão. O *Google*, por seu lado, já está na fase experimental do seu *Squared*. Enfim, a Web 3.0 não é uma mera promessa. Já está batendo à porta.

---

8   Ibid., p. 109.

c) Mídias móveis e a internet de lugares e coisas

Pouco mais de dez anos se passaram desde a consolidação da cibercultura com a explosão da www e, hoje, em concomitância com o potencial aberto pela Web 2.0 e 3.0, a cultura da mobilidade, uma variação avançada da cibercultura, baseada nos dispositivos móveis, aliados ao sistema de posicionamento global (*GPS*),[9] já começa a render frutos que têm chamado atenção de artistas, teóricos e críticos da comunicação e cultura.

O que a emergente era da mobilidade vem colocando em relevo, antes de tudo, é a necessidade de reavaliação dos prognósticos tanto sobre o desaparecimento da experiência humana do lugar e das interações sociais em presença, quanto sobre a perda da integridade corporal do humano na intersecção com sistemas cibernéticos – computadores, organismos engenheirados biogeneticamente, sistemas espertos, robôs, androides e ciborgues.

Antes mesmo da emergência dos dispositivos móveis, que agora provocam a intersecção do ciberespaço com o espaço em que nossos corpos circulam, Harrison e Dourish[10] já se referiam ao ciberespaço como espaços híbridos. Argumentavam que, quando nosso avatar entra em um ambiente virtual colaborativo, ambos, o ambiente e o avatar, de fato, são virtuais. Entretanto, no ciberespaço, se as conexões entre as pessoas são virtuais, as projeções delas nos avatares não o são. O que é projetado na conexão é uma representação do próprio usuário. Ademais, sem a manipulação remota dessa representação por uma pessoa fisicamente situada, o espaço virtual não teria existência. Quando entramos em um ambiente virtual, usamos esse espaço midiático para criar um novo espaço híbrido que nos inclui como seres ditos físicos e reais.

As cidades também, atravessadas invisivelmente pelo fluxo de informações, foram reordenadas pelos sistemas tecnológicos das redes, gerando uma arquitetura digital considerável. Muitos julgaram e continuam julgando que essas construções virtuais rizomáticas, compartilhadas por milhões de pessoas

---

[9] O sistema de posicionamento global (*GPS*) foi autorizado pelo Congresso dos Estados Unidos em 1973 e é operado pelo departamento de defesa dos Estados Unidos. Os instrumentos envolvidos nesse sistema são um anel de 24 satélites que circundam a Terra de modo tal que pelo menos quatro deles são visíveis de qualquer ponto no globo em qualquer momento. O sistema tem sido usado para a navegação de veículos, mas encontrou seu caminho também na internet móvel, quando o grupo de satélites é usado para localizar a posição de um usuário.

[10] HARRISON; DOURISH, Re-place-ing space: The roles of place and space in collaborative systems.

pelo mundo afora, constituem-se em universos paralelos capazes de apagar significados e valores, estes sim verdadeiros, da vida real. Outros, entretanto, entre eles Castells,[11] argumentam que a ciberrealidade é parte integrante da organização material, econômica, política das sociedades, sendo inclusive determinante nessa organização e significativa de sua real existência.

Tal intersecção, antes menos visível, do ciberespaço com a vida circundante, vem recebendo um novo impulso recentemente com os aparelhos móveis que permitem encontros com a tecnologia em situações sociais distintas, que criam a necessidade de entender os contextos e que nos dão a habilidade de transformar o espaço pela introdução da tecnologia. Tudo isso junto com a emergência de projetos variados de mídias locativas vem colocando em questão os maus presságios sobre perdas irrecuperáveis que feriam a integridade da nossa constituição humana e social.

De fato, as mídias locativas estão criando oportunidades para repensar e reimaginar o espaço cotidiano. Embora conectados à imaterialidade das redes virtuais de informação, não poderia haver nada mais físico do que *GPS* e sinais de *Wi-Fi*, que trazem consigo outras maneiras de pensar o espaço e o que se pode fazer nele. Uma nova espacialidade de acesso, presença e interação se anuncia: espacialidades alternativas em que as extensões, as fronteiras, as capacidades do espaço se tornam legíveis, compreensíveis, práticas e navegáveis, possibilitando, sobretudo, práticas coletivas que reconstituem os modos como nossos encontros com lugares específicos, suas bordas e nossas respostas a eles estão fundadas social e culturalmente.

A computação móvel e pervasiva (computadores em todos os lugares) é a chave para a compreensão das mídias locativas. No processo, o uso de sistemas de informação geográfica (*GIS*) espalhou-se das corporações e escritórios para as ruas e os campos, da administração pública e ambiental para um largo espectro de usos sociais. Desse modo, um dos mais profundos desafios das mídias locativas está em transmitir informação geográfica não mais nas tradicionais e pesadas janelas dos *desktops*, mas nas tecnologias finas e leves dos sistemas móveis e embarcados.

---

11   CASTELLS, *The rise of the network society*.

É bastante esclarecedora a explicação que nos é fornecida por André Lemos[12] – um dos pioneiros no Brasil no estudo das ciberurbes – sobre a constituição e abrangência das mídias locativas no seu atual estado da arte:

> Um conjunto de processos e tecnologias [que] se caracteriza por emissão de informação digital a partir de lugares/objetos. Esta informação é processada por artefatos sem fio, como *GPS*, telefones celulares, *palms* e *laptops* em redes *Wi-Fi* ou *Wi-Max*, *Bluetooth*, ou etiquetas de identificação por meio de rádio frequência (*RFID*).[13] As mídias locativas são utilizadas para agregar conteúdo digital a uma localidade, servindo para funções de monitoramento, vigilância, mapeamento, geoprocessamento (*GIS*), localização, anotação ou jogos. Dessa forma, os lugares e objetos passam a dialogar com dispositivos informacionais, enviando, coletando e processando dados a partir de uma relação estreita entre informação digital, localização e artefatos digitais móveis.

Cada vez mais, os recursos tecnológicos se hibridizam, transformando as mídias locativas em um campo múltiplo, disponível em muitas versões, dependendo do modo como são operadas e dos usos que lhes são agregados. Além dos sistemas de informação geográfica (*GIS*) e das *tags* de identificação de rádio frequência (*RFID*), a linguagem de marcação de geografia (*GML-geographic markup language*[14]) e o sensoriamento ambiental distribuído podem ser utilizados nas estratégias das mídias locativas, também conhecidas como mídias táticas, na medida em que tratam o contexto como meio dinâmico de produção de atividades engajadas e não meramente como um arranjo preexistente de destinações. São táticas porque buscam a produção do sentido, mesmo quando uma posição estratégica é negada.

A tecnologia móvel nos força a reconsiderar o espaço, a legibilidade do espaço, o modo como as pessoas reencontram o espaço cotidiano, pois, quando o movimento da cidade e a mobilidade humana – ambos tecnologicamente mediados – se cruzam, múltiplas espacialidades podem se interseccionar. Assim,

---

12 André Lemos, *Mídias locativas e vigilância nas bordas dos territórios informacionais* (no prelo).

13 RFID é um método automático identificador de rádio frequência que se baseia no arquivamento e recuperação de dados remotos utilizando os recursos das *tags*. Uma *tag* de *RFID* é uma etiqueta que pode ser incorporada a um produto, animal ou pessoa.

14 Definida pelo Consórcio Geoespacial Livre, a *GML* utiliza *XML* para exprimir características geográficas. Pode servir de linguagem de modelação para sistemas geográficos e como um formato aberto para troca de informação geográfica. A marcação de dados é um conceito recente e envolve a codificação simples de sequências de dados em um arquivo de computador no formato texto puro, ou seja, capaz de ser lido tanto por pessoas quanto por máquinas. Para esse fim, a linguagem mais utilizada atualmente é a *XML* e suas variantes.

o papel da computação ubíqua e pervasiva no ambiente urbano tornou-se hoje questão primordial para os estudiosos da cibercultura nos umbrais desta era da hipermobilidade. Tanto quanto espaço e lugar, outro conceito que as mídias locativas estão trazendo para o topo das considerações é o conceito de objeto, que, na linguagem corrente, chamamos de coisas.

Em 2004, o relatório da internet da União de Telecomunicação Internacional,[15] com o título de "Internet das coisas" e com toda a seriedade, detectava um futuro para a internet que cada vez mais está se consumando. O documento cita as palavras de Mark Weiser, falecido cientista chefe do Centro de Pesquisa da Xérox em Palo Alto: "As tecnologias mais profundas são aquelas que desaparecem. Elas se entretecem no tecido da vida cotidiana até se tornarem indistinguíveis dele". Weiser estava se referindo aí à disponibilização crescente e à visibilidade decrescente do poder de processamento. Por meio de dispositivos dedicados, os computadores vão gradativamente sumir da nossa vista, enquanto as habilidades de processamento de informação vão emergir por todo o ambiente circundante. Com a capacidade de processamento de informação integrada, os produtos vão possuir habilidades de inteligência. Eles poderão também adquirir identidades eletrônicas que podem ser pesquisadas remotamente ou serem equipados com sensores para detectar mudanças físicas no seu entorno. Objetos estáticos e mudos tornar-se-ão seres dinâmicos e comunicantes, incrustando inteligência nos ambientes. No momento em que os objetos se tornarem inteligentes, o mundo das coisas e o mundo humano estarão se comunicando sob condições inéditas.

O documento preconiza que tecnologias como *RFID* e computadores inteligentes prometem um mundo de dispositivos interconectados em rede que fornecerão conteúdo relevante e informação para qualquer lugar em que o usuário esteja. Qualquer coisa, da escova de dentes ao pneu do carro, entrará em faixas comunicacionais, anunciando o alvorecer de uma era em que a internet de hoje, de dados e de pessoas, conviverá com a internet das coisas. Essa será uma sociedade de redes ubíquas cujos dispositivos serão onipresentes. Germens dessa sociedade já se fazem sentir nas aplicações da terceira geração de telefones móveis, que vem trazendo serviços de internet para o bolso dos usuários. O que dizer, entretanto, se muito mais do que isso fosse conectado

---

15 Ver http://www.itu.int/osg/spu/publications/internetofthings/

às redes: um carro, uma frigideira, uma xícara de chá? À conexão de pessoas em qualquer tempo e em qualquer lugar, somar-se-á a conexão de objetos inanimados às redes de comunicação. O uso de *tags* eletrônicas (por exemplo, *RFID*) e sensores servirão para estender o potencial comunicacional e de monitoramento da rede das redes, assim como a introdução de poder computacional em coisas cotidianas, como lâminas, sapatos e sacolas avisando, por exemplo, que a chave da casa foi esquecida. Avanços na nanotecnologia (manipulação da matéria em nível molecular) irão acelerar esses desenvolvimentos. Estes são os prenúncios do documento. Embora soe ficcional, o mundo que nele se apresenta já começa a se insinuar nos projetos de mídias locativas.

Quando bits imateriais de informação são conectados a localizações físicas no espaço público urbano, lugares e objetos cotidianos entram nas redes de computação inteligente, fazendo emergir novas práticas tecno-sociais com "o potencial de gerar espaços híbridos e formas de participação pública que reconectam as dimensões materiais do espaço público urbano com as *affordances*[16] participativas da esfera pública das redes".[17]

Colocar *geotags* nos objetos, de modo que esses objetos nos contem suas histórias, leva-nos a conhecer sua genealogia, seu enraizamento na matriz de produção. Estamos entrando, portanto, em um mundo em que, por estarem ligados a *chips* inteligentes, os objetos vão se tornar sencientes, quer dizer, conscientes das impressões dos sentidos, o que nos trará a possibilidade de um engajamento mais ativo entre o corpo, a cidade, os lugares e as coisas.

Evidentemente não se trata de proclamar aqui, sobre as tecnologias móveis, uma segunda versão do Evangelho salvacionista do ciberespaço que dominou na década de 1990. Os projetos de mídias locativas devem ser avaliados à luz de contextos mais vastos da vida cotidiana, dos espaços públicos urbanos e, sobretudo, dos sistemas de controle e vigilância de que essas mídias fazem uso. De todo modo, uma coisa é certa. Vivemos em um mundo no qual não há mais lugar para a nostalgia, o que nos coloca diante do desafio e mesmo da obrigação de distendermos o arco da reflexão analítica e crítica com atenção no olhar e muita energia mental.

---

16 *Affordance* é um termo criado por J. J. Gibson ([1979] 1986), na sua teoria ecológica da percepção. Refere-se ao que é oferecido ao organismo pelo ambiente e como este interage. A palavra tem sido empregada sem tradução, pois não há correspondente em português para expressar esse sentido

17 SHEPARD, Locative media as critical urbanism.

3. Referências bibliográficas

CASTELLS, M. *La galaxia internet*; reflexiones sobre internet, empresa y sociedad Tradução: Raúl Quintana. Barcelona: Debolsillo, 2003.

_____. *The rise of the network society*. New York: Blackwell, 1996.

DUARTE, F.; QUANDT, C.; SOUZA, Q. (orgs.). O tempo das redes. São Paulo: Perspectiva, 2008.

FELICE, M. Di (org.). *Do público para as redes*; a comunicação digital e as novas formas de participação social. São Caetano do Sul: Difusão Editora, 2008.

GIBSON, J .J. The ecological approach to visual perception. Boston: Houghton Mifflin, 1986 (1979).

HARRISON, S.; DOURISH, P. (1996). Re-place-ing space: The roles of place and space in collaborative systems. Disponível em http://www.ics.uci.edu/~jpd/publications/place-paper.html. Acesso em 15/01/2008.

JENKINS, H. *Cultura da convergência*. São Paulo: Aleph, 2008.

JONES, M. T. (2009). Computação em nuvem com Linux. Plataformas e aplicativos da computação em nuvem. Disponível em http://www.ibm.com/developerworks/br/library/l-cloud-computing/index.html. Acesso em 15/07/2009.

LEMOS, A. *Cibercultura*; tecnologia e vida social na cultura contemporânea. Porto Alegre: Sulinas, 2002.

PISCITELLII, A. *Internet*; la imprenta del siglo XXI. Barcelona: Gedisa, 2005.

RECUERO, R. *Redes sociais na internet*. Porto Alegre: Sulina, 2009.

SANTAELLA, L. *Culturas e artes do pós-humano*; da cultura das mídias à cibercultura. 4. ed. São Paulo: Paulus, 2010.

_____. *Linguagens líquidas na era da mobilidade*. São Paulo: Paulus, 2007.

SHEPARD, M. Locative media as critical urbanism. Disponível em http://www.spatialturn.de/Abstracts/Shepard.pdf. Acesso em 10/01/2008.

SOUZA E SILVA, A. Do ciber ao híbrido. Tecnologias móveis como interfaces de espaços híbridos. In: ARAÚJO, D. C. de (org.). *Imagem (ir) realidade*; comunicação e cibermídia. Porto Alegre: Sulina, 2006.

CAPÍTULO IX

Comunicação virtual: ciberespaço, interculturalidade e telerreligiões

Joana T. Puntel

Todos exercitam a comunicação virtual. Muitos sabem como administrá-la. Poucos a entendem, no entanto se beneficiam ou usufruem dela. Já não é um fenômeno à parte. Todos vivemos nesse novo ambiente. Torna-se cada vez mais constitutivo da pessoa humana. Pesquisadores continuam a perscrutar a "revolução" das revoluções, que está movimentando o mundo atual. Todos têm muito a dizer (pois o mercado precisa de "novidades"). Poucos são profundos e confiáveis. Nada de certezas. Uma só, porém: estamos em um novo patamar da história.

1. Novos cenários

Hoje a comunicação é o "tema central" de um grande número de correntes intelectuais que pensam sobre ela, com abordagens de longo alcance que formam um corpo consistente de visões rivais sobre a matéria, embora se tenha de admitir que o campo de estudo da Comunicação Social é [apresenta-se] desarticulado, conflituoso e vive em permanente crise teórica.

Atualmente, o conceito de comunicação se apresenta "gasto", afirmando-se que "tudo é comunicação". Mas, também, o risco de que "quando *tudo* é comunicação, *nada* é comunicação". Há um alargamento conceitual que exige, porém, do pesquisador ou de quem aborda o tema, uma definição de ângulo: de que lugar e a partir de que ângulo você está falando sobre comunicação?

Pois se pode variar de um processo mais culturalista para um determinismo tecnológico, acentuar ora o produtor da comunicação, ora o meio tecnológico, ora o receptor da mensagem, sem perceber os novos processos que se vão formando, delineando, na "construção" de novos saberes da comunicação. E, ao analisar o pensamento que envolve uma terminologia mais latino-americana, ora a análise privilegia o emissor, ora o receptor, ora a mediação. Todas as análises estão corretas, mas não deixam clara a visão da complexidade do processo midiático.

A partir de uma abordagem da era tecnológica e de informação através da indústria, gerenciamento e comunicação organizacional – é só prestar atenção para o que temos vivido nestes últimos tempos em constantes mudanças de cenários culturais midiáticos; a partir de uma perspectiva orientada para o estudo da mídia segundo uma análise sociocultural, existem preocupações, problemáticas e interesses distintos. Cada abordagem examina determinados fenômenos ou contextos sociais, e a quantidade de literatura sobre o assunto é impressionante.

Diante da complexidade do que significa "comunicação", da não consensualidade sobre os estudos da comunicação, por exemplo, da mídia, e sobre a evolução dos conceitos e paradigmas, é preciso situar o tema no contexto amplo do discurso da *sociedade midiatizada*, pois verificamos ali o surgimento de uma nova visibilidade que está definitivamente relacionado a novas maneiras de agir e interagir trazidas com a mídia.[1]

Portanto, para abordar o tema proposto – "comunicação virtual" –, é preciso, inicialmente, entender os caminhos pelos quais o avanço das mídias comunicacionais transformou a natureza da interação social. É o que o sociólogo inglês John B. Thompson mostra em seu livro *A mídia e a modernidade*, numa perspectiva que pode ser entendida como uma "teoria interacional" da mídia, pois o autor analisa os meios de comunicação em sua relação com as formas de interação que eles tornam possíveis e das quais eles são parte. Afirma que "as mídias comunicacionais não se restringem aos aparatos técnicos usados para transmitir informações de um indivíduo a outro enquanto

---

1 THOMPSON, Mídia e modernidade.

a relação entre eles permanece inalterada; ao contrário, usando as mídias comunicacionais, 'novas' formas de agir e interagir são criadas".[2]

E o que são essas formas de agir e interagir? Para entendermos melhor como se dá este processo de mediação, é preciso entender as variadas formas de comunicação. Vemos assim um cenário em que se destacam ao menos três grandes modelos de comunicação: a comunicação dialógica presencial; a comunicação de massa; a comunicação dialógica não presencial (é onde se situa a comunicação virtual).

É preciso considerar, entretanto, que o surgimento de um novo modelo comunicacional não representa o desaparecimento do anterior. Ao contrário, representa a ampliação de formas comunicacionais e novas combinações da comunicação na sociedade. Portanto, além de procurar entender os nexos de um modelo comunicacional específico, é preciso ver também qual o papel que ele desempenha na relação com os outros modelos.

O *primeiro* modelo comunicacional que queremos registrar é o da comunicação dialógica presencial. O modelo da comunicação é o que chamamos de interação face a face e que percorre largos tempos históricos para chegar até aqui. Nesse tipo de interação, os integrantes estão presentes de forma direta um para o outro e compartilham de uma estrutura espaçotemporal comum; em outras palavras, a interação acontece num contexto de copresença. A interação face a face é "dialógica" tipicamente, no sentido de que geralmente implica um fluxo comunicativo e informativo de duas vias; um dos indivíduos fala com o outro (ou outros) e a pessoa a quem ele se dirige pode responder (pelo menos em princípio), e dessa forma o diálogo se desenrola.

Outra característica da interação face a face é que ela geralmente contempla uma multiplicidade de referências simbólicas; as palavras podem ser complementadas por gestos, expressões faciais, variações de entonação etc., com o objetivo de transmitir mensagens e de interpretar mensagens das outras pessoas.

Talvez, o traço mais importante deste modelo comunicacional é a forma de troca, de compartilhamento que ele promove. Ao permitir a interação, o diálogo, este modelo foi e é fundamental para o desenvolvimento de todo o

---

2   Id., A nova visibilidade, p. 17.

pensamento humano, se compartilharmos a visão de que o mesmo se dá a partir do conflito de ideias e de seu aprimoramento. Ou seja, comunicação só tem sentido entre diferenças, entre subjetividades distintas nos debates ou embates emoldurados pelas questões sociais. É neste processo que evolui o pensamento e, consequentemente, o próprio homem.

Não devemos imaginar este diálogo como sendo realizado entre duas pessoas, sem contexto, sem a mediação social e, por conseguinte, cultural. Claro que para haver diálogo são necessários códigos comuns. E que a subjetividade de cada um se estabelece pela diferença que lhe dá identidade, mas também por contextos sociais que emolduram o diálogo e que lhe dão certa igualdade.

Em síntese, apesar do surgimento de novos modelos comunicacionais, juntamo-nos àqueles que veem o modelo dialógico presencial como fundante e decisivo para dar a tônica ao todo comunicacional. Os demais modelos buscam de alguma forma simulá-lo. Por isso, têm sempre presentes elementos dele, pois dependem da repercussão da comunicação realizada neste modelo todas as demais pretensões de comunicação.[3]

Um *segundo* modelo que apresentamos é o da comunicação nas chamadas *mídias tradicionais de massa*. Envolve cinema, rádio, televisão. Foi o modelo que deu origem às primeiras teorias da comunicação. Teve papel marcante no século passado e ainda é o principal referencial de comunicação na sociedade atual.

As características fundamentais deste modelo são: comunicação mediada pela técnica; ausência de diálogo, apesar de existir troca de sentidos. Este modelo é chamado por Thompson de "quase interação mediada", pois as formas simbólicas são geradas visando a um número indefinido de receptores potenciais. É altamente monológica. Não tem o mesmo nível de reciprocidade e de especificidade interpessoal de outras formas de interação, seja mediada seja face a face. Estabeleceu um comum social midiático que é decisivo para o entendimento da sociabilidade contemporânea e para revelar o chamado "espírito de nossa época". Superou fronteiras geográficas e culturais, transformou a circulação de bens simbólicos num grande mercado, com crescente importância econômica, e com influência social indiscutível.

---

[3] A pesquisa sobre os modelos de comunicação baseou-se, sobretudo, em BRITTO, *Cibercultura*.

Hoje é inimaginável a sociedade que temos sem o papel desempenhado por este modelo comunicacional. Produzidos cada vez em um número de centros mais reduzidos e difundidos de maneira nacional e mundial, os produtos deste modelo guardam a intencionalidade de seus produtores e a lógica impessoal (industrial) de sua produção.

E o *terceiro* modelo é o da comunicação dialógica não presencial, que tem origem recente e, portanto, revela-se como um elemento novo, que reestrutura o todo comunicacional em outros termos, já que tem influência crescente.

A marca essencial deste novo modelo é a combinação da relação dialógica com a mediação técnica, permitindo a simulação do primeiro modelo de comunicação por cima de barreiras de tempo e espaço. Trata-se, segundo Thompson, de "variações de uma interação mediada por computador".

Seria este modelo síntese dos dois anteriores? Bem, é preciso dizer que este novo modelo guarda as características mais positivas de seus precedentes: a questão dialógica como construtora do desenvolvimento do conhecimento e da subjetividade e a mediação das técnicas permitindo superar barreiras geográficas. Entretanto, é preciso ressaltar também o que ela não contém: a presença, fator importante da confiabilidade dialógica; e a difusão ampla, própria do modelo de comunicação de massa, já que a relação dialógica pressupõe recorte e definição de interlocutores. Trata-se do mundo do ciberespaço.

O *ciberespaço* é a dimensão social em que se realiza este novo modelo de comunicação, através de *chats, e-mails,* teleconferências, listas de discussão etc. Dentro dele se realiza também uma comunicação no modelo de massa, mas pesquisas recentes demonstram que a maioria dos acessos visa à relação dialógica não presencial.

A questão que está posta é em que termos este modelo vai se relacionar com os modelos preexistentes para constituir o todo comunicacional e que impactos isto terá na sociedade. Assim, todas as teorias que buscavam refletir sobre o modelo dialógico presencial, sobre o modelo de comunicação de massa ou sobre a relação de ambos, estão agora desafiadas a entenderem o novo modelo e levá-lo em conta na *nova configuração* do todo comunicacional, procurando iluminar suas ligações e o papel de cada modelo dentro dele.

2. Ciberespaço

Antes de adentrarmos, mesmo que brevemente, pelo novo modelo de comunicação, o ciberespaço, concordamos com Lúcia Santaella e com outros pesquisadores sobre o fato de que, ao abordar o ciberespaço, constatam-se duas tendências: "a tendência eufórica" (são os entusiastas, que pregam possibilidades utópicas abertas pelas infovias e suas consequências). Entre estes, figuram, por exemplo, Nicholas Negroponte e Pierre Levy. Pois, como afirma Santaella "eles cultivam não somente a magia da tecnologia, mas também uma crença mitológica de que o capitalismo é um mecanismo justo, racional e democrático, que o capitalismo é benigno e natural".[4]

Por outro lado, existem os "disfóricos". Trata-se do outro extremo. Os impacientes e críticos sempre alertas, mas sem "nenhum respeito" pelas novidade e, sobretudo, especificidades do ciberespaço. Portanto, uma crítica sem profundidade sobre a cultura de massa, a indústria cultural, e sociedade instrumental.

Importante ter em conta que, como prossegue Santaella, quando se aborda a questão da revolução da informação, não se trata simplesmente de um dado de progresso tecnológico. É uma questão "significativa para a nova matriz de forças políticas e culturais que ela suporta".[5]

Sem dúvida, o ciberespaço, como mencionávamos no início, nos faz perceber e estar em um novo patamar, que chamamos "nova revolução". Mas ele é um fenômeno totalmente complexo, onde a comunicação é interativa, usa o código digital universal, é convergente, global, planetária, transforma-se com uma velocidade sem precedentes. E, no dizer de André Lemos,

> o modelo informatizado, cujo exemplo é o ciberespaço, é aquele onde a forma do rizoma (redes digitais) se constitui numa estrutura comunicativa de livre circulação de mensagens, agora não mais editada por um centro, mas disseminada de forma transversal e vertical, aleatória e associativa. A nova racionalidade dos sistemas informatizados age sobre um homem que não mais recebe informações homogêneas de um centro editor-coletor-distribuidor, mas de forma caótica, multidirecional, entrópica, coletiva e, ao mesmo tempo, personalizada.[6]

---

[4] SANTAELLA, *Culturas e artes do pós-humano*, p. 72.
[5] Ibid., p. 73.
[6] LEMOS, *Cibercultura*, p. 85.

O que está em jogo nesse processo de digitalização do mundo é o desaparecimento do discurso clássico: emissor e receptor. Assim, compreende-se melhor a passagem do modelo informal de comunicação para o modelo de comunicação de massa e deste para o atual modelo de redes de comunicação informatizadas, como explicitado nos três modelos de comunicação, no início deste trabalho.

Dois aspectos importantes e "revolucionários", entre muitos, que queremos abordar a esta altura, sobretudo porque toca diretamente não só a possibilidade de oferecer uma quantidade gigantesca de informações aos interagentes, que terão o poder de escolher, triar e buscar o que lhes interessa.[7] É a questão do *processo comunicacional*, ou seja, a maneira de desenvolver, realizar a comunicação. Isto questiona as instituições, sejam educacionais, sejam puramente comerciais, especialmente nos seus métodos de comunicar-se. A geração dos "nativos digitais" não suportará por muito tempo um sistema educacional que não se renove nos seus métodos de transmissão do conhecimento (desaparece a unilinearidade, do emissor para o receptor). É um imperativo, por exemplo, para as escolas, não a simples aquisição de novos computadores (se houver verbas!), mas *o que* se faz, e a potencialidade que o espaço que o computador oferece, isto é, o ciberespaço. Os professores, por exemplo, devem ser formados nesta nova mentalidade para poder "lidar" com valores, como a liberdade responsável etc., a imaturidade dos adolescentes etc. Se não se possuir a mesma linguagem, ou seja, um processo comunicacional interativo, tudo será visto como "caótico", sem respeito à autoridade. Está aí um filão maravilhoso, uma plataforma nova de ensino que requer, entretanto, nova mentalidade, nova concepção de professor.

Mas, de modo particular, o processo comunicacional questiona, faz refletir e quase "exigir" da Igreja, por exemplo, o conhecimento da nova cultura, da adoção de novos métodos pastorais que dialoguem com a cultura contemporânea. Também aqui, trata-se de algo que vai além da aquisição de novos equipamentos, mas da compreensão de que, para ser fiel ao Reino de Deus, é preciso entrar em diálogo com a cultura contemporânea e ir ao encontro do "sujeito" onde ele se encontra, já reforçava isto o Documento de Aparecida (484-490).

---

7   CASTELS, *The information Age*.

Um segundo aspecto é a questão da cibercultura. Afirma Lemos que "a cada época da história humana corresponde uma cultura técnica particular".[8] Entretanto, compreender a cibercultura somente pela sua dimensão técnica seria um catastrófico reducionismo. É ainda Lemos que, na sua *expertise*, afirma: "A cultura contemporânea, associada às tecnologias digitais (ciberespaço, simulação, tempo real, processos de virtualização etc.), vai criar uma nova relação entre a técnica e a vida social, que chamaremos de cibercultura [...]. A cibercultura resulta da convergência entre a sociabilidade contemporânea e as novas tecnologias".[9]

A tecnologia digital possibilita ao usuário interagir, não mais apenas como objeto (a máquina ou a ferramenta), mas com o conteúdo. E a relação (ou interação) homem-tecnologia tem evoluído a cada ano no sentido de uma relação mais ágil; é a época da comunicação planetária fortemente marcada por uma interação com informações, cujo ápice é a realidade virtual.

3. Espaço relacional

Sem desconhecer as críticas e inúmeras interrogações que surgem, atualmente, quanto à questão do elemento relacional (não objeto do nosso estudo aqui!), podemos considerar que o ciberespaço se apresenta também como a possibilidade de colocar em contato pessoas do mundo todo. Essas pessoas estão se unindo, fazendo uso da potencialidade que a internet lhes possibilita, por exemplo, para bater papo, para trocar arquivos, fotos, música, correspondência, para fazer reunião por interesses comuns. O e-mail, por exemplo, e os *chats* são hoje as ferramentas midiáticas mais utilizadas pela internet. Mais do que um fenômeno técnico, o ciberespaço é um fenômeno social.

E aqui se pode desenvolver a *interculturalidade*, pois a dinâmica social do ciberespaço cria novos programas que permitem a interatividade social, e a rede pode agregar pessoas independentemente de localidades geográficas. Com o ciberespaço, as pessoas podem formar coletivos mesmo vivendo em cidades e culturas bem diferentes. Chega-se, assim, à questão das *comunidades*

---

8   LEMOS, *Cibercultura*, p. 17.
9   Ibid., p. 18.

virtuais, isto é, grupos de pessoas globalmente conectadas na base de interesses e afinidades, em lugar de conexões acidentais ou geográficas.[10]

São muitos os autores que se expressam sobre as comunidades virtuais. Por exemplo, Brenda Laurel diz que as comunidades virtuais são "as novas e vibrantes aldeias de atividades dentro das culturas mais amplas do computador".[11] São agrupamentos de pessoas que podem ou não se encontrar face a face, e que trocam mensagens e ideias através da mediação das redes de computador.

Naturalmente que faz sentido aqui lembrar a noção clássica de comunidade: está sempre ligada à ideia de um espaço de partilha, a uma sensação, a um sentimento de pertencimento, de inter-relacionamento íntimo com determinado agrupamento social. Entretanto, sociologicamente, a ideia de comunidade é uma invenção, discorre Lemos, dos primeiros expoentes dos estudos sociais, que partiram de uma perspectiva evolucionista marcando a passagem de sociedade tradicional (comunidade) para a sociedade moderna (a sociedade). Mais tarde, Ferdinand Tönnies propõe a diferenciação entre comunidade e sociedade.[12]

O que, sim, poderíamos levar em conta, ao observar a sociedade contemporânea, é que estão surgindo *novas sociabilidades, novas comunidades* e *novos pertencimentos*. Nascem variadas formas de socialização nas redes: pontos de encontro, áreas de trabalho, de discussão, e cafés eletrônicos, nos quais há uma vasta transmissão de palavras, de imagens e sons, que se tornam lugares de geração de sociabilidade. Formam-se, então, as comunidades virtuais, e há quem diga já que surgem novos pertencimentos, ou seja, novas formas de "estar junto". Reinventando novas e criativas modalidades de estar juntos, criam-se novos projetos de sentido construídos por meio do discurso e da relação. Por exemplo, "enquanto são destruídas velhas formas de solidariedade, nos lugares da vida e do trabalho são criadas novas formas de mutualidade, reciprocidade, conversa e convivência social baseadas na confiança pessoal".[13]

---

10 SANTAELLA, *Culturas e artes do pós-humano*, p. 121.
11 Citada na obra de SANTAELLA, *Culturas e artes do pós-humano*, p. 122.
12 LEMOS, *Cibercultura*, p. 153.
13 LIMENA, Cidades globais, cidades virtuais: a construção da identidade-lugar em tempos de incerteza, pp. 66-67.

4. O fenômeno da midiatização

A midiatização da sociedade é, hoje, um elemento central, porque o que caracteriza o comunicacional é uma preocupação com os fenômenos da interação humana, independentemente dos vários olhares, muito diferenciados, com que se pode olhar a mídia. Na verdade, como diz o grande pesquisador da Unisinos (RS) Antônio Fausto Neto, a midiatização é um conceito em formação e desenvolvimento, e como objeto central de estudo é bem recente, dos últimos dez ou doze anos.

Não há dúvida de que a sociedade contemporânea está imersa em um espaço midiatizado,[14] regido pelas novas tecnologias e moldado pelo virtual. O que ocorre (e é o "novo"!) é que a comunicação centralizada, unidirecional (unilinear) e vertical *é transformada*, especialmente pela ambiência proporcionada pelas redes digitais. Nesse contexto, a mídia deixa de ser um campo fechado em si, de utilidades apenas instrumentais, e passa à condição de produtora dos sentidos sociais.

Segundo Sodré, "midiatização [...] é a articulação do funcionamento das instituições sociais com a mídia". Para ele, trata-se de algo realmente novo, "fruto das transformações nos modos de urbanização e no advento das tecnologias da informação e da comunicação, vetorizadas pelo mercado capitalista".[15] Ele considera que a principal consequência social da "telerrealização das relações humanas" é a "redefinição dos modos de constituição da comunidade humana".

No entender de Pedro G. Gomes, da Unisinos, "este novo modo de ser no mundo está relacionado com o fato de que, hoje, as novas gerações já são nativas digitais. Muito mais do que antes, somos seres em comunicação global. Este é um modo de ser em rede comunicacional. Há um processo, pode-se dizer, de superação da existência individual para o estabelecimento de um corpo coletivo". Por isso, Gomes diz que "a tecnologia digital está colocando a humanidade num patamar distinto. Este patamar, muito embora tenha

---

14 SODRÉ, *Antropológica do espelho*.
15 Ibid..

raízes no progresso anterior, representa a constituição de uma nova ambiência social".[16]

Na continuação do seu discurso, Gomes considera que tal fato é um salto qualitativo, porque representa um estágio superior do qual não há volta. Exemplifica que, assim como a invenção do alfabeto foi um salto qualitativo com respeito à oralidade, e a eletricidade com respeito ao vapor, a tecnologia digital está colocando as pessoas em uma nova ambiência social.

5. Telerreligiões

Neste processo revolucionário, independente ou não da comunicação virtual, assistimos ao fenômeno das telerreligiões. Cresce o interesse pelo tema "mídia e religião". Multiplicam-se também as pesquisas sobre a "cultura gospel", sobre a midiatização. A predominância vem da parte dos evangélicos. Pouca pesquisa e profundidade por parte dos católicos. Há, para estes últimos, um incentivo a perceber a necessidade de entrar "nesse mundo" que está aí. Ainda que tenha havido ao longo dos anos, por parte dos documentos da Igreja sobre comunicação, uma progressiva insistência para a formação no campo da comunicação, predomina, ainda, o fascínio pela máquina (sempre por razões "pastorais"), sem o hábito indispensável do qualificar a pastoral, conhecendo, compreendendo e, portanto, atuando dentro de uma nova cultura da comunicação. Aí reside a força do diálogo entre fé e cultura; uma cultura de onde emerge um "novo sujeito", onde se desenvolve uma nova relacionalidade e, portanto, novas formas de atuar na evangelização.

Considerar o fato de que os evangélicos avançam em horas e canais de televisão para a sua pregação e seu vínculo com o povo; apontar os erros litúrgicos que se expressam nas missas televisionadas; criticar os padres midiáticos... tudo isso permanece sempre no âmbito da superficialidade, do "gosto ou não gosto". Especialmente em seminários ou para estudantes de teologia, a comunicação deveria ser uma das disciplinas obrigatórias e de igual valor a muitas outras! É urgente a superação de conceber a comunicação como algo a se preparar para "usar o equipamento". Há um discurso mais profundo a ser feito que inicia com a comunicação, no seu sentido antropológico, cultural e

---

16 Pedro G. Gomes, pesquisador do Programa de Pós-graduação em Comunicação da Unisinos. Entrevista à IHU On-line (*Revista do Instituto Humanitas Unisinos*), abril de 2009, edição 289, p. 5.

social que deve levar à compreensão de que há novas formas de relações entre atores sociais e práticas midiáticas. Há uma nova maneira de "fazer religião", no contexto da midiatização das práticas sociais. É preciso adentrar nestes novos processos que permeiam o discurso religioso, compreender os telefiéis e não somente preocupar-se com o conteúdo a ser transmitido.

Trata-se de refletir e estabelecer "eixos essenciais" que norteiem a prática de agentes sociais (e pastorais) com coesão de princípios (sempre renovados!) e aplicados de forma inculturada e que ajudem as pessoas a viverem a sua fé de forma autêntica e completa, sem o peso total na emoção.

É preciso ter em conta que a apropriação humana das capacidades técnicas não é uma mera aprendizagem da manipulação técnica dos dispositivos; pressupõe uma indagação e um questionamento acerca do que significa entrar em uma sociedade midiatizada, em encontrar-se diante de um "quarto bios", de um novo sujeito na contemporaneidade das relações.

Uma vez perguntado sobre como aplica o processo de midiatização ao cenário religioso brasileiro, o estudioso Fausto Neto respondeu:

> Talvez o Brasil seja o país no qual mais o campo religioso tem permeado suas práticas pela presença de operações de mídia. Este fato tem a ver com vários fatores intrínsecos à vida das instituições, mas, sobretudo, o fato de o exercício da vida religiosa se organizar em torno de algo que chamamos um novo e complexo mercado discursivo no qual se travam disputas de sentido nas quais a noção de crença é redesenhada a complexos processos de experimentação. Penso que a "economia do sensível" promovida pela emergência de linguagens, técnicas e operações midiáticas favorece uma nova "cultura do contato" e que se expande até mesmo nos rituais onde o contato estaria a serviço do "contrato", este enquanto ofertador das condições sobre as quais organizávamos nossas possibilidades de crer. Hoje, crer não requer abstração, na medida em que a vida midiática une de formas totalmente novas o profano e o sagrado.[17]

Na compreensão de Gomes, não seria prudente ignorar o fato da midiatização e tratar o problema como se fosse uma questão de dispositivos tecnológicos ligados à dimensão econômica e política. Ele não pode ressuscitar problematizações da década de 1970. A realidade avançou e nos sobrepassou.[18]

---

17 Antônio Fausto Neto. "A midiatização produz mais incompletudes do que as completudes pretendidas, e é bom que seja assim". Entrevista à IHU On-line (*Revista do Instituto Humanitas Unisinos*), abril de 2009, edição 289.

18 Em vários parágrafos que seguem, nos serviremos literalmente da reflexão (pesquisa) desenvolvida por

Quando entram no mundo da mídia, as Igrejas não levam em conta que o processo mudou. Os dispositivos tecnológicos, tão importantes, são apenas uma pequena parte, a ponta visível do iceberg, de um novo mundo estruturado pelo processo de midiatização da sociedade. Estamos vivendo hoje uma mudança de época, um câmbio epocal, uma nova inflexão, com a criação de um bios midiático que toca profundamente o tecido social. Surge uma nova ecologia comunicacional. É um bios virtual. Entendo que muito mais que uma tecno-interação, está surgindo um novo modo de ser no mundo representado pela midiatização da sociedade.

A midiatização é a reconfiguração de uma ecologia comunicacional (ou um bios midiático). Torna-se (ousamos dizer, com tudo o que isso implica) um princípio, um modelo e uma atividade de operação de inteligibilidade social. De outra maneira, a midiatização é a chave hermenêutica para a compreensão e interpretação da realidade. Nesse sentido, a sociedade percebe e se percebe a partir do fenômeno da mídia, agora ampliado para além dos dispositivos tecnológicos tradicionais. Por isso, é possível falar da mídia como lócus da compreensão da sociedade. Isso é tão imperioso que a posição, até então revolucionária, do *palco à plateia* perde seu sentido e é superada. Agora existe um teatro de arena, onde não mais se fala de palco e de plateia, pois é impossível pensar uma realidade sem palco, uma vez que ele abarcou tudo. As pessoas não distinguem mais a sua vida separada do palco, sem ele. Se um aspecto ou fato não é midiatizado, parece não existir.

6. Referências bibliográficas

BRITTO, R. R. *Cibercultura*; sob os olhares dos estudos culturais. São Paulo: Paulinas/Sepac, 2009.

CASTELS, M. *The information age*; economy, society and culture. Massachusetts: Blackwell, 1996. v. 1 (The rise of the network society).

GOMES, P. G. *Midiatização e processos sociais na América Latina*. São Paulo: Paulus, 2009.

LEMOS, A. *Cibercultura*; tecnologia e vida social na cultura contemporânea. Porto Alegre: Sulina, 2002.

LEVY, P. *Cibercultura*. Rio de Janeiro: Editora 34, 2000.

Pedro Gilberto Gomes no que diz respeito à midiatização e Igreja (ou campo religioso) e expressa no livro *Midiatização e processos sociais na América Latina*.

LIMENA, M. M. C. Cidades globais, cidades virtuais: a construção da identidade-lugar em tempos de incerteza. In: BORELLI, S.; FREITAS, R. F. (orgs.). *Comunicação, narrativas e culturas urbanas*. São Paulo: Educ, 2009.

SANTAELLA, L. *Culturas e artes do pós-humano*; da cultura das mídias à cibercultura. São Paulo: Paulus, 2003.

SODRÉ, M. *Antropológica do espelho*; uma teoria da comunicação linear e em rede. Petrópolis: Vozes, 2002.

THOMPSON, J. B. A nova visibilidade. *Matrizes*, n. 2, abril de 2008.

_____. *Mídia e modernidade*. Petrópolis: Vozes, 2005.

CAPÍTULO X

O Cristianismo entre o próximo e o distante no processo comunicativo

Mario de França Miranda

O tema que me foi proposto já orienta suficientemente nossa reflexão. Trata-se de confrontar o Cristianismo com a realidade da comunicação enquanto se realiza na proximidade ou na distância. Sujeito principal aqui é o próprio Cristianismo, o que nos dispensa um tratamento prévio ao tema da comunicação enquanto tal, tratada sobejamente em outras partes desta obra.

1. Cristianismo e comunicação

Poderíamos iniciar com uma questão. *Por que* deve o Cristianismo se comunicar? Pois uma religião pode ficar restrita a um povo, ou a uma etnia, ou mesmo a uma tribo, sem que seus membros pensem em comunicá-la para outros. O que não acontece com o Cristianismo. Pois este apresenta uma *pretensão à universalidade* tal que nada ou ninguém pode ficar de fora. Ele apresenta primeiramente o *sentido* para a totalidade da realidade, da história, da humanidade. Também oferece a *salvação* trazida por Jesus Cristo a *todos* os homens e *todas* as mulheres de qualquer época ou região do mundo. Pois confessa o Filho de Deus como revelador definitivo e como salvador único e universal da humanidade. Ao proclamar a construção do *Reino de Deus* como meta de sua vida, em obediência ao Pai, o Mestre de Nazaré, por suas palavras e ações, procurava fazer surgir uma sociedade alternativa para a humanidade baseada no acolhimento de um Deus de amor, na partilha de bens, no amor recíproco, na justiça para todos. Assim podemos afirmar ser o próprio conteúdo da mensagem cristã que a impede de se limitar a um povo ou uma região.

Podemos continuar pondo outra pergunta. *O que* afinal comunica o Cristianismo? Poderíamos ser tentados a responder que transmite uma doutrina e padrões morais que, afinal, marcaram profundamente a cultura ocidental, e que se refletem nas artes, na filosofia, na organização da sociedade, na área educacional e assistencial. A resposta não deixa de ser correta, mas não chega ao *núcleo* verdadeiro do Cristianismo. Pois a revelação cristã não consistiu tanto em desvendar os desígnios de Deus para a humanidade quanto em realizar a *doação* do próprio Deus a esta humanidade. Uma doação de raízes eternas, de um começo temporal no nascimento de Jesus, de uma revelação em sua história e em sua morte e, finalmente, de uma comprovação em sua ressurreição dos mortos. De fato o mistério pascal é o cerne da verdade cristã.

Portanto, a comunicação que Deus faz de si próprio não é apenas verbal, mas *real*, tendo se dado em seu Filho e no Espírito Santo. Deste modo a aceitação livre na fé por parte de cada indivíduo, mais do que aderir a doutrinas ou normas morais (o que não se nega), consiste em acolher o próprio Deus, ao assumir o modo de vida e o destino de Jesus. Então o cristão vive também o seu mistério pascal (Fl 3,10s) e experimenta o modo de ser de Deus, seu amor, sua misericórdia, sua gratuidade. Esta experiência pessoal de sentido, de plenitude, de força, que conhecemos como *experiência salvífica*, é a dimensão mística da fé, às vezes tão esquecida na Igreja.

Esta experiência pressupõe uma fé adulta, madura, comprometida, que transforme e molde a vida do fiel, tornando-o *diferente* porque cristão. Aqui já podemos responder à questão posta anteriormente. O Cristianismo *comunica uma realidade viva*, o próprio Deus se doando a si próprio a cada ser humano para fazê-lo participar de sua vida eternamente feliz. Esta doação é uma realidade histórica naqueles que a acolhem verdadeiramente, os quais se tornam *testemunhas de Deus* ao apontarem para Ele por suas vidas, por suas crenças, por suas ações. Portanto cada geração de cristãos transmite às gerações seguintes o que ela própria crê, o que é, o que vive. O processo comunicativo é mais amplo do que formulações doutrinais ou normas morais. Ele implica assim o testemunho da própria comunidade eclesial, que deve ser sinal da salvação de Deus para a humanidade. Ela continua assim na história a missão salvífica do Pai, começada no envio do Filho e do Espírito Santo.

Uma terceira questão poderia ainda ser colocada. Qual a *finalidade* desta comunicação cristã? Embora de certo modo já respondida acima, ela exige uma exposição mais completa. Pois a salvação cristã é uma *realidade complexa* que abriga componentes divinos e humanos. Ela remete, por um lado, ao próprio *Deus*, já que a felicidade perfeita do ser humano, enquanto ser aberto ao infinito, vem a ser Deus sem mais, como já afirmava Tomás de Aquino. Realmente só Deus pode satisfazer a sede humana por felicidade, experiência que todo mortal mais atento faz em sua vida. Por outro lado, ela é salvação *do ser humano*, isto é, tem que salvar, otimizar, recuperar e levar à plenitude todas as dimensões dele: vida corporal, espiritual, intelectual, afetiva, social, econômica, ecológica etc. Aqui a salvação cristã que é simples (Deus mesmo) se diversifica, se pluraliza, se concretiza diferentemente, podendo uma dimensão emergir mais fortemente, seja numa época da história, seja na vida do indivíduo. Naturalmente há uma primazia da dimensão espiritual sobre as demais, mas estas não são descartáveis, pois a salvação cristã implica que o *homem todo* seja salvo. Observemos também que este só se realiza adequadamente enquanto é ser social. Portanto, a salvação cristã jamais é assunto meramente individual, já que implica necessariamente o comportamento de cada um com relação a seu semelhante, à sociedade onde vive, à cultura que partilha com outros. Deste modo a fé cristã exclui de antemão uma noção errada de salvação cristã de cunho espiritualista e individualista. A quarta questão que surge neste momento já pede um tratamento mais detalhado e que irá nos ocupar no restante destas linhas. Trata-se da pergunta: *como comunicar* a mensagem evangélica, ou melhor, a realidade salvífica de tal modo que possa se tornar também para os outros uma experiência de plenitude, de sentido, de felicidade?

2. O processo comunicativo como próximo

Entendemos o processo comunicativo da fé como próximo pelo fato de acontecer numa *comunidade eclesial local*, cuja amplitude pode variar desde um grupo de fiéis que se reúne em torno da Palavra de Deus até as dimensões de uma diocese. O contexto vital com seus desafios existenciais, bem como o entorno cultural caracterizado pelas tradições herdadas e os valores nelas presentes, *configuram* uma identidade social que pode se distinguir de outras. Portanto, a comunicação da realidade salvífica irá necessariamente apresentar características próprias, embora este fato só mais recentemente tenha emergido na consciência eclesial com a temática da inculturação da fé.

O *processo comunicativo próximo* se realiza primeiramente, como nos ensina o Novo Testamento, através do *querigma*, a saber, do anúncio primeiro por parte dos apóstolos ao proclamar a pessoa de Jesus Cristo como salvador da humanidade. Esta proclamação provoca uma resposta: a *acolhida na fé* da pessoa do Salvador, que implica uma mudança de vida conhecida tradicionalmente como conversão. Naquele tempo os ouvintes eram os não batizados, mas hoje o auditório é mais amplo devido à ignorância religiosa, ao indiferentismo e à confusão reinante na atual sociedade pluralista e secularizada. Todo o planeta é hoje terra de missão. Este fato deve ser levado a sério pela pastoral da Igreja.

A proclamação da Palavra de Deus não se esgota no discurso, pois nela o próprio Deus se doa ao ouvinte, capacitando-o a acolhê-la por força do Espírito Santo e proporcionando-lhe uma experiência de sentido, de plenitude, de salvação. Estamos às voltas com um *autêntico evento salvífico*. Por não se tratar de uma argumentação para provar uma verdade que mobilize a inteligência, e sim de um anúncio de um fato histórico que apela à liberdade, ganha importância *a pessoa que anuncia*. Pois ela proclama o que crê, anuncia o que vive, enfim manifesta sua fé. No fundo ela procura transmitir aos outros sua experiência salvífica pessoal. Daí a importância do testemunho por parte do que proclama a Palavra. Pois junto com suas palavras se manifestam também seu compromisso de vida, suas convicções básicas, sua alegria enraizada na fé, seu zelo e seu ardor apostólico.

Além do querigma, o processo de comunicação através da pregação se faz também pela homilia e pela catequese, que não devem perder de vista sua finalidade não apenas doutrinal, mas ainda de *estímulo e guia* para um autêntico encontro com Deus. Não podemos deixar de mencionar as celebrações litúrgicas, especialmente as sacramentais (sobretudo a Eucaristia), como expressões da ação salvífica de Deus chegando até nossa realidade humana. Enquanto conseguem sinalizar o gesto de Deus e ser devidamente captadas, estas celebrações são, de fato, meios de comunicação para a fé cristã. A uniformidade litúrgica do segundo milênio, desrespeitando contextos culturais e costumes locais, impede ainda hoje que celebrações oficiais realizem todo o seu potencial evangelizador.

Pois, embora sejam modalidades distintas de comunicar a fé cristã, devem apresentar o núcleo da mensagem cristã, a saber, a revelação do amor incondicional de Deus por todos os seres humanos, manifestado na vida, paixão, morte e ressurreição de Jesus Cristo e confirmado pela ação do Espírito Santo. Este amor derramado nos corações dos fiéis pelo Espírito Santo (Rm 5,5) os leva a assumir a mesma atitude divina amando a Deus no amor a seus semelhantes. Testemunhar o Evangelho é testemunhar este amor não em palavras, mas na vida de cada dia. Hoje, quando certo catolicismo tradicional pouco fala a nossos contemporâneos, o testemunho que move está na caridade para com todos, especialmente para com os mais necessitados. Só assim a vida dos cristãos consegue proclamar o Deus-amor numa sociedade secularizada e cada vez menos familiarizada com símbolos religiosos.

Tudo o que vimos até aqui acontece no interior da *Igreja*. Mas ela também pode ser considerada em si mesma, enquanto é comunidade dos que creem, sujeito da comunicação da fé. Sua simples presença na sociedade deveria testemunhar a presença atuante de Deus entre os seres humanos, deveria ser o *sinal* da salvação de Deus no interior da história. É importante que a sociedade veja que os valores do Reino de Deus podem ser, de fato, uma realidade vivida e não apenas sonhada. É importante que nossos contemporâneos comprovem a repercussão social da fé numa comunidade marcada pelo amor, pela partilha, pela justiça. A força comunicativa da vida cristã autêntica é bem superior e mais decisiva do que o ensino doutrinal, os marcos morais, as celebrações litúrgicas. Nada empana mais o brilho da fé cristã, nada prejudica mais sua credibilidade, nada diminui mais sua força irradiante do que os fatos ocorridos no interior da Igreja que contradizem o que ela mesma proclama. Pois ela é, no fundo, não tanto uma comunidade que se identifica pelos enunciados doutrinais, pelas práticas morais ou pelas celebrações comuns, mas mais uma comunidade que acolhe o gesto salvífico de Deus na pessoa de Jesus Cristo e vive esta vida nova pautada pelo amor fraterno. Só assim ganha *força significativa e credibilidade* a proclamação da Palavra de Deus. Só assim ganham fundamentação e sentido as celebrações do culto, os sacramentos, as atividades pastorais, assistenciais ou sociais. A Igreja latina, por razões históricas que não nos cabe julgar, cultivou sobretudo a doutrina, o direito eclesiástico e a estrutura hierárquica, deixando em segundo plano a dimensão mística da fé, a ação do Espírito Santo e a experiência de Deus, aparecendo mais em seu aspecto institucional, que pouco fala a nossos contemporâneos.

É toda a Igreja que comunica a ação salvífica e vitoriosa de Deus através de todos os seus membros na vida cotidiana e familiar, na fé e na oração, no serviço à comunidade, no compromisso pelos necessitados, no relacionamento social, na área educacional, cultural, política ou profissional. A importância da mídia na atual sociedade pede uma presença maior da fé cristã (e não só da Igreja) em seus veículos, sobretudo na imprensa, rádio e televisão bem como na internet. O que não acontecerá a não ser que se restitua ao laicato sua condição de sujeito na Igreja, se valorize seu testemunho e sua atuação na sociedade, embora uma inércia de séculos ainda impeça a mudança de mentalidade por parte das autoridades eclesiásticas.

Primeiramente, a ação evangelizadora de *leigos e de leigas* deveria ter um maior reconhecimento por parte da Igreja, pois são os principais responsáveis pela transmissão da fé nas famílias, nas escolas, nas catequeses, nas paróquias. Presenciamos hoje a crise da instituição paroquial, devido à quantidade excessiva de fiéis que impedem uma autêntica vivência comunitária. Mas também felizmente constatamos o surgimento de grupos menores de católicas e católicos reunidos em torno da Palavra de Deus para partilhar suas experiências religiosas ou simplesmente suas vivências existenciais. Tais grupos quando se abrem para fora de si, envolvendo-se com o seu meio humano e cultural, podem se constituir como a vanguarda de uma presença da Igreja em ambientes onde jamais pisará uma autoridade eclesiástica.

Aqui aparece claramente como o *contato pessoal* através da conversação constitui um meio de comunicação primordial. Naturalmente não pode consistir em despencar afirmações doutrinais ou normas morais sobre a cabeça do interlocutor. Importa primeiramente saber ouvi-lo e entendê-lo para que o potencial salvífico da mensagem cristã possa ir ao encontro de uma situação existencial concreta. Em seguida este contato primário pressupõe certa formação teológica por parte do evangelizador que o libere dos chavões doutrinantes ou moralizantes. Aqui o Mestre de Nazaré, ao abordar as pessoas, constitui um exemplo único para todos os cristãos.

Há ainda um ponto fundamental no processo comunicativo de cunho "local" e que perpassa todas as mediações anteriormente mencionadas. Refiro-me ao contexto sociocultural onde este processo se realiza. Todo ser humano só o é tal por viver no interior de uma cultura que lhe proporciona uma visão própria da realidade (*worldview*) e lhe oferece orientações para seu agir (*ethos*). Representações mentais, expectativas humanas, práticas sociais, linguagens comuns, normas para a vida de família, de trabalho, de lazer, tudo isso constitui o quadro em cujo interior o indivíduo encontra-se a si mesmo, sua identidade social, sua realização afetiva, profissional, religiosa. A Palavra de Deus só será significativa, pertinente, se for ouvida, entendida e vivida como tal *neste contexto* sociocultural. Neste sentido ela deve se inculturar, já que foi transmitida e expressa em outra cultura, a saber, na cultura do evangelizador, o que pode ser um sério obstáculo para sua comunicação, como nos atesta a história do Cristianismo. Hoje experimentamos a grande dificuldade na transmissão da fé porque a cultura das jovens gerações apresenta mudanças substantivas com relação às anteriores.

Há aqui toda uma tarefa complexa por várias razões. Primeiramente porque nem tudo em determinada tradição cultural pode ser acolhido pela fé cristã, ocasionando assim o fenômeno da evangelização da cultura. Também porque esta tarefa deverá ser realizada pelos próprios membros da cultura em questão, o que pode exigir muito tempo. Pois aí está implicada a criação de novas linguagens e práticas que não podem contradizer a mensagem evangélica e que devem ser aceitas pela Igreja Universal. Além disso, as rápidas e sucessivas mudanças que hoje experimentamos devido aos novos desafios, aliadas ao fenômeno da globalização, tornam a tarefa mais difícil. Mas que fique claro: o processo de comunicação é necessariamente um processo de inculturação.

3. O processo comunicativo como distante

No processo comunicativo a distância devemos distinguir entre o que acontece através da televisão e o que se realiza através da internet, pois cada um deles apresenta características próprias que impedem um tratamento conjunto.

a) A mediação televisiva, sua linguagem e sua problemática

Linguagem deve ser aqui compreendida num sentido amplo e denso da palavra. Seu conteúdo semântico equivaleria, portanto, ao significado da palavra *cultura*. Deste modo a mídia não se contenta em ser apenas um "meio", um canal de comunicação, mas se constitui como um autêntico contexto cultural próprio. Mais adiante mostraremos como esta afirmação é correta e fundamentada. Enquanto transcende o nível de simples instrumento mediático erigindo-se em cultura mediática, a linguagem dos meios de comunicação, de modo especial da televisão, exige de nós uma reflexão mais séria.

Pois é a cultura que fornece nossa identidade, plasma nossas estruturas mentais, configura nossa afetividade e nos capacita a interpretar a existência. Ela constitui mesmo nossa vida social ao nos fornecer orientações que modelam nosso comportamento. Em caso contrário, não conseguiríamos governar nossos impulsos, conviver com nossos semelhantes e atuar na natureza. Observemos também que a cultura não representa apenas uma grandeza iluminadora e normativa da vida social, encontrando-se dela separada. Pois a cultura viva está sempre embutida no comportamento das pessoas e nas práticas sociais. Toda cultura é não só representação, mas também ação. Somos não só conhecedores, mas ainda atores culturais.

A linguagem mediática possui todas estas características da cultura, porém de *modo específico*. De fato ela nos fornece uma visão da realidade e um *ethos* correspondente, afeta nosso imaginário e muda nosso comportamento, localiza nossas preocupações e estimula nossas aspirações. Isto tudo se deve à forte influência exercida por esta linguagem mediática em nosso atual contexto sociocultural. Na opinião de João Paulo II, a mídia audiovisual representa "o principal instrumento de informação e de formação, de guia e inspiração dos comportamentos individuais, familiares e sociais".[1] Assim se confirma que não estamos lidando apenas com um meio neutro, mas com uma fonte real de significados e atitudes, de estímulos e metas, numa palavra, com uma cultura. Como podemos caracterizá-la?

---

1   JOÃO PAULO II, Encíclica *Redemptoris Missio* (A missão do redentor), n. 37.

Tomemos três características mais evidentes que apresentam forte incidência em nossa reflexão. São elas: *o predomínio da linguagem visual, a pressão do fator econômico e a tendência a homogeneizar os conteúdos*. Grande parte do fascínio e do sucesso das emissões televisivas está na facilidade de captar a comunicação feita *através das imagens*. A aceleração do ritmo de vida, o consequente cansaço e a diminuição do tempo disponível consagram a lei do menor esforço, propiciando o domínio inconteste da comunicação através dos sentidos. Sem dúvida alguma, a informação, que dispensa a atitude reflexiva e crítica, que não contextualiza os acontecimentos, tende a ser superficial, episódica, objeto de consumo, podendo mesmo ser etiquetada como "entretenimento".

Esta linguagem desanima exposições mais sérias, porque exigem mais tempo, e consagra apresentadores que Pierre Bourdieu classifica como *fast-thinkers*. Os temas mais complexos são apresentados simplificados, facilmente assimiláveis, deixando no silêncio suas verdadeiras causas, sejam elas de cunho religioso, cultural, social, econômico ou político. Esta leitura mediática *descontextualiza e reelabora* em sua ótica os temas religiosos, podendo reduzi-los a entretenimento. Com isto a proclamação cristã restaria prisioneira do âmbito informativo, perdendo assim sua característica fundamental, a saber, de ser interpelação e apelo à liberdade humana para uma conversão ao Evangelho e para um compromisso pelo próximo. Não se nega o impacto das imagens no público televisivo; apenas se questiona seu efeito real na vida das pessoas.

A *segunda característica* aponta para o alto custo das emissões televisivas, que acabam por subordiná-las aos patrocinadores. Estes, por sua vez, apenas se interessam por um público de audiência cada vez maior, que compense o investimento feito através do sucesso de venda de seus produtos. Neste momento os índices de audiência ganham uma importância desmesurada e se tornam a preocupação principal dos que trabalham na mídia. Esta mentalidade age como uma censura camuflada, eliminando ou transformando informações de peso ou produções de boa qualidade. E, naturalmente, priorizando outras de valor duvidoso que garantem, entretanto, bons dividendos. A luta pelo público por parte dos diversos canais pode levar tais programas a níveis lamentáveis, como acontece em nosso país.

A evangelização mediática não pode escapar da *mentalidade-índice-de--audiência*. Deste modo, a proclamação da fé corre o risco de se ver, na mídia, reduzida ao que garanta maior frequência ou diluída ao que facilite maior consumo. Priorizando o sensacional, o emotivo, o chocante, acaba a mídia por canonizar a "Igreja-espetáculo", deixando em silêncio elementos mais importantes da vida cristã: a fé viva, a oração, as obras de caridade, o esforço missionário, as renúncias cotidianas.

Com isto chegamos à *terceira característica*, que consiste na tendência a *homogeneizar* os conteúdos transmitidos pela mídia. Pelo fato de produzir para um grande público, a mídia tende a padronizar suas emissões para poder atingir a todos. São elas *destituídas* de tudo o que possa limitar ou diminuir um possível público. Tendem a reproduzir ideologias e valores da cultura dominante. Tornam-se assim homogeneizadas para não apresentarem asperezas ou levantarem problemas. Prioriza-se o sensacional, o chocante, o extraordinário, sem preocupação alguma de ir às suas verdadeiras raízes ou explicá-lo como parte de uma mais vasta problemática de cunho social.

Portanto, o que nos é apresentado passou por um complicado processo de seleção e construção de imagens. O acontecimento só se torna *notícia* quando se vê transformado num "produto noticiável". Trata-se sempre de uma realidade "construída". Os temas religiosos receberão o mesmo tratamento. Também eles serão traduzidos numa versão *soft*, universal, que enfatiza o informativo e atrofia o interpelativo. Porém, o Evangelho é não só informação, mas também interpelação e autocomunicação de Deus.

Além disso, a linguagem das imagens pode escamotear a questão da *verdade* do que é emitido. Aceitam-se as imagens como representações sem mais da realidade. E não se põe a questão sobre se são realmente verdadeiras para não dividir o auditório.[2] O que pode acontecer também na emissão religiosa, considerada então mais um objeto de conhecimento, a ser consumido nas mais diversas modalidades pelo grande público.

Confrontando as exigências intrínsecas à proclamação do Evangelho com as condições impostas pela linguagem mediática, parece-nos, à primeira vista, bastante improvável falarmos de uma possível inculturação da fé na linguagem televisiva sem mudanças substanciais nesta última. Assim o uso da

---

[2] SEQUERI, Comunicazione, fede, cultura, p. 835.

mesma para a evangelização, depois do que vimos, se revela problemático. Como dizem alguns: o conteúdo é cristão, mas o *software* que o transmite tem sua lógica própria que pode reduzir ou até deformar a mensagem.

Apesar das dificuldades apresentadas, o Evangelho *necessita* da linguagem midiática para ser proclamado. Pois esta linguagem condiciona fortemente nossa atual cultura. "Vivemos com a mídia e pela mídia", como já se escreveu.[3] A mídia audiovisual constitui o material básico dos processos de comunicação, fornecendo símbolos, induzindo comportamentos, afetando inconscientes, privilegiando temáticas. O meio é a mensagem porque configura de certo modo as ações e associações humanas.[4] "É uma atmosfera, um ambiente no qual se está imerso, que nos envolve e nos penetra por todos os lados."[5] Sem falar que a mídia se apresenta em nossos dias como o *palco* dos acontecimentos e das realidades na sociedade. Gastam-se fortunas na publicidade, porque não estar presente na mídia equivale a não existir sem mais. Pelo contrário, a presença na mídia representa um importante respaldo social para a fé do indivíduo.

Apesar das dificuldades acima descritas, o processo comunicativo televisivo pode ser mediação salvífica desde que se observem certas condições. A primeira delas é que o conteúdo exibido seja devidamente "reciclado" pelo telespectador. Esta exigência pressupõe uma *consciência crítica* que desmascare o que há de ideológico, parcial ou falso por detrás da "realidade" apresentada pela mídia. Pois tudo o que é produzido pela mídia veicula valores e estilos de vida, embutidos na cultura ou na ideologia dominante.[6] Outro fator atenuante é a possibilidade de o espectador escolher suas emissões prediletas devido à existência de inúmeros canais. Neste caso é a matéria transmitida que prevalecerá, ao menos parcialmente, sobre o meio.[7]

A linguagem televisiva, por apresentar características próprias, pode apenas ser uma expressão *limitada* da fé cristã como, aliás, também o foram as múltiplas modalidades comunicativas presentes na história do Cristianismo: pregações, celebrações, testemunhos de vida, martírios, confissões de fé,

---

3 CASTELLS, *A sociedade em rede*, p. 358.
4 MCLUHAN, *Os meios de comunicação como extensões do homem*, p. 23.
5 MARTINI, *O Evangelho na comunicação*, p. 115.
6 BAUM, *A Igreja e os mass media*, p. 73-81.
7 CASTELLS, *A sociedade em rede*, p. 364.

recepção de sacramentos, ainda incluindo esculturas, pinturas, arquiteturas, músicas, artes cênicas. Este dado histórico depõe a favor da linguagem televisiva. Pois não podemos exigir que transmita plenamente, em toda a sua riqueza, a mensagem salvífica cristã. Sendo *parcial*, deve ser complementada inserindo-se numa pastoral mais abrangente, que questione sua autossuficiência pela inclusão de outras linguagens e pastorais. Caso contrário, poderá favorecer uma religiosidade individualista, desenraizada de uma comunidade de fé, frágil e ilusória. De qualquer modo, a Igreja deve aprender, embora criticamente, a linguagem mediática.[8]

b) A mediação cibernética em discussão

A cibernética constitui hoje um amplo campo de estudos, já que penetra em muitos setores da vida humana. Vamos nos limitar a vê-la sob o prisma da chamada *cibercultura*, definida por Pierre Lévy como o conjunto de técnicas, práticas, atitudes, modos de pensar, valores presentes e atuantes no mundo da internet (ciberespaço).[9] Como não se trata de um espaço físico, podemos chamá-la também de "cultura virtual". Ela se difunde com uma rapidez nunca vista, já que ultrapassa as coordenadas do tempo e do espaço. Por isso mesmo, uma de suas características mais marcantes é a *universalidade*. Ao contrário da cultura televisiva, ela não descontextualiza seus conteúdos, não os torna neutros para agradar uma faixa maior do público. Pela mesma razão, não se submete a leituras ideológicas e totalizantes. Seu universal não é totalizável, não implica um "fechamento semântico".[10]

À primeira vista, esta característica é positiva, pois indica um universal mais rico, mais interconectado, mais interativo. Porém, como este universal não dispõe de uma linha diretriz ou de um critério que organize a enorme massa de dados, ou que possa assegurar a veracidade do material fornecido, ou ainda que impeça que se caia num saber prisioneiro do relativismo, ele se apresenta como *caótico*, sem garantia de credibilidade, dependente do fluxo de dados enviados pelos internautas ou oferecidos pelos provedores. Mencionemos ainda que neste ciberespaço o indivíduo goza de enorme *liberdade* na

---

8   SEVESO, Diffidenza o accoglienza? Il controverso punto di vista dei teologi, pp. 142s.
9   LÉVY, *Cibercultura*, p. 17.
10 Ibid., pp. 111-121.

escolha de dados, no envio de opiniões pessoais, na defesa dos seus valores, como talvez em nenhum outro espaço social. A influência da internet na esfera política é hoje inegável. Ainda uma palavra sobre a *motivação*. Navegar no mar da cibernética é motivado, em última instância, por interesses pessoais. Estes, de um lado, reforçam a participação ativa neste mundo virtual e, de outro, expõem os dados a interpretações subjetivas.

Confrontemos agora com a fé cristã estes traços parciais de uma realidade mais abrangente como é a cibercultura. Também o Cristianismo se compreende como *universal* ao oferecer um sentido a toda a realidade e a toda a história. Enquanto oferecido à liberdade, não é um universal imposto, e enquanto respeita a diversidade cultural não é um universal que generaliza e descontextualiza, embora em sua história nem sempre tenha sido assim. Observemos também que a mensagem cristã se encontra intimamente *vinculada à comunidade eclesial*, a qual já existia antes de ela se expressar em textos sagrados, pois manifesta exatamente o que experimentaram os primeiros cristãos ao assumirem a existência do Mestre de Nazaré. Já no mundo da internet a comunidade desaparece e tudo depende do indivíduo: a busca, a interpretação e o uso dos dados oferecidos, sem controle de nenhuma espécie, abrindo assim a possibilidade de leituras unilaterais, ou mesmo de erros grosseiros. Naturalmente alguns sites acabarão se impondo pela seriedade e pela objetividade de seus dados, corrigindo em parte este perigo.

Desse modo, de um lado a cultura cibernética possibilita como nunca à proclamação cristã atingir um auditório vastíssimo, mas não pode garantir que esta mesma proclamação não sofra deturpações e atrofias. Importante aqui é que o querigma seja captado como interpelação à liberdade do indivíduo e não apenas como objeto de conhecimento e de curiosidade. O objetivo deste processo comunicativo é sempre levar a pessoa a uma *experiência salvífica*, plenificante, significativa. Mais problemática é a ausência do contato próximo com a pessoa do comunicador, que priva o internauta de sentir a força de seu *testemunho de fé*, embora também parcialmente esta lacuna sempre possa ser corrigida pela correspondência pessoal com o emitente.

A ausência da *comunidade eclesial* na mediação cibernética traz novas questões. Fala-se de "comunidades virtuais" constituídas pelos interesses comuns, pela partilha do saber, pela cooperação e animação mútua em face das dificuldades que, sem dúvida, podem ser altamente significativas para o indivíduo. Entretanto, os estudiosos advertem para o perigo do individualismo e para a fuga da vida social por parte dos mais aficionados. Não negamos que o internauta atingido apenas por seu computador esteja privado de muitas outras mediações da fé encontradas na comunidade eclesial, como as celebrações comunitárias, as atividades pastorais, assistenciais e culturais de membros da Igreja, os exemplos de vida cristã etc. Sem falar no trato inevitável com pessoas que pensam, vivem e agem de modo diferente e que impedem que nos fechemos em nosso pequeno mundo. O perigo das comunidades virtuais não provêm somente do fato de não sabermos propriamente com quem estamos lidando, mas também de estarmos constituindo comunidades cristãs demasiadamente particulares e homogêneas por se guiarem apenas pelos interesses próprios de seus membros. Naturalmente a participação numa comunidade virtual pode ser o primeiro passo para uma pertença posterior a uma comunidade real. Há *blogs* dirigidos por sacerdotes com resultados surpreendentes no campo da orientação espiritual.

Estamos diante de uma técnica comunicativa bastante recente, mas que abarca cada vez mais todos os setores da vida moderna. O Cristianismo irá certamente entrar cada vez mais neste mundo televisivo e virtual, como já vem fazendo. São mediações não só técnicas, mas também culturais. Sem dúvida, mediações parciais na abordagem da realidade, como também o foram as que a precederam (orais, escritas, artísticas) e que na interação com a fé cristã poderão receber corretivos e simultaneamente possibilitar novas expressões e práticas desta mesma fé.

4. Referências bibliográficas

VV. AA. A mídia. *Concilium*, n. 250, 1993.
VV. AA. Evangelização e mídia. *Perspectiva teológica*, n. 94, 2002.
BAUM, G. A Igreja e os mass media. *Concilium*, n. 250, 1993.
CASTELLS, M. *A sociedade em rede*. São Paulo: Paz e Terra, 1999.
JOÃO PAULO II. *Encíclica Redemptoris Missio* (A missão do redentor).
LÉVY, P. *Cibercultura*. São Paulo: Editora 34, 1999.

MARTINI, C. M. *O Evangelho na comunicação*. São Paulo: Paulus, 1994.

MCLUHAN, M. *Os meios de comunicação como extensões do homem*. São Paulo: Cultrix, 1974.

SEQUERI, P. Comunicazione, fede, cultura. *Rassegna di teologia*, n. 40, 1999.

SEVESO, B. Diffidenza o accoglienza? Il controverso punto di vista dei teologi. In: ANGELINI, G. (org.). *La Chiesa e i media*. Milano: Glossa, 1996.

PARTE IV

Aspectos éticos e compromisso social dos comunicadores

CAPÍTULO XI

A verdade e as versões

Luiz Carlos Susin

Que é a verdade?
Pilatos

"Não há fatos, só há interpretações": esta afirmação de Nietzsche profetiza o que marcaria o último século não apenas a respeito dos fatos, mas da verdade dos fatos: não haveria propriamente "a verdade" – sobretudo assim, dita no singular –, pois o que há, de fato, são muitas interpretações, muitas versões reais ou possíveis. Então, quanto muito se pode conceder que haja "verdades", no plural. Tantas haveria quantas versões? Seria demasiado, mas esse "excesso" – excesso de versões – faz parte de nosso tempo pluralista, época da informação, da notícia, da interpretação dos fatos e até da sua mercantilização. Não é de estranhar que acabem se desencadeando guerras entre as versões: elas são normalmente movidas por conflitos de interesses. Nesse caso, a primeira vítima é a própria verdade. Foi o caso de Jesus.

A pergunta de Pilatos a Jesus – "que é a verdade?" – pairou no ar. Jesus acabara de fazer uma provocação: "Para isto eu nasci e para isto eu vim ao mundo: para dar testemunho da verdade. Quem é da verdade escuta a minha voz". Pilatos então retrucou com sua pergunta – "que é a verdade?" –, mas não esperou resposta alguma: "Tendo dito isto, foi ao encontro dos judeus" (cf. Jo 18,37-38). Pode-se suspeitar seriamente que Pilatos ironizava, pois já tinha a sua versão. Como os chefes de Jerusalém também tinham a sua versão. O testemunho de Jesus a respeito da verdade seria mais uma versão, certamente a menos interessante para Pilatos. O que parece confirmar a conclusão de

Nietzsche: "Não há fatos, só há interpretações". É dele também a conclusão de que só é verdadeiro o que interessa para a vida.

Em tempos que são chamados "pós-metafísicos", dos quais Nietzsche é um profeta que causa vertigens, parece, de fato, que não se consegue pensar em uma verdade transcendente acima da multiplicidade e da dispersão das interpretações e dos interesses, nem estabelecer a verdade de modo definitivo, eterno e imortal, como aspiravam os grandes filósofos gregos e os primeiros teólogos do Cristianismo. Em tempos pós-modernos só se consegue permanecer numa paisagem "meteorológica" da verdade, paisagem com pouca estabilidade e muita surpresa. É sintomático que a meteorologia tenha se transformado em uma notícia diária cheia de charme, um verdadeiro "paradigma" tecido de possibilidades contínuas de variações.

Dessa forma, o caminho a percorrer neste capítulo já está sugerido: vamos passear pela paisagem pós-moderna das versões, mesmo que não se consiga atingir os fatos, e vamos em busca da verdade por clareiras que esperamos serem cada vez maiores até chegarmos a uma paisagem que descortine a amplidão imensa da verdade e suas fontes e a complexidade de sua comunicação.

1. O coração na pele e a revelação na máscara

"O mais profundo é a pele" (Gilles Deleuze) é algo tão verdadeiro como a constatação de que a intimidade está no corpo mais do que na alma. Por isso, a violação da pele é a violação da intimidade, e a revelação ou o recolhimento da intimidade coincide com o desnudamento ou o encobrimento da pele. Vamos usar aqui a pele como uma metáfora, uma figura que pode nos dizer algo mais. Não é "sob" a pele, numa interioridade ou num além dela que se encontra a verdade de alguém que a pele protegeria. De fato, a pele marca o "dentro" e o "fora", o corpo e o além do corpo. Mas ela é também o lugar de comunicação e de transparência ao mesmo tempo em que é revestimento de pudor e recolhimento do que está dentro. Assim como é lugar de sensibilização e de comunhão em relação ao que está fora ao mesmo tempo em que é lugar de distanciamento e defesa do que está dentro. A pele é lugar de toque e de reação ao toque. A pele respira, palpita, é lugar de nutrição e de excreção. A novidade pós-moderna é que o coração, o centro, o mistério, a interioridade, a profundidade, tudo isso foi parar na pele, está nesta ambivalência da pele. Nela está a ambiguidade de notícia e verdade, nela as versões que se desdobram e a realidade que dá sustento às versões que se fundem: O que aparece é! Se não fosse, não apareceria. É fácil constatar que as coisas mais profundas que a palavra não consegue pronunciar, a cor da pele revela, às vezes até precipitadamente.[1]

Sem palavras ainda, a pele é fonte de ambiguidades. Que aumenta se a pele se comunica revestida de máscaras. A máscara é outra poderosa metáfora de comunicação ambivalente, colada à pele.

A máscara pode ser compreendida a partir de dois usos: a máscara de carnaval e a máscara ritual. A máscara de carnaval é utilizada, ao menos conforme o antigo uso dos bailes de máscara, para esconder. Permite, assim, o jogo das identidades e das relações ambíguas sob a proteção da verdade mascarada. Portanto, sua primeira função é esconder a verdade, introduzir a fantasia e a ilusão que deixam a verdade à mercê da ambiguidade. Mas, justamente em pleno carnaval, a máscara pode ter a função oposta, a de revelar e expressar quem realmente se é e o que realmente se sente. Assim, por exemplo, a moça que trabalha o ano inteiro como faxineira, sob o peso de uma máscara cotidiana de gata borralheira, quando põe seus enfeites de porta-estandarte ou de princesa do Congo, permite vir à tona o que ficou escondido todos os outros dias do ano e pode finalmente se revelar em sua verdade mais íntima: a princesa sob a espessura da empregada doméstica. E isso nos remete à função ritual da máscara nos ritos de muitos povos tradicionais: elas são usadas como expressão simbólica de uma identidade profunda, revelação de realidades que permanecem ocultas ao cotidiano e que só se expressam em tempos especiais. Nesse sentido, a máscara, que pode ser uma simulação, também pode ser um rosto mais profundo e mais autêntico.

Os nossos tempos pós-modernos, em que as imagens ultrapassam as palavras, parecem exigir máscaras cada vez mais sofisticadas e continuadas, num carnaval cada vez mais extenso e intenso: é a comunicação exasperada por imagens que melhorem o cotidiano. Um pequeno exemplo, contado no opúsculo *O que é o pós-moderno*,[2] ajuda a compreender: Uma senhora encontra sua amiga levando pela mão a própria filha, e a elogia – "como está linda a sua filha!" – e a outra retruca: "Isso não é nada, precisa ver as fotografias dela!".

---

[1] Atribui-se a Freud a afirmação de que, caso o paciente não fale com palavras, fala com os dedos.
[2] SANTOS, *O que é o pós-moderno*.

Portanto, a menina é mais bonita em um *book* de fotos do que em carne e osso, a fotografia esteticamente mais real do que a brutal realidade do cotidiano, a imagem ou a cópia melhor do que a realidade que lhe corresponde. Que as fotos sejam hoje mais bonitas do que a realidade de uma paisagem ou de um rosto é algo que assimilamos com ingênua euforia. Afinal, as ferramentas do *Photoshop* são para melhorar a imagem da realidade dura de nossos rostos enrugados e estressados ou de nossas paisagens suburbanas devastadas. Nessas imagens ainda se revela a nossa verdade? Até onde a máscara ainda exerce a sua boa função de revelação profunda? Em sua versão atual, ela é *simulacro*.

Simulacros são signos ou imagens que só se referem a si mesmos. Afastaram-se tão distantes do real de onde partiram que já não remetem mais a realidade alguma além de si, sem referência ao modelo originário. Por isso todo simulacro tem o poder – a sua "virtualidade", ou seja, força – de inverter a relação e se tornar "mais real do que a realidade", mais ou menos como alguns casos de personagens de telenovela que se tornam critérios para julgar a verdade do cotidiano fora da tela. Não é mais a arte que imita a realidade, mas a realidade que imita – ou deve imitar – a arte. E isso nos lembra Platão. O filósofo grego advertia que a imitação – a *mímesis*, de onde provém a *mímica* – é como as representações no fundo da parede da caverna: não são meras cópias, pois têm poder de substituir a verdadeira realidade e se tornam a fonte da confusão e da violência entre os escravos da caverna. O que diria ele do mundo de imagens do grande espetáculo que se tornou a cultura pós-moderna? Nessa sofisticada caverna de altas doses de imagens "virtuais" – com força de fascinação prometendo realidades mais reais do que a realidade de carne e osso – a primeira vítima é a verdade.

Em termos de luz e sombra, ficando ainda com Platão, é como se as sombras tivessem absorvido tanta luz a ponto de a luz se tornar sombra. Na caverna, a luz estaria colocada por trás dos escravos e o que eles viam na parede – na tela – eram suas próprias imagens e as tomavam como sendo reais, um espelhamento sombrio. Mas também espelhamento em que o espelho "toma vida" e se torna senhor da realidade. Tornou-se frequente, em nossos tempos, a patologia chamada *transtorno disfórmico corporal* (TDC): adolescentes que internalizaram forte juízo negativo a respeito de seus corpos olham-se no espelho e se veem com toda a certeza mais gordas do que realmente são. Tornam-se anoréxicas sem conseguir modificar a imagem de si que veem no espelho e que continua a julgá-las severamente. Já a própria anorexia passou a ser o desejo frequente de adolescentes que sonham atingir as passarelas, como se precisassem desaparecer como pessoas reais para se tornarem puros cabides de roupas de luxo: as roupas (luxuosas), então, valem mais do que o corpo, valem o sacrifício do corpo, ao inverso do dito de Jesus que exortava à confiança: "Não é o corpo mais que a roupa?" (Mt 6,25b). A passarela, com seus holofotes, tornou-se um dos símbolos da pós-modernidade contemporânea: lugar em que o espetáculo julga, inspira, ordena a realidade, lugar de heróis e heroínas voluntariamente sacrificadas por anorexia para se tornarem as deusas *fashion* que movem a realidade. Pedro Bial, da Rede Globo, saudou os fantásticos globais confinados na "casa-passarela" do Big Brother como "nossos heróis" – homenagem perfeita, segundo a teoria sacrificialista de René Girard: os melhores vão sendo provados e sacrificados na "casa-altar": passam para a glória sem nenhuma razão anterior a não ser exatamente essa: a imolação aos olhos deslumbrados de uma nação inteira de fiéis. Para o espanto ético de Platão.

É que Platão pensou que uma sociedade somente seria possível se houvesse a anterioridade de valores e formas de vida – os arquétipos, as "ideias" modelares, formadoras – para inspirarem e atuarem nas formas concretas de existir no mundo. Sua teoria das formas ou, mais popularmente, seu "mundo das ideias", com uma anterioridade lógica e performativa sobre as realidades concretas deste mundo, tinha um objetivo ético parecido com as Constituições de um país, anterior e superior a tudo e a todos, como uma lei geral à qual estão todos submetidos sem exceção. Todos sob os mesmos arquétipos como sob as mesmas leis. Esta seria a forma – assim pensava Platão – de dar um ponto final no círculo bárbaro de ídolos e sacrifícios, de fascínio e confusão de imagens e de relações fetichistas com imitações de realidade. Em sua tentativa de implantar a República, Platão fracassou, como Jesus foi sacrificado. E nos assombram ainda a fascinação dos ídolos e o frenesi dos sacrifícios.

Entre as "ideias" do mundo platônico e os "ídolos" dos quais ele pretendia, na esteira de Sócrates, libertar com ética e razão, há uma relação íntima mas em desnível, em decadência. Ideia e ídolo têm a mesma estrutura, o *eidos*, a imagem, a forma, como produção e projeção mental. Há um salmo bíblico que descreve precisamente esta relação:

> Os ídolos das nações são prata e ouro,
> Obras de mãos humanas:
> Têm boca, mas não falam;
> Têm olhos, mas não veem;
> Têm ouvidos, mas não ouvem;
> Não há sopro sequer em sua boca.
> Os que os fazem ficam como eles,
> Todos aqueles que neles confiam (Sl 135,16-18).

Essa identificação entre os ídolos e os que os fazem é reveladora: por um lado, os ídolos, mesmo os que têm seus méritos como grandes artistas ou esportistas etc., enquanto "ídolos" são uma produção coletiva do desejo que se projeta neles, e, por outro lado, os que projetam neles seus desejos poderão encontrar neles não as qualidades reais que sempre estão acompanhadas de defeitos reais, mas simplesmente, de novo, os seus desejos, o que leva da exaltação ao linchamento do ídolo. Seja em termos pós-modernos e secularizados, seja em termos religiosos, os ídolos são um produto do desejo que se erige em simulacro no lugar da realidade ausente, e só pode levar à frustração. É inteiramente comparável à pornografia: nela, o desejo, em vez de ir ao encontro da realidade, se dirige ao simulacro e busca satisfação com uma fascinante imagem que dá o golpe no final: é vazia e abandona à frustração e à solidão. Constatar que estamos num tempo de exacerbação da imagem a ponto de se tornar um simulacro é também constatar que são tempos de altas doses de idolatria e pornografia – onde a verdade é a primeira vítima.

2. O nome da rosa e as rosas sem nome

O jornalismo investigativo é um gênero de jornalismo relativamente recente. O repórter que investiga busca a verificação da notícia, a apuração do fato. *Apurar* significa frequentemente também *depurar*, separar o fato de aparências, de interpretações que despistam a sua verdade, de corrupções e de violências que vitimam a verdade, o que torna o jornalismo investigativo uma missão ética e perigosa. Nesse sentido, num mundo de muita imagem, de muita linguagem, de generalizações e de sistemas cada vez mais virtuais, um amplo caminho de investigação é o de apurar a realidade singular, o fato originário e a sua verdade.

A verdade e as versões

Umberto Eco, filósofo e semiólogo italiano, criou uma situação exemplar desta busca em *O nome da rosa*. No seu mais celebrado romance, ambientado no final da Idade Média, mais precisamente em 1325, a trama se desenrola em torno de um franciscano que tem o mesmo nome do mais conhecido representante do nominalismo radical e irônico, Guilherme de Ockham. Ele é chamado a investigar uma grande abadia envolvida em acontecimentos nebulosos, com um encadear-se de sinais premonitórios e de suspense. Em meio à perplexidade e à desconfiança geral, a verdade vai se desvendando muito gradativamente, como entre nuvens que vão se dissipando. O que parecia um grande e firme sistema de verdades é que está ameaçado pelo descontrole e pela crueza de assassinatos em série. O que fugiu do controle? Quem está matando? Quais as razões? Frei Guilherme, com seu jovem discípulo, deve buscar o "furo", romper a cortina para verificar a realidade sob sintomas contraditórios e despistantes. É uma investigação ao mesmo tempo jornalística, policial, filosófica e, finalmente, teológica. No coração da abadia está uma biblioteca, e no recanto mais escondido da biblioteca está um livro que não pode ser aberto e lido, sob pena de desmoronar todo o sistema de valores da inteira abadia e até do Cristianismo. E, enfim, o responsável pelo desencadear-se da violência que, de qualquer forma abala e faz desmoronar tudo, é justamente o que menos se podia pensar, o mais zeloso dos monges – o guardião daquele livro perigoso e subversivo. Esta verdade singular, neste caso uma verdade trágica, põe em chamas um sistema de acobertamento de verdades e de violências.

O nosso personagem, Frei Guilherme, como de fato ocorreu com o movimento nominalista, buscava a verdade dos fatos singulares e reais – que causam inclusive mortes – sob o manto de um sistema de instituições de consagração universal, sustentado por verdades com pretensão de universalidade, que criam as condições para o assassinato e o escondem. O romance, cujo autor participa da aventura pós-moderna de desvendar algo de verdade na linguagem e nas múltiplas interpretações, toma partido pelo nominalismo: sob os nomes gerais, universais, como também sob os sistemas sofisticados que construíram grandes e fascinantes sumas e catedrais, só há o nada: *nomina nuda tenemus* – nós temos apenas nomes, nomes nus.

Umberto Eco escolhe uma direção na investigação da verdade: a verdade singular, irredutível a um sistema de explicações, aquela que é a verdade de cada um, de cada fato, sem generalizações. É a verdade que se desvenda descendo do universal e do sistema, da instituição e dos códigos estabelecidos, ao *singular*. Mas, na história do Ocidente, esta foi normalmente uma reação à outra direção da investigação sobre a verdade, aquela que busca estabelecer cada ser e cada verdade singular num quadro cada vez mais geral e coerente de sistemas. Tal percurso é feito através de classificações, de analogias, de hierarquias, enfim de uma totalidade. A verdade inteira só pode se dar no todo, no universal e, finalmente, no transcendental.

Para os nominalistas, tais verdades e tal linguagem universal eram apenas "nomes" e "sons de garganta". Quando muito, realidades "de razão", que estão apenas na mente e na funcionalidade da linguagem. Frequentemente decaem em meras produções mentais – mentiras sofisticadas, sofismas. Mas não são mentiras inocentes: elas escondem interesses de poder e por isso oprimem e mandam à fogueira quem não se submete a elas. Os nominalistas medievais, malvistos pelos representantes das instituições, tinham algo dos "cínicos" gregos, cuja figura mais popular é Diógenes: eles corroíam a linguagem dos sofistas revelando o quanto eram jogos de palavras, retórica sem conteúdo real e encobrimento de interesses. É o que hoje chamaríamos de ideologias. Voltando aos nominalistas: o que conta é a experiência singular, a verdade singular, a linguagem que diz cada coisa por seu nome.

No entanto, os "universalistas" medievais, como os gregos que aspiravam conceitos e teorias claras e bem estabelecidas, também tinham boas razões para tomarem esta direção toda vez que buscavam a verdade: se permanecemos simplesmente na singularidade e na originalidade, os fenômenos não ganham nem lógica e nem coerência, nem se explicam e nem se expressam, ficam afinal sem nome algum – "rosas sem nome". Somente em quadros mais gerais, em paradigmas, em contextos, é possível conhecer com coerência a verdade de cada fato e cada ser singular. Em última análise, somente à luz de uma verdade transcendental é possível reverter a disseminação e a nebulosa de verdades múltiplas que se perderiam sem significado estável num relativismo cada vez mais aniquilador de qualquer verdade. O que adiantaria, então, investigar os fatos se não fosse possível compreendê-los à luz de valores universais e de um horizonte mais amplo que lhes dá significado, seja para celebrar seja para lamentar ou mesmo punir? Que adiantaria, por exemplo, investigar e chegar ao autor exato de um crime de assassinato se não houvesse um código válido para uma inteira sociedade estabelecendo que assassinato é crime? Portanto, investigar fatos singulares supõe haver referências gerais para reconhecê-los, avaliá-los, e colocá-los à disposição em uma notícia adequada. Não é possível emitir juízos de valor tendo apenas fatos singulares.

Se um dia formos repórteres de jornalismo investigativo, deveríamos considerar, como em círculo, em uma dialética, esses dois polos em que se manifesta a verdade: na sua singularidade e na sua referência a valores ou princípios ou ainda constituições de caráter universal. Só assim será possível "compreender" a verdade, compreender em duplo sentido: aclarar intelectualmente e também acolher eticamente. Por um lado, a singularidade do fato, a sua intrigante e original qualidade ou monstruosidade. E, por outro lado, o seu contexto mais global em que se pode ter uma luz mais justa para apreciar a sua verdade e compreendê-la melhor. Um exemplo? Algo contemporâneo muito parecido com o exemplo do romance de Umberto Eco: em nosso tempo, a verdade de um crime em que a mãe acabou matando o filho adolescente com a arma do marido é algo tão monstruosamente singular que parece ultrapassar qualquer medida, qualquer contexto, qualquer referência. Por outro lado, como atenuante dessa singular monstruosidade sem explicação, está o fato de um filho adolescente viciado sem medida em *crack* que maltrata a ponto de enlouquecer a própria mãe. O *crack*, no entanto, é um contexto, uma contaminação em rede, em sistema, inclusive econômico e financeiro, que compõe hoje o paradigma do desejo sem limite, da fascinação e da pornografia generalizada de nosso tempo, e que tornou o jovem e a sua mãe antes vítimas e depois enredados em um assassinato. É nessa polarização que se pode compreender o nome de cada ator desta tragédia e compreender de modo justo, intelectual e eticamente, o triste acontecimento.

3. O poder e o encanto da verdade e a beleza da integridade

A mais clássica das definições de verdade, desde Aristóteles, o filósofo que ficou com a fama de pai da lógica e da ciência, é que a verdade é uma relação de adequação da mente que conhece com a realidade conhecida. Se a minha mente tem uma noção adequada da mesa que está diante de mim, eu possuo a verdade da mesa em minha mente. Se tenho as informações exatas de um fato, posso comunicar estas informações para que outros também compartilhem comigo o conhecimento do fato. Isso é conhecer, ter, informar a verdade. Ter verdades, nesse caso, é ter certo cabedal, é possuir uma riqueza que pode ser ainda mais enriquecida com novos conhecimentos, e, finalmente, é ter um poder.

É nesse sentido que "saber é poder", embora Aristóteles pensasse somente em um poder ético, o de ter condições de, com informações justas, praticar atos justos. Foi Francis Bacon, nos inícios da modernidade, que pensou a verdade como um poder de domínio e de controle sobre o mundo. Com isso, fizemos progresso, mas este mesmo progresso esteve na raiz de todas as guerras modernas e agora está na raiz de nossa incansável guerra contra o equilíbrio feito de recursos limitados da terra. A verdade como "adequação" de nossa mente e de nossos conhecimentos à realidade que está fora de nós precisa urgentemente voltar à intenção original, a de ter informações seguras para agir com sabedoria e frear a loucura de um sistema de vida em que o conhecimento e as informações se tornaram propriedades intelectuais e produtos de mercado.

Heidegger, um dos mais representativos filósofos do século XX, chamou a atenção para uma fonte mais antiga e mais humana da verdade: a verdade como "manifestação" dos seres, antes e sem nos importarmos com a apropriação de informações. Em grego, a verdade podia ser chamada como *aletheia*. Mergulhando em sua etimologia, descobrimos em seu subterrâneo um eco mítico, a narrativa da passagem dos mortos pelo rio *lethes*, o rio do "esquecimento". Segundo a narrativa, o escorrer das águas do rio sobre os pés dos mortos levava consigo, aos poucos, todas as lembranças, e acumulava estas lembranças do outro lado, de tal forma que os vivos, como herdeiros de suas memórias, poderiam ainda se beneficiar dos saberes dos mortos. Por isso, a verdade como *a-letheia* é este des-velamento, a retirada do véu do esquecimento e a manifestação do que estava oculto. Há, então, um encantamento, uma maravilha, uma alegria, na descoberta da verdade, no saber que devolve à fonte, ao original. O trabalho de investigar, de desvendar, de comunicar, se torna um respeitoso "deixar ser" ou deixar aparecer a epifania luminosa de cada acontecimento. É acolher e comunicar para que outros participem do mesmo deslumbramento. Ou quando o que se desvela é doloroso e trágico, o acolhimento desta verdade e a sua comunicação criam compaixão e solidariedade. Não há neutralidade na comunicação da *aletheia*: a verdade, nesta altura, só pode ser compreendida numa relação de disposição e de simpatia, de envolvimento e afinação poética, mesmo quando a poesia é dura. Um bom jornalismo contém algo de poesia.

A verdade é criação: este é o sentido da verdade que ultrapassa a adequação da mente e a apropriação da informação. Em latim, a raiz *ver* que origina a *ver-dade*, significa em primeiro lugar "primavera", o primeiro *verde* que eclode como nova criação depois do ocultamento incolor do inverno. O verde da primavera se manifesta irrompendo, se impondo de forma luxuriante e contagiante. Podemos imaginar o nosso filósofo Heidegger em seus passeios pela Floresta Negra em plena primavera meditando este fenômeno, o aparecer da verdade na paisagem. De fato, toda verdade, mesmo as verdades sofridas, fazem nascer sempre de novo a esperança e a confiança no futuro: a verdade tem força, tem vitalidade, e "o que deve ser, será".

A verdade não permanece apenas em uma ecologia primaveril que reage a uma paisagem amortecida e devastada. Ela tem um fundo ético, é uma experiência de criação de espaços de vida humana, reportagem de esforços humanos que, através da solidariedade dos dons, criam futuro onde não mais parecia haver, como as tantas iniciativas junto aos jovens envolvidos em delinquência ou perdidos em drogas, aos pobres em periferias etc. Este tipo de reportagem é contagiante, é conspiradora e cocriadora, traz à tona a verdade "autêntica", como o caso da faxineira que no carnaval revela a princesa que carrega dentro de si o seu eu mais autêntico. Este é um jornalismo poético, criador, que faz bem.

Nesse processo da verdade criativa, como a verdade da semente lançada à terra que já traz em si a verdade futura dos frutos, pode-se entender retamente a verdade da técnica. Os gregos avizinhavam *poiesis* e *tecne*, filhas e testemunhas da capacidade de criar. A tecnologia não é necessariamente um destino que nos joga em excessos de artificialidade e em perigo de escorregarmos para o "pós-humano" comandado por ciborgues. A tecnologia é criação e linguagem nossa, "filha" da nossa capacidade procriativa, e isso pode – e deve – ser pensado eticamente: criar com sabedoria, com intenção e finalidade ética, com medida eticamente traçada. Inclusive sabendo o que vale a pena criar e o que não vale a pena criar: em termos de procriação tecnológica – usando uma analogia –, é necessário ter paternidade responsável e controle de natalidade. Um jornalismo atento ajuda a discernir, mostrando as boas experiências criadoras e seus benefícios, e denunciando as criações da tecnocracia louca. Afinal, em nome do humano, nem tudo o que é tecnicamente possível é eticamente permitido.

Há também uma experiência importante da verdade ligada ao princípio de coerência e integridade, ou seja, de "não contradição". Disse no início que vivemos num tempo de versões, de muitas interpretações. E o mais notável é que experimentamos diariamente versões contraditórias. O "contraditório", os pontos de vista contrários, são uma verdadeira ferramenta da imprensa, no exercício da livre expressão e do debate em clima de democracia. Não há por que temer o contraditório dos pontos de vista no debate. Mas isso não significa que podemos aceitar uma disseminação de verdades contraditórias a ponto de chegarmos a uma insustentabilidade social. Aqui, de novo, nos ajuda uma interessante experiência medieval, antes do dilema de Galileu com as autoridades da Igreja de seu tempo. Averróis, filósofo árabe, não via como conciliar as verdades da filosofia de Aristóteles com as verdades dos textos sagrados. Cogitou, então, a possibilidade de "verdades paralelas": o que é verdade em um campo de conhecimento não é necessariamente verdade em outro. Tomás de Aquino, que também examinou o pensamento de Aristóteles e acreditava nas verdades bíblicas, percebeu o perigo de mundos paralelos cada vez mais contraditórios, e trabalhou no sentido de aproximar as diferentes verdades, confrontá-las, estabelecer relações ou ao menos níveis entre elas e não apenas respeitá-las em suas diferenças. É o que ele chamou de "mútua excitação" entre verdades da razão e verdades da fé. Ele permaneceu, assim, na tradição de Agostinho, de Anselmo e de tantos outros que acreditavam no diálogo entre razão e fé em vista da verdade. Mas não só da verdade: é o amor que tudo une e compreende, na preciosa lição de Agostinho. Galileu não teve a mesma sorte, e depois dele, por muito tempo, explorou-se o conflito e a pretensão de ter toda verdade do próprio lado. Hoje, além da aceitação da interdisciplinaridade, quando pontos de vista contrastantes são colocados sobre a mesma mesa, quando interlocutores com convicções diferentes aceitam dialogar, se está assumindo a postura de Tomás de Aquino e as discussões escolásticas, com a vantagem de se fazer um trabalho democrático que ultrapassa as paredes da academia.

Em última análise, a integridade e a unidade da verdade, sem falsidade e sem contradições, é um caminho e um horizonte para o qual se orienta o debate em busca da verdade. Toda vez que se consegue, há uma experiência de harmonia ética, portanto de beleza e de gratidão. Mas é necessário confessar com humildade que esta harmonia e esta integridade, em sua inteireza, é um horizonte último vislumbrado na esperança. Pode ser antecipado, porém, toda vez que fazemos um passo a mais no debate em torno da verdade e no respeito a quem tem informações e análises e inclusive convicções diferentes. Antecipa-se a harmonia da verdade na harmonia da convivência pacífica.

4. É verdadeiro o que é bom – mas só é bom o que é verdadeiro

Nietzsche, a esfinge de nosso tempo, afirma sem rodeios que a verdade é, afinal, uma questão de afirmação daquilo que ajuda a humanidade. É verdadeiro aquilo que ajuda a viver, a ser feliz, a ser saudável, e deixa de ser verdadeiro aquilo que nos prejudica e nos desvitaliza. Ele consagra assim certo "pragmatismo" como critério de verdade. Qual é a religião verdadeira ou mais verdadeira? Aquela que ajuda a ser mais humano, mais justo, mais livre, mais compassivo. Como poderia ser verdadeira uma religião que gerasse angústia e fantasmas em nós? Há uma grande dose de razão nesse critério de verdade. Pois a verdade, como a bondade, deve repousar em alguma experiência consequente, um fim intrínseco.

Aristóteles consagrou a felicidade como finalidade do ser humano. É a *eudaimonia* – "bom espírito" –, a exaltação última do humano, de certa forma a sua verdade última. Já para os teólogos cristãos como Santo Agostinho e Duns Scotus, a *bem-aventurança* ou *beatitude*, portanto a felicidade, é tanto o destino último do humano como a razão de ser da graça e da comunhão divina. Kant, em tempos de afirmação do sujeito humano, insiste que o humano é fim em si mesmo, antecipando-se em contradizer a tendência moderna e pós-moderna de transformar o humano em mão de obra e terminal de consumo. Esta situação oprime a verdade do ser humano.

É ilustrativo, aqui, um novo passeio pelo mundo medieval. Duas escolas se batiam fervorosamente no século XIII na escolha da precedência entre verdade e bondade – ou o "bem", que, pela palavra latina *caritas*, podia ser entendido também como "amor" e inclusive como "vontade", pois o amor se manifesta na liberdade, na livre vontade. Os seguidores do dominicano Tomás de Aquino mostravam que era necessário primeiro conhecer para depois querer e amar: não se quer e não se ama o que não se conhece, e só se ama bem o que se conhece bem. Portanto, há uma precedência do conhecimento sobre o amor e sobre a vontade. Mas os seguidores do franciscano Duns Scotus retrucavam invertendo: não se conhece o que não se ama, e só se conhece bem o que se ama bem, na liberdade do querer. Portanto, há uma precedência do amor e da vontade sobre o conhecimento. Pois, acrescentavam os franciscanos, conhecimento sem amor é vaidade – é vazio. Hoje diríamos que conhecimento sem ética é um grande perigo. Pode-se pensar, nesse debate de escolas, que a questão parece aquela da galinha e do ovo: quem vem antes? Não se deveria pensar em círculo, simplesmente? O verdadeiro conhecimento é conduzido pelo amor e faz crescer o amor, e o verdadeiro amor é conduzido por um verdadeiro conhecimento e aprofunda o conhecimento.

O nosso tempo parece se guiar pela prioridade do "bem", daquilo que faz bem, do que é bom: é verdadeiro o que é bom! Vive-se a confusão do bem como hedonismo desbragado ou individualismo feroz – antes de tudo o "meu" bem – ou o frio pragmatismo que decide o bem e a verdade por eficácia ou por interesses. É necessário afirmar não apenas que é verdadeiro, o que é bom e o que é prático, concordando de certa maneira com os franciscanos e com Nietzsche, mas também que, para saber realmente o que é bom, o que pode dar uma felicidade mais profunda e duradoura, o que pode dar mais vida, é necessário afirmar o contrário: é bom o que é verdadeiro, mesmo sendo um remédio amargo. Donde aprender, então, o que é verdadeiro? É o que vai nos ocupar em seguida.

5. O mágico e o vendedor de abóboras

Entre os mágicos em geral e os magos em particular, e entre os que praticam rituais, parece haver algo em comum: a criação de algo que a razão comum não explica. Trata-se de um conjunto de técnicas intrigantes, uma tecnologia que ultrapassa nossa compreensão, como, por exemplo, a de retirar coelhos de uma cartola que estava vazia. A Bíblia judaico-cristã é severa para com a magia, essa estranha tecnologia, e exige muita pureza de intenção dos que praticam rituais. A razão é simples: a prática mágica seria uma tentativa de imitação da criação divina, um simulacro da ação criadora que só a Deus compete, pois pretende criar *a partir do nada*, só com a palavra ou com o gesto leve, sem esforço e sem trabalho, sem o preço do suor e do tempo. Só Deus cria assim, e imitar a criação do nada é enganoso e coisa do demônio. O mágico só cria um "falso", como certas obras que podem se parecer fantasticamente com o original mas não são autênticas.

O mágico é também um ilusionista, e por isso ele diverte, se torna figura de entretenimento, de circo. Os mestres do Talmude[3] fazem distinções sobre o grau de gravidade na prática da magia. Se o mágico cria falsas abóboras porque é um ilusionista e diverte o público, não há gravidade nisso. Pelo contrário, há leveza e cumplicidade. A gravidade está no experto que aproveita as falsas abóboras e as coloca no mercado para obter poder e riquezas vendendo abóboras ilusórias. O ilusionismo perde a graça e resvala para o engano com prejuízos aos outros. No mercado de obras de arte há quem pague bom preço por "falsos", mas sabe que está comprando falsos. Mas pagar bom preço por um engano é sentir-se roubado pela corrupção de um mercado que promete felicidade e abandona à frustração.

O filósofo judeu Emmanuel Levinas, que comenta os mestres do Talmude, pergunta sobre a ética das tecnologias cada vez mais complexas e sofisticadas, e junta imediatamente a elas a ética do marketing, que nos envolve e assedia insistentemente com promessas de felicidade através da propaganda de produtos, esta "alma do negócio". Negócio de ilusões? A serpente do jardim do Éden foi grande marqueteira: fez a Eva a publicidade de um fruto "de bom aspecto", mas depois do primeiro bocado nem Eva nem Adão foram os mesmos, e até hoje se discute se foi para bem ou para mal, porque eles ficaram sabendo o que não sabiam: que eram mortais. A publicidade e a tecnologia vendida e consumida são boas ou más? O critério mais disponível para um bom juízo está nas consequências, nos frutos. Por exemplo, quando alguns ganham muito sem esforço correspondente e outros os pagam e não colhem a realização das promessas correspondentes, temos um problema com abóboras ilusórias

---

3   O Talmude é a reunião dos comentários rabínicos à Escritura, livro de grande importância na tradição judaica pós-bíblica.

no mercado. A criação de necessidades de consumo, a cultura da compulsão ao consumo, a necessidade de "ir às compras" para ter um êxtase de felicidade, tudo isso leva à sensação de se estar preso a uma cultura saturada de "falso": falsa tecnologia, falsos produtos, falsa publicidade. Onde aconteceu o desvio? Quando as coisas substituíram as pessoas, quando, mais especificamente, as relações com as coisas substituíram as relações com os outros. É aqui, de novo, que a primeira vítima é a verdade.

Como a tecnologia se tornou não apenas um instrumento mas um *ambiente* que nos envolve de tal forma que não distinguimos mais real e virtual, também não reconhecemos com facilidade a verdade das coisas, dos fatos e das consequências. Desde os materiais sintéticos até a multimídia, estamos plenos de um mundo criado por nós mesmos e por nossos ou alheios interesses. Como saber a verdade a respeito de sua real natureza e de suas consequências em nossas vidas? Podemos ter a sensação de estar imersos numa realidade *surreal* na qual flutuamos. Há um personagem de Dostoievski, em *Irmãos Karamazov*, que começa a sentir vertigens e aproximação da loucura na solidão de seu quarto, entregue sem controle às suas imaginações cada vez mais intensas e nebulosas, num *crescendo* exasperante, até que alguém bate à porta e lhe grita o nome: "Aliocha!". Esta intervenção de outro o redime, desanuvia seus fantasmas e o devolve à realidade. Os outros devolvem à realidade dura, objetiva, sem ilusões, de apelo ético.

6. A verdade entre discípulos e mestres: profecia, ensinamento e fidelidade

Podemos, a esta altura, introduzir o que há de mais real e mais sublime na verdade, na busca e na comunicação da verdade: a relação que nos é oferecida pelos outros, por quem nos chama pelo nome, nos puxa pela manga, nos exige um ouvido e uma palavra: a verdade se dá, se revela, no relacionamento, no diálogo, na presença do outro. A verdade é um dom que se troca na conversação e no exercício de comunicação verdadeira. Na Escritura judaico-cristã, a verdade tem um caráter profético e um caráter de ensinamento. Enquanto profecia, a verdade é uma experiência divina que o profeta sente como o rugido de um leão (Amós 3,8), ou seja, o próprio profeta não tem controle sobre ela, precisa comunicar com tremor e urgência. Mas é uma verdade "extraordinária", em tempos e em situações extremas. No cotidiano dos dias, a verdade é um ensinamento, está disponível na relação de aprendizado entre mestres e discípulos.

Depois das lições de pedagogia de Paulo Freire, não se pode mais permitir que alguém pense que há uma classe privilegiada de mestres que seria possuidora da verdade e uma classe de discípulos que nada sabe e deve se submeter aos mestres. Todos têm alguma verdade e algum saber, todos podem ensinar algo, e todos são discípulos, todos aprendem uns dos outros, inclusive entre gerações. Aqui está um dos aspectos mais interessantes do Talmude e do ensinamento judaico: o Talmude é um livro composto por uma infinidade de diálogos de mestres que buscam a verdade. Todos são mestres e citam, para seus ensinamentos, a autoridade de seus próprios mestres, ou seja, todos sabem que são também discípulos – "o mestre tal levantou-se e falou em nome do mestre tal...". Aliás, a posição inicial e básica de cada um não é de mestre, mas de discípulo que cita seu mestre: é como discípulo que se aprende e se exercita o caminho da verdade, é como discípulo que se aprende também a ser portador da verdade, mestre em nome de outro mestre, sem cair na tentação da arrogância de se achar dono da verdade, mas simples servidor daquilo que se recebeu como verdadeiro.

Um profeta ou um mestre solitário, isolado, é criticado pelos mestres do Talmude como um "traficante de mentiras". Sozinho, um mestre confundiria a verdade com a sua imaginação, e o que ele comunicaria seria um produto da sua mente – uma "mentira". Somente em uma comunidade de ensinamento, de discípulos e mestres ao mesmo tempo, amadurece uma verdadeira linguagem e se atinge um conteúdo substancial e provado de verdade. Talvez seja este o segredo do sucesso dos "simpósios" filosóficos, nos diálogos de Platão em torno de seu mestre Sócrates. Esta é também a raiz antropológica da existência de um magistério exercido em comunidade. E justamente em tempos de ciências, metodológica e culturalmente avessas a todo autoritarismo que confunde verdade com poder, há lugares comuns de autoridade e magistério em torno de alguma verdade científica que está em debate: uma famosa equipe de pesquisa, uma famosa revista científica, uma comunidade científica, uma importante universidade.

Tente-se imaginar Jesus aos doze anos, conforme Lucas 2,46: estava entretido com o círculo dos mestres em Jerusalém, aprendendo, interrogando e respondendo. Todo bom discípulo é aquele que entra no círculo dos mestres. Assim ele permaneceu até o fim: como testemunha da verdade, não somente pela palavra, mas pagando o preço de seu testemunho da verdade com sua própria vida. A credibilidade ou autoridade da verdade está na fidelidade que se mantém inclusive quando se sofre e, eventualmente, se morre, pela verdade. A palavra que os cristãos deram a este testemunho radical é *martírio*, palavra grega que significa justamente *testemunho* – com a própria vida, com a própria morte.

A palavra "fidelidade", nas Escrituras judaico-cristãs, é praticamente um sinônimo de verdade. A fidelidade é a consistência, e finalmente a prova da verdade. É o que dura contra o que há de mais corrosivo para a verdade: o tempo e o contratempo. Fidelidade é permanência na verdade. E verdade é, depois de um tempo, só o que permanece na fidelidade. É que a verdade, como relação, é um laço de fé – *fides* – não apenas um ato pontual de fé, mas um ato contínuo – fidelidade. Viver na verdade é viver da fé e da fidelidade. Como os bens transcendentais, também as virtudes fundamentais têm um fundo comum: a verdade, a liberdade, a fé, a esperança, o amor, têm raízes comuns e conexões comuns. Por isso, "a verdade vos libertará" (Jo 8,32) assim como somente na liberdade é possível ser verdadeiro. Da mesma forma, é na fé, na esperança e no amor que a verdade se "verifica", se torna veraz, operativa, libertadora. Enfim, porque a verdade se dá em relações, em comunidade, é o amor o caminho régio da verdade. Somente uma postura amorosa comunica bem a verdade, mesmo a mais crua e dura. Isso é eficaz nos círculos familiares e de amizade como na pedagogia e no jornalismo: somente no amor há comunicação adequada da verdade.

7. Todos têm direito à verdade, todos têm dever para com a verdade

A verdade prospera onde há democracia e também a democracia prospera onde há verdade, a partir da informação. Assim se compreende por que a imprensa tem crescido em importância em nossas sociedades. Contra uma imprensa submetida à censura de poderes totalitários e ideológicos, a liberdade de imprensa é vital para a democracia. A liberdade de circulação de informações garante o direito de todos à informação e também o cumprimento do dever de todos de buscar, de saber e de dizer a verdade. A constatação de perseguição, inclusive com mortes, de jornalistas em meio a conflitos ao redor do mundo, reforça a necessidade de saber a verdade e de zelar por ela porque com a verdade estão em jogo os bens maiores da democracia, que são a justiça e a paz. Mais uma vez, há equivalências aqui: a verdade e a justiça. Trabalhar com amor pela verdade é trabalhar para que aconteçam a justiça e a paz. Há algo de messiânico nisso, como canta o salmo: "Amor e Verdade se encontram, Justiça e Paz se abraçam; da terra germinará a Verdade, e a Justiça se inclinará do céu!" (Sl 85,11-12).

No entanto, para que a verdade e a inocência não sejam vítimas de precipitações, nossos códigos de direito preveem investigações que devam ocorrer "sob segredo de justiça". Em termos sociais, a presunção de inocência de todo cidadão até que não se prove o contrário é vital inclusive para a democracia. Por isso, as suspeitas e os inquéritos devem seguir um caminho de discrição sem confundir indícios com verdade. Os danos morais por juízos precipitados podem afetar tanto réus como vítimas e todos os seus entornos, transformando inocentes em vítimas expiatórias. O complicador é que a transformação de um réu em vítima expiatória impede a objetividade de sua verdade e leva à convicção em torno de uma verdade adulterada difícil de desmascarar, a do funcionamento da vítima expiatória como descarga das frustrações mais gerais de uma sociedade. A tarefa de quem passa informações e comenta os fatos com suas interpretações se torna, neste ponto, uma tremenda responsabilidade ética: até onde, e como, sem omissão mas sem distorção, se devem passar as informações que comovem uma sociedade inteira? Um critério de verificação de uma boa informação é o bem comum, novamente a justiça e a paz social. E um critério operativo é o trabalho de informação em equipe.

Já em termos pessoais, o "segredo" a respeito da verdade é ainda mais delicado. Cada pessoa é um abismo, um mistério que nem ela mesma abarca inteiramente, como uma aventura a ser percorrida para se compreender melhor. O respeito aos seus segredos, às suas dores e à sua história, aos seus processos de libertação e de revelação sem coação, o direito a não sofrer nenhum tipo de tortura para dar informações e, mais ainda, para se revelar, é um teste muito grande à democracia e à justiça. O nosso mundo, globalizado com o imperialismo de sistemas de controle e ao mesmo tempo com o surgimento do terrorismo globalizado que se rebela, está criando tensões crescentes em torno do "biopoder" e da tecnologia cada vez mais sofisticada em torno do controle de indivíduos. Novamente, a imprensa pode estar de um lado ou de outro, e tem uma responsabilidade crescente do ponto de vista ético. E também aqui se aplicam os mesmos critérios de verificação: os bens de justiça e paz, incluindo no bem comum o bem de cada cidadão e de cada pessoa em seu inalcançável e inefável mistério.

Em conclusão, a verdade transcendente e universal é um horizonte último de uma realidade histórica de caminhos de investigação, de provação, de fidelidade, de testemunho. Os filósofos pós-modernos preferem dizer que as interpretações são um caminho plural e sem fim. Umberto Eco, comentando seu romance de sabor nominalista *O nome da rosa*, lembra que boa atitude é sorrir da busca insana da verdade e aceitar a precariedade de nossas pequenas verdades. No entanto, há muita vida em jogo quando se busca a verdade, e ela não é apenas um jogo intelectual, mas também uma busca ética, de justiça e de paz. Por isso, parafraseando o profeta Isaías, "como são belos sobre os montes os pés do mensageiro que anuncia a felicidade, que traz boas notícias e anuncia libertação" (Is 52,7), mesmo na precariedade e na parcialidade de suas possibilidades. Pois a verdade é um dom irrecusável que dá sustento à liberdade, é uma busca comum, uma peregrinação e uma aventura percorrida em comum. Em termos bíblicos, a verdade é tecida nas relações humanas, é saboreada na palavra das testemunhas, em palavras e atos. Assim, as testemunhas são reconhecidas e veneradas como mestres, como profetas e também como mártires. Foi o caso de Jesus. Em última análise, o que é verdadeiro, bom, amoroso, justo, belo, pacífico, comunicável, transparente, livre, provém de uma experiência que une o humano e o divino. Ensaiando uma resposta a Pilatos – *que é a verdade?* – tomamos a liberdade de cantar parafraseando Paulo na Primeira Carta aos Coríntios:

> A verdade é paciente,
> A verdade é prestativa,
> Não é invejosa, não se ostenta,
> Não se incha de orgulho,
> Nada diz de inconveniente,
> Não procura seu próprio interesse,

Não se irrita, não guarda rancor,
Não se alegra com a injustiça,
Mas se regozija sendo verdade,
Tudo desculpa, tudo crê,
Tudo espera, tudo suporta,
Porque é a verdade (cf. 1Cor 13,4-7).

8. Referências bibliográficas

DELEUZE, G. *Lógica do sentido*. São Paulo: Perspectiva, 1998.
ECO, U. *O nome da rosa*. São Paulo: Record, 2009.
LEVINAS, E. *Transcendência e inteligibilidade*. São Paulo: Edições 70-Brasil, 1991.
NIETZSCHE, F. *Para além do bem e do mal*. São Paulo: Companhia das Letras, 2005.
SANTOS, J. F. dos. *O que é o pós-moderno*. São Paulo: Brasiliense, 1986.

CAPÍTULO XII

Comunicação e compromisso social

Carlos Josaphat

De maneira progressiva e mesmo cumulativa, a comunicação tende a ampliar e a intensificar a sua rede de informação e de influência sobre todos os campos da sociedade. Desta sociedade, em sua consistência de um todo entrelaçado pelo consenso dos cidadãos, a comunicação se afirma como o cérebro, fonte das opiniões e dos valores comuns. Mais e mais, a qualidade humana das relações, dos laços entre pessoas e grupos, das instituições, das estruturas sociais depende da eficiência técnica, da difusão geral da comunicação para toda a sociedade.

A interdependência da comunicação e da qualidade ética da sociedade é a evidência a aprofundar e a analisar para que se torne viável e operacional um compromisso solidário e responsável dos cidadãos, capaz de afirmar os valores e de assegurar os direitos humanos nos campos da política, da economia, da cultura, da educação e mesmo da família.

1. O compromisso diante do sistema

Sem nenhuma conotação pejorativa, o sistema se entende e define como a forma perfeita, a mais eficiente e operacional, de organização e funcionamento da sociedade tecnológica, considerada em seu todo e na complexidade de seus elementos.

O sistema da comunicação social surgiu quando se começou a produzir a notícia e difundi-la para um público que, direta ou indiretamente, a "compra" como "uma mercadoria", o que vem a ser a mensagem, imagem, som, ou palavra, acrescida do valor de sua transmissão. Assim, o sistema da comunicação tem sua especificidade e sua autonomia, mas encerra em si a estrutura e o dinamismo do sistema econômico, sendo regida essencialmente pela lei da concorrência, da oferta e da procura.

Dada a singularidade do produto que é a mensagem, sob forma de notícia, de programa, de espetáculo, de divertimento ou de cultura, e considerada a originalidade do seu modo de produção, o sistema de comunicação tem suas leis imanentes, suas condições, suas possibilidades, sua maior ou menor facilidade de bom funcionamento. Entenda-se essa bondade seja como qualidade técnica de maior, ou melhor, aprimoramento dos meios de transmissão da mensagem sob suas diferentes formas, seja como a qualidade ética de veracidade e de utilidade pública do que é transmitido.

Assim, a correlação da mídia e da economia é tão profunda que a prosperidade da economia depende da comunicação, e o poder de influência da comunicação decorre primordialmente das forças e das motivações econômicas que a impelem e orientam.

Essa correlação do sistema econômico e do sistema comunicacional é, portanto, o mais direto, dado que a mídia encerra em si, em cada empresa e nas suas redes um modelo de sistema econômico. Mais ainda, a sociedade moderna é um tecido de racionalidade e de técnica. Ela se constitui do entrelaçamento, cada vez mais complexo, de todos os sistemas, à semelhança e sob influxo poderoso dos dois sistemas básicos: a economia e a comunicação.

Não há possibilidade de uma ética social efetiva, guiando e modelando a sociedade no conhecimento e da busca das exigências do bem comum e da garantia de todos os direitos para todos, a não ser que a ética inspire e retifique cada um dos sistemas da sociedade, bem como o jogo de influência de uns sobre os outros. Uma sociedade de grandes empresas dominadoras da economia será inexoravelmente uma sociedade de grandes empresas comunicacionais, orientadoras, se não manipuladoras, da opinião no que concerne aos grandes problemas de cada país e de todo o mundo globalizado.

Não se imagine ou suspeite qualquer espécie de má vontade, menos ainda uma "força oculta", uma conspiração perversa e perversiva dos agentes diretos ou indiretos da comunicação. Aliás, estes se empenham em informar corretamente sobre o conjunto dos acontecimentos que suscitam o interesse e o apetite de saber, pelo caráter curioso, inédito, sensacional do que ocorre aqui perto e bem longe no mundo. Nada escapa à informação mais quente dos comunicadores que apostam com o tempo. Poderiam deixar toda a gente ignorar as atuais dimensões anatômicas e as últimas aventuras amorosas das celebridades? A mania pitoresca não deixa de ser sintoma certo de uma desastrosa patologia social.

Mas não é aqui que bate o ponto, quando se trata do compromisso responsável por uma ética social, especialmente por uma ética da comunicação. O que está realmente em jogo é que seja assegurado o necessário para que a humanidade possa viver humanamente. Ela precisa ser informada sobre os grandes problemas do mundo. Seu interesse não pode ser alienado, mas há de andar rente com a realidade da vida. O povo a quem cabe a soberania há de estar a par das suas necessidades e dos recursos públicos disponíveis, da ação, da inércia, da oposição no que toca o bem comum, em cada nação, nas diferentes regiões, nas relações internacionais. A função social da informação há de focar com prioridade o comportamento efetivo dos governos e todo o jogo administrativo em todas as suas instâncias.

O nó górdio desafiando todo compromisso social é que esse modelo e esse conteúdo de informação não coincidem com os interesses de curiosidade, que movem a mídia em sua busca de ibope, nem o interesse de proveito e de lucro do sistema econômico tal como aí está. É certo, para além das denúncias fáceis desse desvio institucional, o mundo moderno vai acordando. E se mostra fecundo em uma plêiade de reflexões e de mobilizações da opinião e da estratégia ética em prol de uma democracia, a um tempo econômica, política, cultural e comunicacional. É a única verdadeira democracia, liberal e social. Para a qual, aliás, aponta e deverá conduzir a Constituição Brasileira.

Da liberdade à responsabilidade dentro e diante do sistema

Historicamente, a emergência da responsabilidade coincide com o despertar ético da humanidade diante dos horrores da Segunda Guerra Mundial. O sentido da responsabilidade se desenvolve qual primeira tentativa de resposta aos desafios do pós-guerra.

Apela-se, então, para a necessidade saneadora e urgente de uma imprensa "livre e responsável".

Comissões de pesquisas e estudos foram constituídas, na Inglaterra e nos Estados Unidos, visando esclarecer especialmente o papel da imprensa, de todos os meios de comunicação do mundo liberal. E chegaram à triste conclusão: a imprensa liberal foi grandemente culpada, favorecendo, por ação direta ou por cumplicidade e omissão, o surto das ditaduras e dos movimentos totalitários. Não basta uma imprensa livre. É preciso uma "imprensa livre e responsável", atenta à promoção do direito e do bem comum.[1]

No entanto, manifesta-se alguma hesitação e mesmo certa contestação no meio dos defensores incondicionais da "autonomia da imprensa", que proclamam a liberdade como único imperativo. Temem que o apelo à responsabilidade acarrete o sufocar da liberdade, sua regulamentação e finalmente uma forma ostensiva ou disfarçada de volta à censura e ao amordaçamento da liberdade. É que se confunde assim a responsabilidade jurídica e política, imposta autoritariamente aos jornalistas, com a liberdade ética, tecida de convicção e de livre opção dos profissionais e usuários da imprensa.

Essa tríplice dimensão da responsabilidade surgiu simultaneamente na história moderna, e na época contemporânea se coroava esse tríplice aspecto do amadurecimento da liberdade.

A responsabilidade política era uma das formas que assumia a liberdade democrática. Suas primeiras manifestações datavam de uma longa história e vinham da Inglaterra, sob a modalidade da "responsabilidade do governo diante do parlamento". Ela se espalha e se consolida como a virtude básica da democracia. Ela deve penetrar todas as relações das instâncias e poderes políticos, especialmente os processos da organização eleitoral e representativa. A responsabilidade política é uma atitude do cidadão, do político, dos organismos políticos, concretizando-se em formas objetivas de estruturação e funcionamento, regidas por uma legislação conveniente e sempre adaptada às necessidades do momento.

Outro aspecto da responsabilidade tomava corpo na história das reivindicações e das emancipações sucessivas. Era a responsabilidade jurídica. Ela

---

[1] Nos Estados Unidos, sob a presidência do Reitor da Universidade de Chicago, foi instituída uma comissão que publicou em 1947 um relatório amplo e documentado: COMMISSION ON FREEDOM OF THE PRESS, *A Free and Responsible Press, a general report on mass media* (Chicago: University of Chicago Press, 1947). Na Inglaterra uma "Comissão Real" publicou um relatório semelhante tendo por objeto a imprensa inglesa. Uma informação sobre o valor e o conteúdo dessas Comissões se encontra na obra clássica de B. VOYENNE, *La Presse dans la Société contemporaine* (Paris: Armand Colin, 1962), p. 270.

se tinha afirmado inicialmente no plano do direito penal, em um esforço de aprimorar e matizar a apreciação da culpabilidade e da punição. O *Tratado dos delitos e penas* de César Beccaria concretizava e dinamizava, desde os fins do século XVIII, esse movimento de humanização do direito. Ele se ampliou e aperfeiçoou. A responsabilidade jurídica se desdobrou em responsabilidade penal, civil, administrativa. Ela estendeu as redes de orientação e de proteção a todos os campos das atividades, profissões e organizações da sociedade moderna.

Em simbiose com a responsabilidade política e jurídica, surge e se desenvolve a responsabilidade ética. Ela se caracteriza como uma atitude de totalidade e de síntese de todas as qualidades do agir humano. Ela é o despertar da consciência em sua função interior de sinceridade, de lealdade e de conhecimento objetivo, de atenção à realidade, de análise das situações e das conjunturas, à luz do sentido do dever e da consideração para com o outro e o bem comum.

A responsabilidade se apresenta assim como o princípio mais universal, mais abrangente e mais operacional. Poder-se-ia definir, como: a atitude de empenho efetivo, racional e livre visando à realização pessoal e social do ser humano. Ela é a sinergia da razão e da liberdade, em vista de discernir e promover todos os direitos e todos os deveres, de todos para todos, em cada situação e em toda conjuntura socioeconômica, política e cultural.

A responsabilidade assim definida, como esse ideal imperativo, mobilizando todos os recursos humanos em prol da valorização da pessoa e da promoção do bem social, é a qualidade que melhor convém aos agentes da comunicação, e mesmo a todo cidadão diante da mídia, de suas funções e de sua ação crescente e global.

2. Responsabilidade pessoal e social

A boa marcha da mídia exige, portanto, que se enfrente a questão crucial: quem é o sujeito da responsabilidade, quem é imediata e diretamente responsável. Quem responde pela veracidade da informação ou pelas injustiças e prejuízos causados por uma reportagem indiscreta, desrespeitosa, violadora da privacidade? Responsabilidade do profissional ou da empresa, do jornalista ou do jornal? Ou responsabilidade solidária de todos ou de alguns especialmente investidos do poder e da competência no setor em questão?

O grande inimigo da responsabilidade é a imprecisão e a indefinição das obrigações, das funções, dos papéis e dos campos de ação. Todos confusamente responsáveis significa finalmente todos irresponsáveis, dentro de uma situação que leva a culpabilizar o outro e a se inocentar a si mesmo. Por isso, a lei ética primordial será definir e precisar a natureza e o sujeito da responsabilidade, bem como seu objeto e seu domínio de aplicação.

A responsabilidade no campo civil ou penal vem determinada pelas leis, pelos códigos e pelas disposições particulares das empresas. A ética as assume e reforça, no sentido de exigir seu estudo e sua aplicação leal e objetiva.

No plano propriamente ético, cumpre precisar a responsabilidade da empresa, enquanto personalidade moral, dotada de um raio de ação e de influência de grande alcance. Ela é eticamente responsável das consequências positivas e negativas de suas informações. Ela é igualmente responsável de suas ações e omissões.

Esses princípios gerais de ética fundamental manifestam uma exigência e uma urgência muito especiais no campo da informação, dada a amplidão e a profundidade dos efeitos e danos causados, bem como a maior dificuldade de uma reparação eficaz e oportuna dos prejuízos sofridos.

A informação corresponde a uma função social universal e precisa. Da veracidade e da qualidade da informação dependem as diferentes funções sociais. A distorção habitual da informação acarreta a perturbação de toda a vida social. E a ausência da informação significa a incapacidade para o conjunto dos cidadãos de cumprirem todos os seus deveres de participação na vida política, cultural e econômica.

A responsabilidade da empresa de informação, do jornal, do rádio, da TV se traduz concretamente na responsabilidade solidária e diferenciada de todos os profissionais. A partilha e a realização dessa responsabilidade constituem os grandes deveres da direção, dos seus colaboradores e do conjunto do pessoal da imprensa.

3. O compromisso responsável se traduz na participação dos profissionais e dos usuários da comunicação

A responsabilidade profissional incumbe inicial e radicalmente a cada um dos jornalistas. Ela se enraíza na própria consciência e se afirma pelas convicções e opções pessoais de cada um.

No entanto, o caráter social da função e da ação de informação, que incumbe à imprensa e a cada uma de suas unidades, faz com que essa responsabilidade profissional só se possa exercer eficazmente se há uma organização e um trabalho coletivo de todos os jornalistas.

A necessidade do entendimento e da organização profissionais dos jornalistas decorre do duplo objetivo, conexo em profundidade:

- O primeiro, essencial ao sistema de comunicação, é a valorização e a qualidade da própria informação.
- O segundo é a defesa dos legítimos interesses dos jornalistas.

A associação ou o sindicato dos profissionais da imprensa representa a presença organizada dos elementos mais qualificados para opinar sobre a informação e contribuir para sua orientação no sentido dos valores de verdade, justiça, liberdade e solidariedade.

Por outro lado, a defesa dos interesses legítimos da classe corresponde à exigência de assegurar as condições de uma informação livre, responsável e objetiva.

4. Corresponsabilidade profissional e solidariedade com o público

A responsabilidade solidária ou a corresponsabilidade dos jornalistas visa não apenas à defesa da categoria. Seu principal objetivo é manter e promover a qualidade da informação a serviço do público.

Em consequência, é necessário estabelecer e conservar sempre a solidariedade dos jornalistas com esse público. Sem forçar demais a analogia, se poderia falar de uma espécie de "representatividade" dos jornalistas. A liberdade e as prerrogativas destes se fundam neste objetivo geral, que é o serviço do público. É esse objetivo que constitui a referência e a medida dos direitos específicos dos jornalistas.

5. Participação responsável e corresponsável

Tal é o princípio de base que vem estender, de maneira positiva, o valor da dignidade e da liberdade a todos os agentes da comunicação e muito especialmente em suas modalidades mais frequentes e intensas, a televisão e a internet. O grande problema ético da mídia no decorrer de sua história, mas sobretudo na atualidade, é a passividade a que podem ser condenados os destinatários da comunicação.

No entanto, em todas as formas de intercâmbio humano, muito especialmente nos sistemas que respondem às grandes funções e necessidades sociais, no sistema político, econômico, educacional e aqui no sistema comunicacional, existe uma exigência humana radical: a necessidade de que todos os agentes do processo nele participem ativamente.

Um puro receptor de notícias é um elemento talvez precioso para o rendimento do processo produtivo de mercadorias ou de mensagens; mas ele será na verdade um peso inerte, um tropeço diante de todo projeto ético.

Se no sistema econômico os produtores são plenamente ativos e os consumidores permanecem passivos, sem outra prerrogativa além de facilitar "o escoamento" das mercadorias e serviços, pagando os preços estipulados, temos aí uma discriminação, que desconhece a qualidade humana, a dignidade humana do consumidor, que se ignora como pessoa. A participação responsável é a necessária concretização da dignidade humana do consumidor, do cidadão e de todos os usuários da mídia.

Consumidor passivo significa desigualdade, dependência e servidão nos diferentes sistemas e em todo o grande sistema da sociedade.

6. Participação organizada, crítica e construtiva

A evocação, embora sumária, desses fenômenos sociais e dessas atitudes negativas ajuda a colocar o verdadeiro problema de base: a ética da comunicação social se inaugura e realiza plenamente somente através da *participação consciente, ativa ou mobilizada, organizada, crítica e construtiva do público, ou seja: do conjunto do povo* a quem se endereça ou se destina a mídia.

Há aqui a proposta de uma estratégia ética, uma bela e rude caminhada cujos passos e ritmos merecem atenção.

Primeiro, trata-se de *participação* e não de simples *utilização* da mídia.

A complexidade, o custo, a especialização profissional, requeridos pelo sistema, contribuem para fazer do povo um simples utilizador da mídia, o que corresponde sem dúvida aos votos mais profundos de seus proprietários e agentes. A participação implica que o povo esteja presente, se manifeste e finalmente decida sobre a orientação fundamental, sobre os modelos de ação e de governo da mídia. Há aqui uma convicção e uma opção de base, de que depende o ser ou não ser da democracia, da qualidade humana da sociedade hoje.

A mídia não é uma empresa industrial ou comercial simplesmente.

Ela responde, também e antes de tudo, a uma função da sociedade, ela tem que cooperar para o bem do país e da humanidade em geral. Essa missão social da mídia não significa a afirmação ou a insinuação de nenhuma intervenção externa. Ela há de ser autônoma e responsável, cumprindo ela mesma esse objetivo de servir o bem comum.

Participação consciente. Encontramos aqui a etapa primordial da *conscientização*, que é absolutamente básica para o saneamento e a autenticidade de todos os sistemas sociais. A conscientização é o despertar do cidadão, que se reconhece responsável pela implantação da justiça social, através dos caminhos democráticos.

A conscientização compreende uma dimensão subjetiva e uma dimensão objetiva. Ela se afirma por essa conjunção da valorização do sujeito ético, do cidadão, da dignidade de cada pessoa, com a prioridade dada ao bem comum, à garantia e à promoção de todos os direitos para todos. Essa busca do bem comum exige a análise da realidade social, com o fito de detectar as verdadeiras necessidades, bem como os recursos e os caminhos para atender prioritariamente às necessidades fundamentais para o conjunto do povo.

Na perspectiva da ética social, trata-se de assegurar a informação para todos e sobre os problemas de base para a vida e o desenvolvimento do povo, bem como garantir um lugar conveniente à difusão da cultura para as camadas menos favorecidas da população.

Participação ativa ou mobilizada. A participação ativa quer dizer que a conscientização conduz à ação, à educação pela ação e pela reflexão sobre a ação. A mobilização consiste na disponibilidade para intervir de maneira pronta e eficaz, em vista de retificar os desvios e de incrementar o desenvolvimento do bem geral. Aqui nos ocupamos da mobilização atenta aos problemas da informação. Ela supõe um empenho constante para levar a mídia a se interessar pelos problemas fundamentais e procurar levar à mídia as informações sobre os fatos políticos, econômicos ou culturais deveras relevantes para o povo.

Participação organizada, seguida e permanente. Não basta mobilizar o público para alguns gestos ou mesmo para algumas campanhas. São necessários projetos:

- fundados na análise da realidade;
- visando a objetivos prioritários por sua importância e estabelecidos de maneira precisa;
- bem como dotados dos meios e recursos, apreciados com rigor e realismo;
- e finalmente programados e escalonados em etapas progressivas e encadeadas;
- susceptíveis de correções, de retificações ou readaptações às possibilidades e exigências da ação.

Essa estratégia ética é particularmente necessária no domínio da ética da comunicação social. Ela busca manter sempre presentes e ativas a dimensão pessoal e social da ética.

A dimensão pessoal significa que a ética se funda na convicção de consciência, ela dá um lugar prioritário à educação que desperta o senso moral, a estima e o respeito do outro, o reconhecimento da dignidade de cada pessoa humana e o primado do bem comum. Este é entendido como a promoção dos direitos fundamentais, especialmente da cultura e da informação, para todos, para todos os indivíduos e camadas sociais.

A dimensão social exprime a exigência de retificar as instituições, no nosso caso, o sistema da mídia, agindo de maneira racional e técnica, sobre o sistema, através de atitudes e gestos pontuais, mas, sobretudo, através de projetos seguidos e permanentes, no sentido que acabamos de evocar.

Poder-se-ia ilustrar esse programa do que chamaríamos uma estratégia sistêmica, lançando um olhar sobre o que se passa ou poderia passar em um plano mais geral no domínio econômico. Com a promulgação de um Código de defesa do consumidor e de uma Lei de proteção à concorrência, tornou-se possível o recurso constante de pessoas ou entidades que reivindicam seus direitos e denunciam injustiças ou abusos mais ou menos generalizados, concorrendo assim para que haja mais honestidade nos negócios.

No entanto, nesses casos, cada um busca e defende seus direitos. São ações isoladas, que podem ter uma influência indireta na qualidade ética do sistema econômico. Mas este não é visado em seu funcionamento, menos ainda em sua constituição.

Bem diferente é o comportamento assumido, de maneira organizada e constante, pelas associações de consumidores e consumidoras, em países cuja opinião pública já deu esse passo decisivo. Convenientemente inteiradas das estruturas e conjunturas da economia, bem como do jogo do mercado, essas associações procuram realizar e aprimorar uma verdadeira estratégia de ética econômica, desdobrando-a em diferentes etapas bem concatenadas e mesmo progressivas.

Entre essas destacamos as principais ou as mais comuns e acessíveis:

- Estabelecer ou apoiar um código ético claro, simples e susceptível de contar com a aprovação dos consumidores de uma região.
- Conscientizar o público, os consumidores, assim como industriais e comerciantes, sobre as qualidades humanas, sobre as vantagens até mesmo econômicas resultantes da prática leal, efetiva e constante desse código.
- Fiscalizar de maneira inteligente, rigorosa e constante, sobretudo os mercados, sobre os capítulos essenciais do código, quanto aos preços, à qualidade das mercadorias e serviços e sobre a apresentação e rótulo dos produtos.
- Vigiar particularmente a exatidão das informações publicitárias e promocionais, sem olvidar a qualidade das mensagens e imagens que veiculam essas informações.

É imprescindível que o público "consumidor" ou usuário da mídia adote um comportamento semelhante. As dificuldades não serão pequenas, visto o atraso considerável que pesa sobre as experiências, ainda um tanto dispersas, dessa indispensável e urgente estratégia ética.

Ela merecerá ainda maior empenho, quando se der a devida atenção aos progressos constantes e crescentes da telemática, com suas novas formas de comunicar e, sobretudo, de agir, de interagir pelas redes e sobre as redes de informação.

Pois, se reconhece cada vez mais, o surgimento e o desenvolvimento acelerado da internet têm significado a grande oportunidade da participação no mundo virtual, abrindo caminhos para a verdadeira democratização da mídia e mais ainda para seu acesso ao plano humano de uma ética pessoal e social.

Convém analisar o processo de passagem da prática atual do devido direito à liberdade para os comunicadores à necessária atitude de responsabilidade, que é a plena liberdade assumida por todos os agentes da comunicação em vista tanto da prosperidade do sistema de comunicação quanto e mais ainda de uma informação correta e bem adaptada de toda a população sobre os problemas essenciais do país e da humanidade.

Entre comunicadores há por vezes o receio de que o apelo à responsabilidade signifique detrimento ou ameaça à liberdade.

É preciso evitar o casuísmo, relativizando mais e mais a mania de concentrar a opinião em denúncias parceladas e espetaculares de indivíduos e de grupos. Sem dúvida, há de haver vigilância por parte dos responsáveis pela administração da opinião pública convenientemente informada.

7. Compromisso por uma estratégia da ética da comunicação

"Estratégia" é termo bem próprio, pois designa o conjunto de atitudes, de atividades e de projetos capazes de viabilizar o compromisso de toda a sociedade por uma ética integral e adequada da comunicação.

Como para o êxito no campo militar, financeiro ou político, a ética exige uma verdadeira estratégia. Não se trata de algumas atividades, atitudes ou mesmo de campanhas isoladas e menos ainda improvisadas. Todas as pesquisas e meios técnicos devem ser conjugados em todos os países, a começar pelos países mais desenvolvidos. Pois neles a corrupção e a violência têm implantadas suas verdadeiras origens, seus clientes privilegiados e sua "logística", para se espalhar pelo mundo em um antissistema sofisticado buscando corroer o sistema democrático.

A responsabilidade ética supõe e exige uma tomada e uma formação de consciência, um amplo e profundo trabalho de formação de convicções. Ela se concretizará no consenso ético e jurídico, na aceitação unânime e profunda dos valores humanos como base e inspiração dos sistemas econômicos, jurídicos, políticos e comunicacionais. No plano propriamente econômico, difunde-se hoje uma "ética dos negócios", que coexiste com o liberalismo e o utilitarismo, e compactua facilmente com a corrupção "elegante", que vem a ser a desigualdade e a discriminação camufladas sob certas formas de legalidade. Valorizam-se os direitos individuais, em benefício dos privilegiados, e se atenuam e até se desacreditam os direitos sociais, que haveriam de visar à e realizar a igualdade, e, portanto a verdadeira paz na sociedade, entre indivíduos e povos.

A responsabilidade jurídica e política visa criar instituições a serviço dos objetivos e dos valores humanos, como inspiradores e reguladores dos objetivos e valores específicos aos diferentes sistemas, particularmente do sistema econômico e comunicacional, que exercem uma influência decisiva sobre os sistemas políticos e jurídicos. A responsabilidade não significa limites impostos à liberdade. Ela deve assumir e realizar plenamente a liberdade, indo sempre da liberdade já possível a mais liberdade, utilizando as brechas deixadas pelos sistemas, em um empenho de alargá-las e dar-lhes maior estabilidade e segurança.

Estratégia educativa

Mais de uma vez, no correr de nossa reflexão, se têm destacado o lugar e o papel mais do que importante, deveras fundamental, da educação como o primeiro caminho ético para a preparação e implantação de uma sociedade que supere os conflitos e instaure uma cultura de paz.

O que merece a maior insistência é o empenho por uma verdadeira estratégia pedagógica, no prolongamento de Jean Piaget e de Paulo Freire, animando a escola, do ensino fundamental ao superior, levando-a a educar para a liberdade, a responsabilidade e a autonomia. Será especialmente necessário e difícil superar a domesticação ideológica dos sistemas educacionais, libertando-os da enfeudação aos sistemas políticos e econômicos. É inaceitável que sejam atrelados à função de formar funcionários para empresas ou redes de empresas. Mas é imprescindível e urgente que universidades e demais institutos de educação encaminhem as jovens inteligências à atitude crítica, mas também positiva, criativa, diante de todos os sistemas.

8. Compromisso social, urgência e convergência

Abrindo caminho, pode ser oportuno desfazer-se de dois equívocos opostos, mas ambos danosos para uma ética social autêntica e eficaz, especialmente no campo delicado da comunicação. Esse duplo desvio vem a ser o utilitarismo individual ou social a que se opõe o moralismo rigoroso e purista.

A falha insinuada no "-ismo" de um e de outro está no excesso de optar pela utilidade, pelos interesses particulares, pessoais ou corporativos, ou pela moral, em sua realização estreita de obrigações, de coerção familiar ou de pressão social em detrimento dos valores éticos universais, acolhidos no livre compromisso pelo bem social, na alegria jovial de viver e de comunicar.

Longe de todo falso purismo, a sabedoria ética impele a realizar na existência pessoal e nos sistemas sociais aquela delicada conjunção dos valores autênticos e dos interesses legítimos. Pois esses interesses animam o dinamismo comum da vida pessoal e social, suscitando e ativando as iniciativas, as empresas e os projetos. E, sendo legítimos, constituem outros tantos direitos a respeitar e promover.

Assim a urgência do compromisso social resplandece hoje como urgência, não apenas como ideal; vai sendo ressentida e vivida como imperativo racional na perspectiva de uma ética mundial. Primeiro nas redes da própria comunicação. Pois bem se pode dizer que a última vaga da moderna telemática, cuja ponta de lança é a internet, vai se mostrando mais aberta, se não mais acolhedora, aos valores éticos. Mais que as outras formas anteriores da mídia, ela oferece reais espaços de liberdade, de participação, de interação e de intercâmbio, nos quais é dado reconhecer aqueles alvissareiros "sinais dos tempos", a que João XXIII nos convidava a andar sempre atentos.

De certo, a internet não foge à plurivalência, senão à ambiguidade de uma técnica rica, jeitosa e promissora. Ela propicia a muitos internautas afoitos boas ocasiões e mesmo fortes incitações a esbanjar tempo em futilidades, a aventurar-se em propostas alheias ou contrárias a uma ética responsável. No entanto, neste e em outros avanços da telecomunicação, a ética bem avisada pode discernir e apontar modelos presentes ou possíveis dos valores humanos: de verdade, justiça, liberdade e amor, prestes a desabrocharem em solidariedade mundial.

O surgimento dessa rede de computadores autônomos valoriza ou permite valorizar a interatividade como busca de intercâmbio, mas também como aspiração pela verdade e pela dignidade, pelos demais valores e direitos humanos universais.

Outra convergência vai se desdenhando na humanidade em marcha. As religiões, e mais perto de nós as comunidades cristãs, vão descobrindo que passou a hora das desconfianças diante das "liberdades modernas", de um mundo urbano, tecnológico, familiarizado em coexistir e conviver em uma comunicação instantânea.

A liberdade foi tão fecunda quando se desdobrou ativada pelo dinamismo dos interesses. Hoje, há de ser a vez da responsabilidade solidária, que é o elã da liberdade abrindo-se ao outro, ao social, ao plena e universalmente humano. Pois este é o bom e único estilo de estar em casa, tendo que habitar um mundo totalmente globalizado.

9. Referências bibliográficas

Nessa contribuição, o autor sintetiza teses e projetos sobre a ética da comunicação social a que consagrou seu ensino e que foi objeto de diferentes publicações no país e no exterior. Entre elas:

JOSAPHAT, C. *Information et propagande*; responsabilités chrétiennes. Paris: Cerf, 1968. De acordo com o autor, elementos essenciais dessa obra foram retomados por DALE, R. *Igreja e comunicação social*. São Paulo: Paulinas, 1973.

_____. Diritto allá verità e comunizacione sociale. In: GOFFI, T. (org.). *Problemi e orospettive di teologia morale*. Brescia: Queriniana, 1976.

_____; BÉGUIN, B. *L'éthique professionnelle des journalistes*. Fribourg: Univ. Fribourg, 1983. (Cahiers de Travaux Pratiques, 12).

_____. *Éthique de la communication sociale*; vers un ordre humain de l'information dans le monde. Fribourg: Univ. Fribourg, 1987.

E como síntese atual das pesquisas e reflexões:

_____. *Ética e mídia*; liberdade, responsabilidade e sistema. São Paulo: Paulinas, 2006.

O tema é abordado de forma abrangente em:

_____. *Ética mundial, esperança da humanidade globalizada*. Petrópolis: Vozes, 2010.

CONSIDERAÇÕES FINAIS

A teologia entre a onomatopoese e o neologismo

Fernando Altemeyer Junior e
Vera Ivanise Bombonatto

Os doze capítulos precedentes nos desafiaram a pensar a Palavra de Deus e a palavra humana abrindo-se metaforicamente em doze portais. Pensamos as traduções e os intérpretes deste diálogo terapêutico. Buscamos decifrar a função teologal da palavra humana e paradoxalmente vislumbrar a função humana da palavra divina. A revelação, a inspiração e a transpiração das inúmeras vozes da terra e dos céus, a partir de palavras articuladas, contribuíram para projetar a utopia de uma rede comunicacional transparente.

Do grito gutural ou interjeição inicial do homem das cavernas diante do sol e da morte (como diz Arthur Schopenhauer), passamos ao pronunciar dos vocábulos similares aos sons dos outros animais que encontramos e que nos precediam, pois somos os seres últimos na evolução darwiniana. Ouvimos pássaros e passamos a gorjear. Ouvimos o vento e sibilamos. Eis a arte da onomatopeia. Imitação do mundo e dos sons da natureza. Sentimos cachoeiras, cavernas, vulcões e o bramir das ondas, e estes sons que auscultamos reverberam em nosso corpo e saem por nosso instrumento de sopro (bucal).

Os primeiros sussurros e bramidos conformam a nossa condição terrena e conatural a todos os demais seres e eventos naturais. Da percussão do mundo assumimos nossa condição de instrumentos de cordas (vocais). O mundo se comunica e nós balbuciamos uma retribuição sonora. As cordas vocais entram em diapasão e buscam a afinação melódica. É o que os gregos chamam de onomatopoese, ou seja, a criação, fabricação ou confecção das palavras ou nomes na origem do viver. Os primeiros seres humanos foram fabricando palavras, burilando-as como pedras preciosas e adequando-as ao real e ao imaginário. Esse exercício afirmativo ou catafático procurava dizer o mundo e a si mesmo. Hoje sabemos pela pesquisa publicada na Revista *Science* em abril de 2011, de autoria de Quentin Atkinson, da Universidade de Auckland na Nova Zelândia, que a maior quantidade de fonemas se concentra em um "marco zero" das línguas, no centro-sul da África. Este tronco matricial de todas as línguas surgira de um "Eureka" primitivo há 70 mil anos e se expandiu até atingir as Américas e a Oceania. A linguagem complexa teria sido uma das ferramentas centrais para que a humanidade avançasse pelos continentes.

1. Palavras mágicas e fórmulas secretas

Mas era preciso purgar o que era estranho e que não abria para a transcendência. Era preciso uma catarse que nos liberasse para a verdadeira identidade de nosso ser e de nossa busca. Nossa alma precisava aliviar-se e elevar-se para novas experiências e novas realidades. Não podíamos reduzir-nos ao adjetivo, pois como diz Voltaire o adjetivo é inimigo do substantivo.

Passamos a pronunciar as palavras mágicas e a buscar as fórmulas secretas que viessem dos céus e dos deuses. Precisávamos ouvir o belo para configurá-lo em nosso falar. Assim, vulcanicamente irrompem palavras como Abracadabra, de Avra Kedabra, que podemos livremente traduzir como "crio ao falar" ou ainda "faço desaparecer com esta palavra". Buscamos nesta e em outras palavras similares (Hocus Pocus, Shazam, Fiat) o poder de abençoar, curar moléstias ou ao menos de impedir que a dor perdure. Buscávamos palavras que fossem terapêuticas, dos céus, dos oráculos, dos deuses, dos mitos ou daqueles emissários que as trouxessem pelo vento nas asas de Hermes, o amado filho de Zeus e de Maia. Palavras terapêuticas que guiassem a humanidade ou nossas sombras para o vale dos mortos, para o Hades. Palavras que se tornassem *psychopompos*, ou seja, "condutora das almas e de nossos sopros vitais" em meio ao cotidiano de dor ou sofrimentos inusitados.

Os árabes em sua profunda e bela mística nos oferecem exemplos deste momento de encontrar e pronunciar palavras benditas e que mudem o mundo todo. Assim lemos nas *Mil e uma noites*, expressas em doze volumes de contos. Estes contos falam da narradora que é Sheherezade, a qual, diante do rei persa Chariyar, começa a contar, a cada noite, histórias que cativam o soberano, que entre curioso e seduzido pelas palavras de sua esposa decide não matá-la, como já o fizera com todas as demais concubinas nas noites anteriores, e pede que ela lhe conte nova história sedutora na noite seguinte. E assim as noites se sucedem e, ao chegar à milésima, ele, agora totalmente fascinado por esta Senhora da Palavra, desiste de seu projeto mortal. Vemos que Sheherezade é quem tece enredos, labirintos, palavras vitais que invertem a terapia tradicional: o doente é o sultão e é ele quem deverá ouvir as histórias (e as palavras mágicas) da terapeuta que diz e encanta. Ela cura contando histórias e pronunciando palavras que são postas no coração. São episódios rápidos, sempre sensuais, onde o amor é experimentado e degustado nas palavras e no encantamento sem censura e sem violência. Palavras que mudam as noites e os dias. Palavras mágicas que mudam a vida e o viver.

Ainda podemos lembrar de Aladim e de Nasrudim em seus divertidos contos e lições sobre a palavra empenhada. Em suas lâmpadas habitam gênios que falam de nossos desejos e dos mundos desconhecidos. Descobrimos que, para abrir a gruta de Ali Babá onde estão escondidos os tesouros, devemos dizer: abre-te, sésamo. E para fechá-la bastava dizer: fecha-te, sésamo. Assim como o grão do gergelim (*Sesamum orientale*) se abre e se oferece como rico alimento, igualmente a palavra dita abre as portas secretas. Mas não podemos esquecer a palavra certa (bendita), para não correr o risco de ficarmos presos e travados eternamente (malditos).

2. A negação da palavra e o cultivo do silêncio

Evoluímos para as palavras realistas e positivas. Construímos o discurso articulado do pensamento. Encontramos a razão e construímos a gramática, a sintaxe e o mundo das palavras conotativas e denotativas. Separamos as palavras funcionais das expressivas. Firmamos e carimbamos as palavras de honra, as promessas, e atingimos o reino da simbólica e da semiótica. Ultrapassamos o real e concebemos a metalinguística. Sabemos agora separar joio do trigo. Sabemos distinguir o diabólico do simbólico. E assim em passos apressurados chegamos ao universo do apofático, ou seja, da negação da palavra e do cultivo do silêncio. Redescobrimos Sócrates, Fílon de Alexandria, Plotino e Mestre Eckhart.

Todas as palavras incorporadas e aninhadas em nossa cultura e em nossos dicionários se apresentam novamente como charadas que exigem um intérprete. Eis o momento da arte da hermenêutica. Queremos ler o mundo não só com o uso correto e culto das 228.500 palavras ou unidades léxicas presentes no belo e gigante *Dicionário Houaiss da língua portuguesa*. Queremos decifrar a alma e os desejos do não dito pelo sujeito que fala e cala. Queremos pesar as palavras como os semitas o fizeram ao dizer que palavra em hebraico é *dabar* e *dabar* é algo que pesa. Queremos construir novo alfabeto que não seja somente binário e capaz de ser decifrado pelos códigos de nossos computadores mas que possa imitar a Sarça Ardente, aquele fogo que falou com Moisés no Egito. Queremos ser capazes de retratar visualmente as palavras como fogo e cada letra de nosso alfabeto como labaredas tal como vemos na escrita dos judeus e do povo árabe. Decifrar as palavras que se apresentam como fogo que queima incessantemente. Basta olhar para o alfabeto hebraico e veremos que todas as letras, sem exceção, têm a forma de uma labareda.

A Bíblia dos judeus e cristãos, composta de um milhão de palavras, se assemelha em seu texto original a uma imensa fogueira que crepita e faz calor n'alma humana. Que não devora, mas consome e como um cadinho fervente purifica e nos faz chegar à perfeição. Separa as palavras em palavras-geradoras, palavras-filtro, palavras-guia e, sobretudo, as imprescindíveis palavras-chave. A integração entre o cérebro humano e as máquinas irá influenciar todo o processo evolutivo daqui para frente. Como afirmou o neurocientista Miguel Angelo Laporta Nicolelis, "vamos submergir em sistemas virtuais e nos comunicaremos diretamente com eles. No longo prazo, o corpo deixará de ser o fator limitante da nossa ação no mundo. Nossa mente poderá atuar com máquinas que estão a distância e operar dispositivos de proporções nanométricas ou gigantescas".[1] Estamos diante de um imenso portal desafiador. Como revela Graciliano Ramos, "palavra não foi feita para enfeitar ou brilhar como ouro falso; a palavra foi feita para dizer". O autor diz que escrever deve ser da mesma maneira como as lavadeiras de Alagoas fazem seu ofício: torcendo, retorcendo, enxaguando, molhando, batendo, torcendo e novamente retorcendo até dependurar a roupa no varal e não pingar uma só gota para quarar.

---

[1] *O Estado de S.Paulo*, 9/1/2011, p. A20.

O desafio é hoje dar voz ao sujeito diante das estruturas (Georges Balandier); ao humano diante da máquina (Baudrillard); buscar uma nova ressingularização da utilização das máquinas de comunicar em favor de trocas múltiplas (Felix Guattari); a transparência e o cuidado sobre o domínio e a opressão (Leonardo Boff); o fluxo e refluxo das escolas e das controversas teorias da comunicação (Armand e Michele Mattelart); as redes de interação na construção do agir comunicacional (Jürgen Habermas); e sobretudo as articulações sutis como mestiçagem, hibridização ou modernidade alternativa presentes nas obras de Renato Ortiz, Martin Barbero e Néstor Garcia Canclini.

3. A Palavra eterna de Deus se faz parábola em nosso corpo

Sabemos e cremos pela via religiosa que a palavra viva de Deus é ponte que tudo sustenta e cria. Diante das imperfeições e limites humanos, assumimos uma pequenina infovia transitada por seres iluminados como a francesa Thérèse de Lisieux, o italiano Tiago Alberione ou o canadense Marshall McLuhan. Para compreender a originalidade da teologia, foi preciso levar a sério o que diz Miguel de Cervantes, no clássico *Quijote de la Mancha*, pelos lábios de Sancho Pança: "Bem prega quem bem vive".

O evangelista João, escrevendo em Éfeso e Patmos seu texto antignóstico, proclamava em inusitado prólogo: "A Palavra se fez carne e fez morada entre nós" (Jo 1,14). Somos criaturas feitas por esta Palavra pessoal e divina e transformados em seus interlocutores privilegiados. A palavra Eterna de Deus se faz parábola em nossos corpos mortais, na carne e por nossa voz expressa em verbos, predicados, interjeições e muitas interrogantes tornando-se aquilo que éramos. Os seres humanos são sujeitos enigmáticos que decifram os códigos secretos quer estejam escritos em cuneiforme, ideogramas chineses, hieroglíficos ou mesmo propostos como um enigma da Esfinge. Deciframos para não sermos devorados. E assim tornamo-nos os novos enigmas culturais em nossa fala inconclusa na busca incessante de refazer Babel com um tradutor universal compatível com todos nossos desejos, palavras e silêncios.

As Sagradas Escrituras contêm a Palavra que é a alma de toda teologia. Contêm a palavra suculenta como alimento sadio, vigor santo, que emancipa e faz assumir a responsabilidade para a qual todos somos vocacionados. Esta é a razão pela qual a Igreja cristã "anuncia ao mundo o Logos da esperança" (cf. 1Pd 3,15), pois o ser humano "precisa da grande Esperança para poder viver o seu próprio presente – a grande esperança que é 'aquele Deus que possui um rosto humano e que nos amou até o fim' (Jo 13,1). A Igreja não pode guardar para si 'as palavras de vida eterna que recebemos no encontro com Jesus Cristo: são para todos, para cada homem. Cada pessoa de nosso tempo – quer o saiba ou não – tem necessidade deste anúncio'".[2]

É no encontro com Jesus que alguns neologismos acontecem. Para poder explicar seu amor, seu perdão e sua misericórdia. Não havia vocábulo disponível que pudesse traduzir tais realidades. Para entender sua vida e sua morte, foram criadas novas palavras por aqueles que experimentaram sua vida e suas palavras de Amigo. Criam-se novas palavra em grego, hebraico e arameu para proclamar sua ressurreição e sua nova vida entre as pessoas. Constrói-se um novo vocabulário entre aqueles que agora com o Ressuscitado falam de amor, vida, família, poder, lazer, sexo e cotidiano da vida. É deste encontro com Jesus Ressuscitado que analfabetos proclamaram outro Evangelho.

Depois de um encontro no caminho de Damasco, um fariseu letrado, conhecido como Saulo de Tarso, torna-se viajante como Ulisses e escreve um hino de amor com palavras grávidas de uma nova poesia fundada na história e não mais nos mitos. O literato português Luís Vaz de Camões cambiará em soneto a mesma mensagem: "Amor é um fogo que arde sem se ver, é ferida que dói e não se sente; é um contentamento descontente; é dor que desatina sem doer". E poderemos cantar hoje, pela bela voz de Renato Russo, esses mesmos versos, na melodia "Monte Castelo", do grupo Legião Urbana. Quem teria interpretado quem? Quem seria o leitor e quem o intérprete?

Quem teria misturado teologia e comunicação? Teria sido o apóstolo Paulo ou o poeta Camões? Renato Russo ou a Legião Urbana? Quem misturou a água com o vinho? Diria Santo Tomás de Aquino de forma sábia e tranquila: "Para o teólogo que faz bem seu trabalho, o vinho não é enfraquecido com a água, é antes a água que se transforma em vinho".

---

[2] BENTO XVI, *Exortação Apostólica* pós-sinodal *Verbum Domini*. São Paulo: Paulinas, 2010, n. 91.

4. O peregrinar de uma teologia conectada com a comunicação

O diálogo entre a fé e as linguagens se exprimiu de múltiplas formas nestes dois mil anos de Cristianismo. São uma tradição e uma memória coletiva inestimável.

A fé cristã falou pelo teatro, pois os cristãos assumem a máscara (*prosopon*) dos gregos para falar de sua identidade entre o eu e o ator, como propunha Pirandello ou Beckett. Quem sobreviveria sem a Paixão de Cristo narrada pelo evangelista João?

A fé cristã se exprimiu na arquitetura, nos mosaicos, na pintura e na escultura, em séculos de igrejas distintas e estilos fecundos: românico, gótico, rococó, barroco, moderno e sacro. Quem viveria sem a Capela Sistina ou sem El Greco? Como viver sem Mozart, Gounod, Bach, o canto gregoriano, os autos natalinos, sem Haendel ou sem o "Glória" de Antonio Vivaldi?

A fé ainda se exprimiu fortemente na música, no cinema e sobretudo na literatura. Não podemos pensar Cristianismo sem literatos, e até recentemente literatura foi sinônimo de estética cristã. Podemos certamente afirmar com o padre Couturier que não há arte sacra, lá onde não há arte simplesmente. A aridez do mundo seria acrescida e viveríamos na sofreguidão se as obras dos literatos fossam suprimidas ou olvidadas. Quem pode viver sem a leitura dos franceses Simone Weil, Jacques Maritain, Georges Bernanos, Charles Baudelaire ou Paul Claudel? Como suportar o mundo e suas iniquidades sem a companhia dos russos Dostoievski ou Soloviev? Como viver sem a poesia e a literatura de Julia Kristeva ou de Graciliano Ramos? Sem as perguntas de Kierkegaard ou a *Divina Comédia* de Dante Alighieri? Como estar sem Mark Twain? Sem Gregório de Nissa ou Santo Atanásio? Sem Hans Christian Andersen ou sem os Cânticos dos Cânticos? Sem Hermann Hesse ou os Salmos de Davi? Sem as cartas de Paulo ou Simone de Beauvoir? Sem as *Confissões* de Santo Agostinho? Sem os poemas de São Francisco de Assis? Sem Italo Calvino? Sem Umberto Eco? Não, não podemos!

Os teólogos procuram cultivar a intimidade com Deus, por dentro da mente, da cultura, da mídia e de seus processos. Não podem se contentar em pronunciar discursos religiosos em seus templos herméticos ou esotéricos.

Precisam do ar fresco e do contato com o mundo da cultura. Não pode se contentar em conhecer bem a língua e o idioma em que fala e escreve. Precisa conhecer a fundo. Precisa praticar uma nova forma de filologia não como um cientista da linguagem, mas sobretudo como alguém que não sobrepõe discursos mas os faz sintonia. As duas vias se configuram em uma via simples e complexa. Uma via de diálogo em que as mínimas nuances da palavra são compreendidas e interpretadas. Para que os corações possam falar, é preciso que o dito e o não dito sejam compreendidos.

Foi assim que o padre Charles de Foucauld se tornou um tuaregue entre os tuaregues. E acabou entregando sua vida como bela expressão sem palavras, falando com a vida. Esta também é a chave interpretativa proposta por Simone Weil: "A plenitude do amor ao próximo é ser capaz de perguntar: qual a tua aflição?". Uma boa teologia precisará sempre responder às perguntas reais dos aflitos de hoje. O teólogo é movido pela Palavra de Deus. Produz teologia sob o manto do Espírito de Deus em uma rigorosa disciplina mental auscultando os desígnios de Deus e confrontando-os com a realidade.

Teologia é interpretar sinais e palavras pronunciadas por Deus. E buscar as palavras certas para dizer o que se experimenta e se recebe de Deus de forma misteriosa. Deus não é um problema, e os que com ele conversam e dialogam descobriram por experiência própria, como diz o monge Thomas Merton, que "ninguém pode conhecer a Deus enquanto estiver buscando resolver o problema de Deus. Querer resolver o problema de Deus é o mesmo que querer ver os próprios olhos. Não podemos ver nossos próprios olhos, já que com eles é que vemos, e Deus é a luz com que enxergamos, não um objeto claramente definido chamado Deus, mas tudo o mais em um único invisível. Deus é o vidente, o que vê, e o visto".[3] Do mesmo modo falava o bispo Ambrósio de Milão: "Com Deus falamos quando rezamos e a Deus ouvimos quando lemos seus divinos oráculos" (PL 16,50).[4]

Bem sabemos que o longo aprendizado entre teologia e comunicação está se fazendo. Há muito a aprender entre ambos os campos. A linguagem positiva poderá ser luzeiro na via da razão especulativa com rigor e alegria. A

---

[3] MERTON, *El camino monástico*, p. 224.
[4] Para maior aprofundamento leia o texto de Santo Ambrósio de Milão, Explicação do símbolo, vol. 5 da coleção Patrística (São Paulo: Paulus, 1997).

linguagem apofática ou teologia negativa poderá ajudar pelo silêncio e contemplação a descobrir os segredos inauditos e inefáveis da profunda sabedoria que tanto buscamos. Estaremos acompanhados neste caminhar de "esvaziamento da linguagem" por gente como Angelus Silesius ou mesmo pelo clássico Plotino. E assim diremos com Santo Agostinho: "Se compreendes, então não é Deus" (Sermo 52,16 – PL 38,360).

O largo peregrinar de uma teologia que se conecta com a comunicação assume com vigor os versos do poeta Carlos Drummond de Andrade: "Como vencer o oceano se é livre a navegação, mas proibido fazer barcos?".

É hora de dizer novas palavras. É hora de refazer antigos silêncios para decifrar antigos códigos. Neologizar é preciso. Viver, também! Sabendo que "uma só sílaba penetra os céus".[5]

A tarefa está posta. Cabe aos leitores compor o soneto. As musas não nos faltarão!

5. Referências bibliográficas

ANÔNIMO. *A nuvem do não saber*. Petrópolis: Vozes, 2008.
BENTO XVI. *Exortação Apostólica Verbum Domini*, n. 91.
MERTON, T. *El camino monástico*. Estella: Verbo Divino, 1996.

---

5   ANÔNIMO (do século XIV), *A nuvem do não saber*, p. 112.

ANEXOS

Livros para aprofundamento

1. *A águia e a galinha* – Leonardo Boff
2. *A amizade* – Cícero
3. *A arte de morrer* – Padre Antônio Vieira
4. *A arte do Ícone* – Teologia da beleza – Paul Evdokimov.
5. *A Ave-Maria*, o feminino e o Espírito Santo – Leonardo Boff
6. *A aventura semiológica* – Roland Barthes
7. *A beleza salvará o mundo* – Cardeal Carlo Maria Martini
8. *A condição humana* – Hanna Arendt
9. *A condição operária* – Simone Weil
10. *A conquista da América* – Tzvetan Todorov
11. *A Divina Comédia* – Dante Alighieri
12. *A era do vazio* – Gilles Lipovetsky
13. *A ideologia como linguagem* – Theodor Adorno
14. *A interpretação dos sonhos* – Sigmund Freud
15. *A metafísica da juventude* – Walter Benjamin
16. *A palavra de Deus* – Marie-Dominique Chenu
17. *A reprodução* – Pierre Bourdieu e Jean-Claude Passeron
18. *A sabedoria* – Paul Claudel
19. *A náusea* – Jean-Paul Sartre.
20. *A nuvem do não saber* – anônimo do século XIV

21. *A comédia humana* – Honoré de Balzac
22. *A condição humana* – André Malraux
23. *A metamorfose* – Franz Kafka
24. *A oração contemplativa* – Thomas Merton
25. *A oração do mundo secular* – Leonardo Boff
26. *Acerca do infinito, do universo e dos mundos* – Giordano Bruno
27. *Alice no País das Maravilhas* – Lewis Caroll
28. *As confissões* – Santo Agostinho de Hipona
29. *As mulheres na cozinha de Deus* – Cristina Mazzoni
30. *As novas enfermidades da alma* – Julia Kristeva
31. *As obras do Amor* – Sören Kierkegaard
32. *As origens do totalitarismo* – Hanna Arendt
33. *As palavras e as coisas* – Michel Foucault
34. *As três Marias* – Raquel de Queirós
35. *As vinhas da ira* – John Steinbeck
36. *As cidades invisíveis* – Italo Calvino
37. *Attente de Dieu* – Simone Weil
38. *Cem anos de solidão* – Gabriel García Márquez
39. *Ciência e fé* – Galileu Galilei
40. *Contos* – Hans Christian Andersen
41. *Crime e castigo* – Fiodor Dostoiévski
42. *Cristo para nós hoje* – Jürgen Moltmann
43. *Crítica da modernidade* – Alain Touraine
44. *Curso de linguística geral* – Ferdinand de Saussure
45. *Da filosofia cristã* – Jacques Maritain
46. *Deus em busca do homem* – Abraham Joshua Heschel
47. *Deus, a morte e tempo* – Emmanuel Levinas
48. *Deus para pensar Deus* – Adolphé Gesché

Livros para aprofundamento

49. *Diálogos* – Platão
50. *Diário de um pároco de aldeia* – Georges Bernanos
51. *Don Quijote de la Mancha* – Miguel de Cervantes
52. *Do sentimento trágico da vida* – Miguel de Unamuno
53. *Eichmann em Jerusalém, sobre a banalidade do mal* – Hanna Arendt
54. *Elogio da loucura* – Erasmo de Roterdã
55. *Em busca do tempo perdido* – Marcel Proust
56. *Ecce Homo* – Friedrich Nietzsche
57. *Escritos sobre Teologia* – Karl Rahner
58. *Ética e mídia, liberdade, responsabilidade e sistema* – Frei Carlos Josaphat
59. *Exercícios espirituais* – Santo Ignácio de Loyola
60. *Experimentar Deus hoje* – Leonardo Boff
61. *Face ao extremo* – Tzvetan Todorov
62. *Fausto* – Goethe
63. *Fé e Filosofia: problemas da linguagem religiosa* – Paul Ricoeur
64. *Felicidade paradoxal* – Gilles Lipovetsky
65. *Flores do mal* – Charles Baudelaire
66. *Fragmentos sagrados* – Neil Gillman
67. *Gabriela, cravo e canela* – Jorge Amado
68. *Galileu Galilei* – Bertold Brecht
69. *Germinal* – Émile Zola
70. *Gitanjali* – Rabindranath Tagore
71. *Glória* – Hans Urs von Balthazar
72. *Grande sertão veredas* – João Guimarães Rosa
73. *Guerra e paz* – León Tolstoi
74. *Hamlet* – William Shakespeare
75. *História de uma alma* – Santa Thérèse de Lisieux
76. *Histórias de amor* – Julia Kristeva

77. *Huckleberry Finn* – Mark Twain
78. *Humano, demasiado humano* – Friedrich Nietzsche
79. *Insight, um estudo do conhecimento humano* – Bernard Lonergan
80. *Introdução às artes do Belo* – Étienne Gilson
81. *Lições e conversações sobre estética, psicologia e crença religiosa* – Ludwig Wittgenstein
82. *Livro da vida* – Santa Teresa d'Ávila
83. *Livro do amigo e do amado* – Raimundo Lúlio
84. *Macunaíma* – Mario de Andrade
85. *Madame Bovary* – Gustave Flaubert
86. *Memórias do cárcere* – Graciliano Ramos
87. *Memórias póstumas de Brás Cubas* – Machado de Assis
88. *Migalhas filosóficas ou um pouco de filosofia* – Sören Kierkegaard
89. *Natureza, história, Deus* – Xavier Zubiri
90. *Obras completas* – São João da Cruz
91. *O Deus crucificado* – Jürgen Moltmann
92. *O espelho das almas simples* – Marguerite Porete
93. *O estrangeiro* – Albert Camus
94. *O Evangelho ao risco da psicanálise* – Françoise Dolto e Gérard Sévérin
95. *O fenômeno humano* – Pierre Teilhard de Chardin
96. *O fim das certezas* – Ilya Prigogine
97. *O futuro de uma ilusão* – Sigmund Freud
98. *O homem à procura de Deus* – Abraham Joshua Heschel
99. *O homem invisível* – H. G. Wells
100. *O homem revoltado* – Albert Camus
101. *O idiota* – Fiodor Dostoiévski
102. *O lobo da estepe* – Hermann Hesse
103. *O meio é a mensagem* – Marshall McLuhan
104. *O método* – Edgar Morin

105. *O mistério do amor de Joana d'Arc* – Charles Péguy

106. *O pêndulo de Foucault* – Umberto Eco

107. *O presidente negro* – Monteiro Lobato

108. *O princípio misericórdia* – Jon Sobrino

109. *O processo* – Franz Kafka

110. *O rinoceronte* – Eugène Ionesco

111. *O rosto materno de Deus* – Leonardo Boff

112. *O sagrado* – Rudolf Otto

113. *O sagrado e o profano* – Mircea Eliade

114. *O sobrenatural* – Henri de Lubac

115. *O sussurro da linguagem: além da palavra e da escrita* – Roland Barthes

116. *O tempo e o outro* – Emmanuel Levinas

117. *O tormento de Deus* – Frei Mateus Rocha, op

118. *Obra lógico-semiótica* – Charles Sanders Peirce

119. *Os irmãos Karamazov* – Fiodor Dostoiévski

120. *Os miseráveis* – Victor Hugo

121. *Os sete saberes* – Edgar Morin

122. *Pensamentos* – Blaise Pascal

123. *Relatos de um peregrino russo* – Anônimo

124. *Resistência e submissão: cartas e anotações escritas na prisão* – Dietrich Bonhoeffer

125. *Retrato de Dorian Gray* – Oscar Wilde

126. *Saber envelhecer* – Cícero

127. *Seis personagens em busca de um autor* – Luigi Pirandello

128. *Ser finito e ser eterno, ensaio de uma ascensão ao sentido do ser* – Edith Stein

129. *Ser mais* – Pierre Teilhard de Chardin

130. *Sermões* – Padre Antônio Vieira

131. *Shakespeare- teatro da inveja* – René Girard

132. *Simulacros e simulação* – Jean Baudrillard

133. *Suma Teológica* – Santo Tomás de Aquino
134. *Teoria da ação comunicativa* – Jürgen Habermas
135. *Teoria do método teológico* – Clodovis Boff
136. *Texto sagrado: A Bíblia Sagrada* (Tradição judaico-cristã)
137. *Texto Sagrado: O Alcorão Sagrado* (Fé Islâmica)
138. *Texto Sagrado: Bhagavadgita* (Literatura da fé hinduísta)
139. *Texto sagrado: Suttapitaka* (sutras budistas)
140. *Thérèse Desqueyroux* – François Mauriac
141. *Totalidade e infinito* – Emmanuel Levinas
142. *Todos os homens são mortais* – Simone de Beauvoir
143. *Tratado de semiótica geral* – Umberto Eco
144. *Ulysses* – James Joyce
145. *1984* – George Orwell
146. *Um pelo outro, por uma ética da transcendência* – Bruno Forte
147. *Único modo de atrair todos os povos à verdadeira religião* – Frei Bartolomeu de las Casas, op
148. *Utopia* – Thomas Morus
149. *Verdadeira e falsa reforma da Igreja* – Yves Congar
150. *Viagem ao centro da Terra* – Jules Verne

Filmes clássicos para debate

1. *2001, uma odisseia no espaço* – Stanley Kubrick
2. *A caminho de Kandahar* – Moshen Makhmalbaf
3. *A casa dos espíritos* – Bille August
4. *A classe operária vai ao paraíso* – Elio Petri
5. *A cor púrpura* – Steven Spielberg
6. *A cura* – Peter Horton
7. *A escolha de Sofia* – Alan J. Pakula
8. *À espera de um milagre* – Frank Darabont
9. *A felicidade não se compra* – Frank Capra
10. *A festa de Babette* – Gabriel Axel
11. *A fraternidade é vermelha* – Krzysztof Kieslowski
12. *A guerra do fogo* – Jean-Jacques Annaud
13. *A hora da estrela* – Suzana Amaral
14. *A hora e a vez de Augusto Matraga* – Roberto Santos
15. *A identificação de uma mulher* – Michelangelo Antonioni
16. *A igualdade é branca* – Krzysztof Kieslowski
17. *A insustentável leveza do Ser* – Philip Kaufman
18. *A letra escarlate* – Roland Joffé
19. *A liberdade é azul* – Krzysztof Kieslowski
20. *A maçã* – Samira Makhamalbaf

21. *A missão* – Roland Joffé
22. *A montanha dos sete abutres* – Billy Wilder
23. *A noite dos desesperados* – Sydney Pollack
24. *A outra história americana* – Tony Kaye
25. *A peste de Camus* – Luis Puenzo
26. *A queda* – Ruy Guerra
27. *A sociedade dos poetas mortos* – Peter Weir
28. *A última grande lição* – Mick Jackson
29. *A última tentação de Cristo* – Martin Scorcese
30. *A viagem de Chihiro* – Hayao Miyazaki
31. *Abril despedaçado* – Walter Salles
32. *Adeus, Lênin!* – Wolfganger Becker
33. *Agonia e êxtase* – Carol Reed
34. *Aguirre, a cólera dos deuses* – Werner Herzog
35. *Alphaville* – Jean-Luc Godard
36. *Amarcord* – Federico Fellini
37. *Amor além da vida* – Vincent Ward
38. *Andrei Rubliev* – Andrei Tarkovski
39. *Anima Mundi* – Godfrey Reggio
40. *Ano passado em Marienbad* – Alain Resnais
41. *Antes da chuva* – Milko Manchevsk
42. *Apartamento Zero* – Martin Donovan
43. *Apocalipse now* – Francis Ford Coppola
44. *As pontes de Madison* – Clint Eastwood
45. *Asas do desejo* – Wim Wenders
46. *Assédio* – Bernardo Bertolucci
47. *Átame* – Pedro Almodóvar
48. *Auto da compadecida* – Guel Arraes

49. *Babilônia 2000* – Eduardo Coutinho
50. *Bagdad café* – Percy Aldon
51. *Baraka – um mundo através das palavras* – Ron Fricke
52. *Beatles, os reis do iê-iê-iê* – Richard Lester
53. *Beleza americana* – Sam Mendes
54. *Blade Runner* – Ridley Scott
55. *Bodas de sangue* – Carlos Saura
56. *Brava gente brasileira* – Lúcia Murat
57. *Brilho eterno de uma mente sem lembranças* – Michel Gondry
58. *Brincando nos campos do Senhor* – Hector Babenco
59. *Cabra marcado para morrer* – Eduardo Coutinho
60. *Camille Claudel* – Bruno Nuytten
61. *Canción de Cuna* – J. L. Garcia
62. *Caráter* – Mike van Diem
63. *Carmen* – Carlos Saura
64. *Casablanca* – Michael Curtiz
65. *Central do Brasil* – Walter Salles
66. *Cidade de Deus* – Fernando Meirelles
67. *Cinema Paradiso* – Giuseppe Tornatore
68. *Clube da luta* – David Fincher
69. *Colcha de retalhos* – Jocelyn Moorhouse
70. *Comer, beber e viver* – Ang Lee
71. *Como água para chocolate* – Alfonso Arau
72. *Corra, Lola, corra* – Tom Tykwer
73. *Crimes e pecados* – Woody Allen
74. *Cronicamente inviável* – Sérgio Bianchi
75. *Curta(o)s gaúchos (inclui "Ilha das flores")* – vários
76. *Dançando no escuro* – Lars von Trier

77. *Denise está chamando* – Hal Salwen
78. *Dersu Uzala* – Akira Kurosawa
79. *Deus é brasileiro* – Cacá Diegues
80. *Dodeskaden* – Akira Kurosawa
81. *Dogville* – Lars von Trier
82. *Ed TV* – Ron Howard
83. *Edifício Master* – Eduardo Coutinho
84. *Edukators* – Hans Weingartner
85. *Elefante* – Gus van Sant
86. *Eles não usam black-tie* – Leon Hirszmann
87. *Em nome de Deus* – Clive Donner
88. *Em nome do pai* – Jim Sheridan
89. *Ensina-me a viver* – Hal Ashby
90. *Europa* – Lars Von Trier
91. *E la nave va* – Federico Fellini
92. *Fahrenheit 451* – François Truffaut
93. *Fale com ela* – Pedro Almodóvar
94. *Fé* – Ricardo Dias
95. *Fé demais não cheira bem* – Richard Pearce
96. *Fernão Capelo Gaivota* – Hall Bartlett
97. *Festa* – Ugo Giorgetti
98. *Festa de família* – Thomas Vinterberg
99. *Filadélfia* – Jonathan Demme
100. *Fim de caso* – Neil Jordan
101. *Forrest Gump* – Robert Zemeckis
102. *Francisco, Arauto de Deus* – Roberto Rosselini
103. *Gabbeh* – Shaghayeh Djodat
104. *Giordano Bruno* – Carlo Ponti

Filmes clássicos para debate

105. *Goya* – Carlos Saura
106. *Infidelidade* – Adrian Lyne
107. *Irmão Sol, Irmã Lua* – Franco Zefirelli
108. *Ivan, o terrível* – Sergei Eisenstein
109. *Janela da alma* – João Jardim
110. *Je vous salue, Marie* – Jean-Luc Godard
111. *Joana d'Arc* – Hans Dreier
112. *Kagemusha* – Akira Kurosawa
113. *Kamchatka* – Marcelo Piñeyro
114. *Koiaanisqatsi* – Godfrey Reggio
115. *Ladrão de sonhos* – Marc Caro/Jean Pierre Jeunet
116. *Lanternas vermelhas* – Zhang Yimou
117. *Laura* – Otto Preminger
118. *Lavoura arcaica* – Luiz Fernando Carvalho
119. *Limite* – Mário Peixoto
120. *Lúcio Flávio, o passageiro da agonia* – Hector Babenco
121. *Lutero* – Eric Till
122. *Luzes da ribalta* – Charlie Chaplin
123. *Madadayo* – Akira Kurosawa
124. *Mamãe faz cem anos* – Carlos Saura
125. *Manhantan* – Woody Allen
126. *Matrix* – Andy e Larry Wachowski
127. *Microcosmos* – Claude Nuridsany e Marie Pérennou
128. *Minha vida* – Bruce Joel Rubin
129. *Minha vida em cor-de-rosa* – Alain Berliner
130. *Morango e chocolate* – Tomás Gutierrez Alea
131. *Morangos silvestres* – Ingmar Bergman
132. *Muito além do jardim* – Hal Ashby

237

133. *Naqoyqatsi* – Godfrey Reggio
134. *Narradores de Javé* – Eliane Caffé
135. *Noite vazia* – Walter Hugo Khoury
136. *Noites de Cabíria* – Federico Fellini
137. *Norma Rae* – Martin Ritt
138. *O anjo exterminador* – Luis Buñuel
139. *O baile* – Ettore Scola
140. *O bandido da luz vermelha* – Rogério Sganzerla
141. *O banquete de casamento* – Ang Lee
142. *O beijo da mulher-aranha* – Hector Babenco
143. *O buraco branco no tempo* – Peter Russel
144. *O carteiro e o poeta* – Michael Radford
145. *O céu de Lisboa* – Wim Wenders
146. *O céu que nos protege* –Bernardo Bertolucci
147. *O conformista* – Bernardo Bertolucci
148. *O corte* – Costa-Gavras
149. *O discreto charme da burguesia* – Luis Buñuel
150. *O enigma do colar* – Charles Shyer
151. *O estrangeiro (1976)* – Luccino Visconti
152. *O Evangelho segundo São Mateus* – Pier Paolo Pasolini
153. *O fabuloso destino de Amélie Poulan* – Jean-Pierre Jeunet
154. *O feitiço do tempo* – Harold Ramis
155. *O gosto de cereja* – Abbas Kiarostami
156. *O grande ditador* – Charlie Chaplin
157. *O império dos sentidos* – Nagisa Oshima
158. *O medo do goleiro diante do pênalti* – Wim Wenders
159. *O menino selvagem* – François Truffaut
160. *O milagre de Anne Sullivan* – Arthur Penn

161. *O mistério da libélula* – Tom Shadyac
162. *O nome da rosa* – Jean-Jacques Annaud
163. *O óleo de Lorenzo* – George Miller
164. *O oitavo dia* – Jaco van Dormael
165. *O pagador de promessas* – Anselmo Duarte
166. *O passageiro do futuro 2* – Farhad Mann
167. *O que é isso, companheiro?* – Bruno Barretto
168. *O sentido da vida* – Monthy Pyton
169. *O sétimo selo* – Ingmar Bergman
170. *O vaso* – Paolo Taviani / Vittorio Taviani
171. *Ondas do destino* – Lars von Trier
172. *Orlando* – Sally Potter
173. *Os boas vidas* – Federino Fellini
174. *Os companheiros* – Mario Monicelli
175. *Os esquecidos* – Luis Buñuel
176. *Os idiotas* – Lars von Trier
177. *Os incompreendidos* – François Truffaut
178. *Os sete samurais* – Akira Kurosawa
179. *Os últimos passos de um homem* – Tim Robbins
180. *Otelo* – Orson Welles
181. *Pão e tulipas* – Silvio Soldini
182. *Paris, Texas* – Wim Wenders
183. *Perfume de mulher* – Martin Brest
184. *Persona* – Ingmar Bergman
185. *Pixote (A lei do mais fraco)* – Hector Babenco
186. *Ponette* – Jacques Doillon
187. *Ponto de mutação* – Bernt Capra
188. *Powaqqatsi* – Godfrey Reggio

189. *Pra frente Brasil* – Roberto Farias
190. *4 Meses, 3 Semanas e 2 Dias* – Cristian Mungiu
191. *Ralé* – Akira Kurosawa
192. *Ran; trono manchado de sangue* – Akira Kurosawa
193. *Rashomon* – Akira Kurosawa
194. *Salve o cinema* – Mohsen Makhlbaf
195. *Santo forte* – Eduardo Coutinho
196. *Sargento Getúlio* – Hermano Penna
197. *Shane* – George Stevens
198. *Short cuts* – Robert Altman
199. *Show de Truman* – Peter Weir
200. *Signo do caos* – Rogério Sganzerla
201. *Sonhos* – Akira Kurosawa
202. *Spider, desafie sua mente* – David Cronenberg
203. *Stalker* – Andrei Tarkovski
204. *Sunset Boulevard* – Billy Wilder
205. *Tão longe, tão perto* – Wim Wenders
206. *Tempo de despertar* – Penny Marshall
207. *Tempos modernos* – Charlie Chaplin
208. *Teorema* – Pier Paolo Pasolini
209. *Tesis* – Alexandro Amenábar
210. *The Big Blue* – Luc Besson
211. *Thelma & Louise* – Ridley Scott
212. *Tomates verdes fritos* – Jon Avnet
213. *Três enterros* – Tommy Lee Jones
214. *Tudo sobre minha mãe* – Pedro Almodóvar
215. *Um dia muito especial* – Ettore Scola
216. *Um filme falado* – Manuel de Oliveira

Filmes clássicos para debate

217. *Um lugar ao sol* – George Stevens
218. *Um violinista no telhado* – Norman Jewison
219. *Uma mente brilhante* – Ron Howard
220. *Uma história americana* – Richard Pearce
221. *Veja esta canção* – Cacá Diegues
222. *Via Láctea (O estranho caminho de São Tiago)* – Luis Buñuel
223. *Viridiana* – Luis Buñuel
224. *Volver* – Pedro Almodóvar
225. *Yo, la peor de todas* – Maria Luisa Bemberg

Autores

Alexandre Leone

Doutor em Língua Hebraica, Literatura e Cultura Judaica pela FFLCH-USP. Pós-Doutorando em Filosofia, Departamento de Filosofia da FFLCH-USP. Professor da Escola Dominicana de Teologia. Pesquisador do Centro de Estudos Judaicos da USP. Rabino ordenado pelo The Jewish Theological Seminary of America e rabino da Comunidade Judaica de Alphaville, SP.

Antônio Sagrado Bogaz

Mestre em Teologia Sistemática pela Universidade Gregoriana e em Teologia Litúrgica pela Pontifícia Universidade Santo Anselmo, Itália. Doutor em Liturgia pela Pontifícia Universidade Santo Anselmo, Itália, e em Filosofia pela Universidade de São Paulo (USP). Professor de Teologia e Filosofia no Instituto Teológico de São Paulo e na Escola Dominicana de Teologia, em São Paulo. Pesquisador da religiosidade popular e da vida litúrgica nas culturas e na modernidade.

Carlos Josaphat

Jornalista, teólogo, escritor e professor emérito da Universidade de Friburgo, na Suíça. Tornou-se conhecido por suas posições no campo social na década de 1960. Por ocasião do golpe militar de 1964, foi "convidado" a deixar o Brasil. Doutorou-se em Teologia em Paris, com uma tese sobre a ética da comunicação social. Tem-se empenhado, especialmente, no confronto do

Cristianismo com a civilização técnico-científica e nos problemas de justiça social. É autor de diversos livros, entre os quais *Ética e mídia, liberdade, responsabilidade e sistema*, publicado por Paulinas Editora, em 2006.

Carlos Mesters

Frade da Ordem dos Carmelitas – cursou Filosofia em São Paulo, Teologia em Roma, no Colégio Internacional Santo Alberto. Estudou no "Angelicum" (Pontifícia Universidade Santo Tomás de Aquino), fez Ciências Bíblicas no Instituto Bíblico, Roma, e na École Biblique, em Jerusalém. É membro fundador do Centro de Estudos Bíblicos (CEBI).

Faustino Teixeira

Teólogo e professor do Programa de Pós-Graduação em Ciência da Religião da Universidade Federal de Juiz de Fora. É também pesquisador do CNPQ e consultor do ISER-Assessoria (RJ). As áreas de interesse em suas pesquisas e publicações relacionam-se aos temas de teologia das religiões, diálogo inter-religioso e mística comparada das religiões.

Fernando Altemeyer Junior

Bacharel em Teologia pela Pontifícia Faculdade de Teologia Nossa Senhora da Assunção. Licenciado em Filosofia pelas Faculdades Associadas do Ipiranga, São Paulo. Mestre em Teologia e Ciências da Religião pela Universidade Católica de Louvain-La-Neuve, Bélgica. Doutor em Ciências Sociais pela PUC-SP. Professor assistente doutor do Departamento de Ciências da Religião da PUC-SP na área de Teologia Dogmática, professor nas Faculdades Claretianas – Escola Dominicana de Teologia e Unisal, campus Pio XI.

Helena Tania Katz

Graduada em Filosofia pela Faculdade de Filosofia e Educação da Universidade do Estado do Rio de Janeiro (1971); crítica de dança desde 1977; professora na Escola de Dança da Universidade Federal da Bahia, colaboradora no Programa de Pós-Graduação em Dança da UFBA e professora credenciada no Programa de Pós-Graduação da Escola de Comunicação e Artes-ECA da

USP; coordena o Centro de Estudos em Dança-CED, grupo de pesquisa certificado pelo CNPq. É professora no Curso Comunicação das Artes do Corpo e no Programa em Comunicação e Semiótica, na PUC-SP, onde concluiu o doutorado.

Joana T. Puntel

Doutora em Ciências da Comunicação pela *Simon Fraser University* (Vancouver-Canadá). Pós-doutora pela The London School of Economics and Political Science (Londres). Pesquisadora e docente na Faculdade Paulus de Tecnologia e Comunicação (Fapcom) em São Paulo. Docente em vários Institutos de Teologia. Coordenadora do Curso de Pós-graduação no Sepac (Serviço à Pastoral da Comunicação, Paulinas).

João Henrique Hansen

Doutor em Letras pela Universidade de São Paulo (USP). Professor de Ética Filosófica, Literaturas e Filosofia. Pesquisa e escreve sobre a literatura e religiosidade cristã. Exerce sua pesquisa e docência no Centro Universitário São Camilo. Pesquisa as expressões da religiosidade populares, a partir das benzeções do universo camponês e sertanejo, a partir dos ritos e dos gestos corporais.

Lucia Santaella

Doutora em Teoria Literária pela PUC-SP. Livre-docente em Ciências da Comunicação pela USP. Coordenadora da pós-graduação em Tecnologias da Inteligência e Design Digital (PUC-SP). Autora de 33 livros e mais de 300 artigos publicados no Brasil e no exterior, e organizadora de 11 livros.

Luiz Carlos Susin

Licenciado em Filosofia. Doutor em Teologia. Professor de Teologia Sistemática na Pontifícia Universidade Católica do Rio Grande do Sul e na Escola Superior de Teologia e Espiritualidade Franciscana. Membro do Comitê

Editorial da Revista Internacional de Teologia *Concilium* e Secretário-geral do fórum Mundial de Teologia e Libertação.

Mario de França Miranda

Professor de Teologia na Pontifícia Universidade Católica do Rio de Janeiro. Durante muitos anos trabalhou como assessor da CNBB, do Celam e na Comissão Teológica Internacional do Vaticano. É autor de várias obras, entre elas: *Aparecida; a hora da Igreja na América Latina* e *Igreja e sociedade*, publicadas por Paulinas Editora.

Tarcisio Justino Loro

Mestre em Comunicação e Semiótica pela PUC-SP. Doutor em Teologia pela Faculdade de Teologia Nossa Senhora Assunção; doutor em Ciências Humanas (Geografia Humana) pela USP. Prof. Associado de Teologia da PUC-SP.

Vera Ivanise Bombonatto

Doutora em Teologia Dogmática. Professora de Cristologia. Responsável pela área de Teologia e membro do Conselho editorial da Paulinas. Participa da Equipe de Reflexão Teológica da Conferência dos Religiosos do Brasil e da Equipe de Assessoria Teológica da Confederação Latino-Americana e Caribenha de Religiosos e Religiosas.

Sumário

Apresentação da coleção
    Afonso M. L. Soares 5

Introdução: Palavras geradoras de sentido
    Fernando Altemeyer Junior e Vera Ivanise Bombonatto 9

Parte I
Corpo: transcendência e imanência

I   Do que fala o corpo hoje?
    Helena Tania Katz 15

II   As imagens sagradas do corpo e os rituais nas religiões – o corpo reza
    Antônio Sagrado Bogaz e João Henrique Hansen 28

III   Leitura teológica do corpo como lugar da revelação de Deus na teologia judaica – o corpo revela
    Alexandre Leone 44

Parte II
A palavra: do enigma decifrado ao mistério revelado

IV   Fenomenologia da palavra: os processos de comunicação – a antropologia da linguagem e suas funções
    Tarcisio Justino Loro 61

V   A palavra sagrada nas religiões
    Faustino Teixeira 76

VI   Palavra de Deus: mistério e silêncio. A ação da Palavra de Deus na Revelação Divina relatada pela Bíblia
   Carlos Mesters 88

VII   Trindade – mistério de comunhão e comunicação
   Vera Ivanise Bombonatto e Fernando Altemeyer Junior 106

Parte III
A comunicação virtual e eletrônica: ciberespaço e novos paradigmas

VIII A comunicação a distância no mundo globalizado: mudanças paradigmáticas
   Lucia Santaella 133

IX   Comunicação virtual: ciberespaço – interculturalidade e telerreligiões
   Joana T. Puntel 147

X   O Cristianismo entre o próximo e o distante no processo comunicativo
   Mario de França Miranda 161

Parte IV
Aspectos éticos e compromisso social dos comunicadores

XI   A verdade e as versões
   Luiz Carlos Susin 179

XII   Comunicação e compromisso social
   Carlos Josaphat 200

Considerações finais: a teologia entre a onomatopoese e o neologismo
   Fernando Altemeyer Junior e Vera Ivanise Bombonatto 216

Anexos

Livros para aprofundamento 227
Filmes clássicos para debate 233

Autores 242

Impresso na gráfica da
Pia Sociedade Filhas de São Paulo
Via Raposo Tavares, km 19,145
05577-300 - São Paulo, SP - Brasil - 2018